山西省普通高等学校人文社会科学重点研究基地项目成果

流域环境变迁与
科学发展研究丛书

丛书主编／王尚义

历史流域学论纲

王尚义 张慧芝／著

科学出版社
北京

图书在版编目(CIP)数据

历史流域学论纲 / 王尚义，张慧芝著. —北京：科学出版社，2014.10
（流域环境变迁与科学发展研究丛书/王尚义主编）

ISBN 978-7-03-042166-1

Ⅰ.①历… Ⅱ.①王… ②张… Ⅲ.①流域-历史地理-研究-中国
Ⅳ.①K928.42-53

中国版本图书馆 CIP 数据核字（2014）第 238959 号

责任编辑：付 艳 杨 静 宋开金 / 责任校对：张小霞
责任印制：徐晓晨 / 封面设计：黄华斌 陈 敬
编辑部电话：010—64033934
E-mail：fuyan@mail.sciencep.com

科学出版社 出版
北京东黄城根北街 16 号
邮政编码：100717
http://www.sciencep.com

北京凌奇印刷有限责任公司 印刷

科学出版社发行 各地新华书店经销

*

2015 年 6 月第 一 版 开本：720×1000 1/16
2015 年 6 月第二次印刷 印张：16 3/4
字数：289 000

POD定价： 66.00元
（如有印装质量问题，我社负责调换）

“流域环境变迁与科学发展研究丛书”
编委会

代序：从古埃及尼罗河流域出发

侯甬坚

曾有两位名人评价过古埃及尼罗河，他们的话成为了名言。一位是古希腊历史学家希罗多德，他说“埃及是尼罗河馈赠的厚礼”，这句话享誉早就超出了史学界；一位是无产阶级理论家马克思，他说“计算尼罗河水的涨落期的需要，产生了埃及的天文学”，盛赞了实际工作对于理论探讨的重要性。

古埃及诞生在纵贯非洲大陆东北部的尼罗河流域之上。保存在西西里岛上巴勒莫城博物馆里的巴勒莫碑，其碑文有过“上古埃及年代记”之称。从古王国开始，古埃及人在记录国王祭祀和巡游活动、王子出生、人口清查、军事出征等事项的同时，还要记录尼罗河水位的高低。水位的记录单位是肘（Cubits）、掌（Palms）、指（Fingers）、指距（Span），如第一王朝第1年记录的水位是“六肘”，第五年是“五肘，五掌，一指”，第二王朝第7年记录的水位是“三肘，四掌，二指”，等等。人所皆知，尼罗河涨水的季节，与西亚的底格里斯河和幼发拉底河一样，都是在夏季，河水溢出河床，冲淤着土地。

希罗多德在自己的游历中采取向埃及的祭司们询问打听的办法，采用有闻必录的方式，撰写出了《历史》（又名《希腊波斯战争史》）这部巨著。他记录和发表这部巨著的立意甚高，即“为了保存人类的功业，使之不致由于年深日久而被人们遗忘”。尼罗河水泛滥后，埃及人如何种地呢？希罗多德记录道：

>……现在必须承认，他们比世界上其他任何民族，包括其他埃及人在内，都易于不费什么劳力而取得大地的果实，因为他们要取得收获，并不需要用犁犁地，不需要用锄掘地，也不需要做

> 其他人所必须做的工作。那里的农夫只需等河水自行泛滥出来，流到田地上去灌溉，灌溉后再退回河床，然后每个人把种子撒在自己的土地上，叫猪上去踏进这些种子，此后便只是等待收获了。他们是用猪来打谷的，然后把粮食收入谷仓。[①]

希罗多德的这段描述是显得太轻松了。与他的《历史》一书中其他部分的记录相对照，还不能说埃及人的种田方式就如此简单，里面还有许多细节需要补充，或结合起来进行叙述。但这些描述通通可以作为希罗多德所说“埃及是尼罗河馈赠的厚礼”一语的背景材料，尽管他的原话是这样的——“希腊人乘船前来的埃及，是埃及人由于河流的赠赐而获得的土地”[②]。古希腊之后，古罗马的学者又继续讲述有关尼罗河的见闻，具有理论学家和哲学家之称的辛尼加在《自然科学诸问题》里这样讲述尼罗河：

> 尼罗河在自然界一切河流中是最有益的河流；大自然所展现于人类眼前的也正是这样。在埃及，灼热的焦土深深吸收着水份，而每年的干旱，使泥土尽量吸收那么多的水量以满足它的需要。在这个时候，大自然便安排好使尼罗河的水每年及时地灌溉埃及。就因为向着埃塞俄比亚的那些埃及地区，或者完全不下雨，或者下一点儿雨，就使得不习惯于天空水气的土地没有什么用处。埃及的一切希望都寄托在尼罗河。[③]

尼罗河发源于非洲中部的布隆迪高原，自南而北蜿蜒而来，流经世界上面积最大的撒哈拉沙漠一侧，最后注入地中海。靠近河口的下游三角洲，为尼罗河最重要的冲积平原所在，从上游的上埃及到三角洲所在的下埃及，河床两岸为田地分布区，也是古埃及人的村庄和城市分布地。经过许久的适应过程和各种水资源利用活动（如修建人工引渠等），全埃及土地和民众的富庶程度以下埃及为最高，法老时代著名的都城孟斐斯就修建在这个河口三角洲的顶端之上。可是，作为一个依赖上游来水泛滥冲淤的三角洲地区，在水量的需求上，大自然并不可能做出那么颇具人情味的安排，在随后的古罗马作家大普林尼的《自然史》著作里，记录了更细致的

---

① 〔古希腊〕希罗多德：《历史》，上册，王以铸译，北京：商务印书馆，1959 年，第 115 页。

② 〔古希腊〕希罗多德：《历史》，上册，王以铸译，北京：商务印书馆，1959 年，第 111 页。

③ 〔苏联〕波德纳尔斯基编：《古代的地理学》，梁昭锡译，北京：商务印书馆，1986 年，第 149-150 页。

尼罗河水位情形：

> 世人都知道，当水位上升的时候，国王与地方长官们是不许在尼罗河内航行的，人们借助于设有特种标符的井穴来判断水位上升的高度。它通常上涨十六个肘节，如果水小一些，它就灌溉不了全部的土地；如果水大一些，就会退落得迟一些。
>
> 当土壤为水份浸透以后，播种的良好时期便来到了，及至土壤干涸，就没有播种的条件。这两种情况都被人注意到了。水位的高度为十二个肘节，就是荒年的预兆；若仅十三个肘节，则外省仍不免受饥馑之苦；若达十四个肘节，则带来喜讯；达十五个肘节时，可保无饥馑之虞；倘为十六个肘节，则有余粮。自革老丢在位时迄今曾有过最大一次的泛滥，水位高达十八个肘节。在法萨罗斯战争时期，最低的水位为五个肘节。这令人可能想到：河流以某种奇迹躲避一个伟大人物（庞培）的杀害。①

这里终于出现了有关尼罗河水位测量方式的记录，但具体的测量数字与前述巴勒莫碑上记录的水位数字，大致有 10 个肘节之差，其原因尚待探讨。据加拿大著名水文学家比斯瓦斯撰写的《水文学史》一书介绍，尼罗河流域用于测量水位的水尺有三种：第一种只是简单地把水位标刻在河流的岸壁上，第二种是利用伸入河中的阶梯作为标示水位的标记，第三种则是通过导管把尼罗河水引入竖井或水槽中，水位标记则刻画在井壁上或水槽中央的立柱上②。后一种（第三种）即大普林尼记述的“人们借助于设有特种标符的井穴来判断水位上升的高度”的方法（这种井穴式水尺在开罗附近的罗德岛上还有保存），这一种方法在测量上最讲究，类似于后世建在河流边上的水文站。

不仅古代历史上是这样，甚至一直到近现代的埃及尼罗河流域，其水位也是经常变化的，在观察结果上呈现出不稳定性。联合国教科文组织负责组织编写的多卷本《非洲通史》，其首卷第 28 章的作者 J. 韦库泰（法国古埃及及考古学专家）这样来记述和分析近现代史上的尼罗河：

> 河水泛滥是差异很大的：往往不是太大，就是太小，很少恰

---

① 〔苏联〕波德纳尔斯基编：《古代的地理学》，梁昭锡译，北京：商务印书馆，1986 年，第 333 页。

② 〔苏联〕Biswas A K：《水文学史》，刘国纬译，北京：科学出版社，2007 年，第 11 页。

> 到好处。例如，1871 年到 1900 年，尼罗河每年的泛滥情况是：3 次泛滥成灾，3 次中平，10 次有益，11 次水量过大，3 次险些酿成洪灾。在这 30 次河水泛滥中，真正令人满意的只有 10 次。
>
> 因此不妨说，尼罗河流域文明的历史，是人类“驯服”该河的历史。在驯服河流的过程中修建了水坝、土堤或大堤——有些是同河流的航道平行的，有些则拦腰截断。因而也就有可能在河两岸修建水库以拦蓄洪水并浇灌河水泛滥不到的土地。
>
> 这种灌溉制度是通过长期的经验积累发展起来的，而且只能逐步形成。为了使水库真正发挥效益，就需全国加以周密规划，至少是各大区的周密规划。这意味着事先要在一大批人中间达成协议，才有可能共同努力。这就是尼罗河下游第一批社会制度的起源：首先围绕着一个地方农业中心形成一些种族集团，然后几个中心联合起来，最后形成两个比较大的政治集团，一个在北，一个在南。①

北面的是下埃及，南面的为上埃及，这是早王朝时期（前 3100—前 2686 年）之前南北两个政权对峙的局面。到了约公元前 3100 年，上埃及的美尼斯国王统一了全埃及，自此国王改称法老。也就是说，以前碍于长长的、南北流向的尼罗河的自然走势及其呈现狭长地形的流域特点，南北双方政治集团在各种交流和争夺中，逐渐增强了经济文化上的一致性，减弱了来自局部利益的各种阻力，最终促成埃及王国政治局面上的统一。

前述那些被尼罗河水泛滥所冲淤的大片田地，并不是无主土地，等到河水退却之后，原来的地界已经看不出来了，于是，就会出现如何确定新的地界的问题。这一点是许多作家都没有注意到的。还是希罗多德从埃及祭司们那里了解到这一问题的处理方式，其实并不复杂，就是土地的持有者可以到国王那里，报告自己分得的土地被河水冲跑了，国王便派人前去调查并测量损失地段的面积，今后所缴纳的租金就按新测量的实际面积来计算。于是，希罗多德表示：“我想，正是由于有了这样的做法，埃及才第一次有了量地法，而希腊人又从那里学到了它。”所以，《水文学史》一书的作者比斯瓦斯认为：“尼罗河每年泛滥的最大受益者之一可能是几何学，因为每次洪水过后都需要重新丈量土地，从而推动了几何学的兴起。”

对于尼罗河流域发生的历史事件，英国历史学家阿诺德·汤因比晚年

① 教科文组织编写《非洲通史》国际科学委员会编：《非洲通史》第 1 卷《编史方法及非洲史前史》，北京：中国对外翻译出版公司，1984 年，第 527-528 页。

在《人类与大地母亲——一部叙事体世界历史》这部著作中，在论述了两河流域冲积盆地开发中创立的苏美尔文明后，提出了自己对这一地区的看法，他说：

> ……我们可以认为，法老时代的埃及人在开发尼罗河下游河谷及三角洲的丛林沼泽的过程中，创立了第二个最古老的地域文明。
>
> 这一回，埃及人也生产出了多于其基本生存需求量的剩余农产品。如同在苏美尔一样，在埃及，伴随这一经济成就而来的是阶级分化、文字的出现、不朽的建筑、城市定居点、战争以及在宗教领域出现的关键性变化。①

还有享誉国际历史学界的《泰晤士世界历史地图集》，在1999年出版修订的第5版时，径直采用了《泰晤士世界历史》的著作名称，在公元前3100年至前30年的“古代埃及文明”部分给出了如下提示词：“埃及文明之所以能延续25个世纪之久，得益于利用尼罗河每年一度泛滥的洪水灌溉两岸的田地。虽然埃及国家的历史是一连串的统一与分裂的时期，但埃及的语言、宗教和文化却表现为一个连续的整体，这在近东是独一无二的。”② 而中国的世界史学者早已指出，连埃及人种族特征的历史性存留，也主要是得益于埃及独特的地理环境③。这一独特的地理环境就是第二至第六瀑布的河谷地区，及其以下东面为努比亚沙漠和东部沙漠，西面为撒哈拉大沙漠及其西北的利比亚沙漠所包围的尼罗河流域。

埃及人在尼罗河流域的生存和发展，开启了许多人类历史上的新篇什。天文学、量地法、几何学等知识的产生，生产关系、语言、宗教和文化等生活附着物的积累，还有对尼罗河水源、泛滥季节等问题的关注及探讨，曾令希罗多德等智慧人士花费了许多精力和心思去询问和归纳，从而引发了更多的关于自然界初始问题、演变问题的探讨，其间所表现出的人类对未知事物的进取心，对自然界所保持的清醒意识，以及关心同类（不同于自己所属）生存样式的品质，感慨系之，不由得使人掩卷长思良久。

---

① 〔英〕阿诺德·汤因比：《人类与大地母亲——一部叙事体世界历史》，徐波等译，上海：上海人民出版社，2001年，第47页。

② 〔英〕理查德 奥弗里等：《泰晤士世界历史》，毛昭晰、詹天祥、孔陈焱等译，广州：新世纪出版社，2011年，第56-57页。

③ 马世之主编：《世界史纲》，上册，上海：上海人民出版社，1999年，第36页。

只要回溯历史，就能够感觉到提倡历史流域学研究的价值，而从事历史流域学的研究，是应当从古埃及尼罗河流域出发的。因为从这里出发，可以接触到有关古埃及独特而细致的历史材料，触及到历史演进中的一系列问题；若向前追溯的话，还有通过考古手段揭示的早王朝之前和早王朝时期的内容；若向四周和往后延伸的话，可以扩大人类文明与河流之间关系研究的时空范围，多方探求，进而推进以往的认识。因此，将人们的视线聚焦到过去的流域上，将自然科学和人文科学密切地结合到过去的流域上，结合使用人类生态学、地理信息系统等研究方法，当会产生富有创新意义的科研成果。

学术研究视角的转换和长期关注，往往有着奇异的效果和特点。在学术界，最近二三十年来不断开拓出来的大气科学、海洋科学、极地科学、山地科学和流域科学研究领域，呈现着兴盛的研究态势，实质上是在同一类型的地质地理单元中开展系统综合性的研究事业。借助这种研究态势，给予历史地理学专业和学科的关注和构思，加入历史研究性质的理解力和洞察力，必会形成学术研究的新的助推力，从而促进相关学科学术研究的发展，提高这些学科与现实工作结合的程度和高度。

出版前言

流域作为以河流为中心的人—地—水相互作用的复合系统，是受人类活动影响最为深刻的地理单元。近年来，我国流域性资源环境问题日益突出，洪涝灾害、水资源短缺、水污染、流域生态安全、流域经济与城镇的协调发展等问题已引起高度关注，流域科学发展问题在国家和区域经济社会可持续发展中占有举足轻重的地位。我们认为，以历史流域为视角，对流域系统进行综合、交叉研究，不仅对区域历史地理学理论创新具有重要的学术意义，也对科学治水、科学解决现代流域问题具有重要的实践价值。具体包括以下几个方面：

第一，以流域的整体观和历史观为视角，从流域人—地—水相互作用的系统性、整体性、流域问题的因果性出发，开展多学科集成的历史流域学的综合研究，是深化历史地理研究的新领域，是历史地理理论研究和实际应用相结合最适宜的“实验地”，对历史地理理论创新、研究方法创新和应用拓展具有重要的学术意义。

第二，我国较早的历史地理著作《水经注》，即是以水道为纲，来描述中国地理特征的。以流域为单元进行区域地理研究，有助于探索以水资源为核心的、独特的自然与人文要素的历史演进规律，系统、综合地揭示国家、区域历史时期人地关系的变化及其作用、规律。

第三，人类文明往往与河流联系在一起。历史流域学研究，有助于系统揭示历史时期人类发展及地域运动的基本规律，揭示人类文明演进的特征与规律。

第四，通过对历史时期流域自然环境、人文环境变迁、流域人地关系演替规律的研究，可以有效揭示流域人地系统形成过程中的每一个环节及其形成机理和演化规律。科学认识当前流域性问题的特征和历史根源，以有效地协调、控制其发展过程，为流域科学治水、科学解决流域问题提供借鉴。

山西省普通高等学校人文社会科学重点研究基地——太原师范学院汾

河流域科学发展研究中心，以流域的整体观和历史观为视角，以流域环境变迁与科学发展为主线，多年来致力于黄河中游及其支流——汾河流域历史时期的河湖变迁、水患灾害、生态环境演进、流域聚落与经济活动发展等研究工作。在长期研究基础上，我们于2009—2010年在《光明日报》连续发表了关于历史流域学的5篇系列文章，首次提出创建历史流域学的构想，认为应从流域人地系统整体性、因果性出发，加强历史时期流域人地系统演进特征、规律及要素之间、区域之间相互作用关系的综合性、交叉性研究，以揭示流域空间特征、空间联系与空间分异规律，流域自然、人文环境的演进过程及规律，揭示流域问题的历史背景及发展过程，流域物质循环、能量流动、空间格局演进与维持机制。这一成果发表后引起学界的高度关注，著名历史地理学家陈桥驿先生认为："把历史流域学作为一门独立的学科，这是科学发展中的一种创新，有待学术界对此从事深入的探索，使这门学科能够获得充实与发展。"2011年11月，我们主办了"中国历史流域学首次学术研讨会"，来自北京大学、复旦大学、陕西师范大学、中国人民大学等院校的20多名历史地理专家就流域环境变迁与历史地理学创新问题进行了深入研讨。中国地理学会2012年学术年会专门设立了"历史流域与流域环境演变"分会场，就这一问题做了更为广泛地研讨。汾河流域科学发展研究中心在上述研究基础上，受山西省普通高等学校人文社会科学重点研究基地项目资助，就历史流域学和汾河流域环境变迁与科学发展开展了系列研究，"流域环境变迁与科学发展研究丛书"即是这一系列研究成果的展现。

本系列丛书，内容涵盖历史流域学基本理论、汾河流域政区历史变迁与文明演进、水资源与水安全、流域环境变化及环境质量评估、流域经济发展与空间开发、流域文化空间解构与整合再生、流域城镇变迁与城镇化、流域聚落演进与古村落保护、流域灾害问题与防灾减灾、流域水利开发与治河工程等10个方面。其鲜明特点是，以流域的整体观和历史观为视角，从流域人—地—水相互作用的系统性、整体性、流域问题的因果性出发，以流域整体观视角揭示汾河流域空间特征、空间联系与空间分异规律，以历史观视角揭示流域自然、人文环境的演进过程及演进机制，以流域问题的因果观视角，揭示目前流域问题的历史背景及发展过程。这些著作既有对历史流域学理论的探索，又有关于汾河流域科学发展问题的探索，我们期望丛书的出版不仅可以丰富区域历史地理理论，推进流域环境变迁的综合研究，而且能够为汾河流域科学发展决策提供参考。

王尚义
2014年10月18日

目　录

第一章
流域问题与历史流域学

第一节　流域问题与人类可持续发展

2007 年 3 月 20 日世界自然基金会发布全球遭破坏最严重河流前十名，并进行了原因诊断，主要概括为以下几个方面。

1）主要因水利设施建设，破坏严重的河流：萨尔温江—怒江（亚洲）、多瑙河（欧洲）、拉普拉塔河（南美洲）；

2）主要因过度取水，破坏严重的河流：格兰德河（北美）、恒河（亚洲）；

3）主要因全球气候变化，破坏严重的河流：印度河（亚洲）、尼罗河（非洲）；

4）主要因入侵物种，破坏严重的河流：墨累—达令河（澳大利亚）；

5）主要因过度捕捞，破坏严重的河流：湄公河（亚洲）；

6）主要因污染，破坏严重的河流：长江（亚洲）。

根据世界自然基金会的统计，这些河流“已经面临最严重的威胁或正在承受最糟糕的后果”，河流中的大量淡水生物灭绝，水资源严重短缺；该基金会警告说，如果对目前的形势放任不管，将会产生“可怕的后果”。

一、触目惊心的流域问题

人类面对的生态问题，古代与现代存在质的差异。19 世纪下半叶以前，引致生态变迁的主要因素有二：一是气候突变、气候灾害、物种减少等自然因素变化，生态系统自我适应性调整需要一个过程，其间对人类种群产生影响；二是人口快速增长，超越了生态系统内部的人口承载能力，自然平衡被打破，由之造成地域性（往往是流域性）生态问题。

（一）水资源短缺与河流断流

随着全球人口增加、气候变暖等社会、自然因素的复合影响，水资源短缺的问题日渐突出、严峻。人类对于河流的取水量不断增加，污染程度加剧，一些人类赖以生存了数千年的母亲河开始出现断流。

1. 中国最大的内陆河断流

塔里木河是我国最长的内陆河，是世界第5大内陆河，全长1321km。塔里木河流域总面积为102万km^2，包括塔里木盆地周边向中心聚流的九大水系114条源流和塔里木河干流、塔克拉玛干大沙漠及东部荒漠区，是黄河流域面积的1.4倍，是一个封闭的内陆水循环和水平衡的相对独立的水文区域。

自20世纪70年代初大西海子水库建成后，塔里木河英苏以下河道从1972年开始完全断流，台特玛湖也于1974年干涸。20世纪90年代后，断点上移到塔里木河下游的卡拉断面，断流长度由20世纪70年代的321km增加到428km。究其因，除了水库直接截留及对周边气候可能发生的影响外，气候转暖、河流本身处于荒漠之中、蒸发量大于补给量等自然因素，以及流域上中游长期无序开荒和无节制用水，全流域灌溉用水不断增加、取水过度等诸多因素直接导致了断流。

自2001年起，国家决定投资逾百亿元，对新疆塔里木河流域进行综合治理。随着平均每年42.62亿m^3水输入塔里木河干流，截至2014年1月，源流向塔河干流多年平均输水42.62亿m^3，完成规划目标的91.7%。这条我国最大内陆河下游河道终于告别了连续断流30年的历史，实现了水流到台特玛湖，塔里木河干流上中游林草植被得到有效保护和恢复，下游生态环境得到初步改善。中科院最新监测数据显示，同输水前相比，塔河干流下游距主河道1km以内的地下水位由距地面8—12m回升到2—4m，地下水矿化度由高于11g/L降至1.5g/L，塔里木河两岸植被重现生机，下游植被恢复面积达1333km^2，植物物种由17种增加到46种，大量的盐渍化耕地得到改善，沙地面积减少204km^2，塔克拉玛干、库鲁克塔格两大沙漠合拢趋势得到有效遏制。

2. 中国母亲河——黄河下游断流

黄河自然断流始于1972年，主要发生在下游的山东河段。依据利津水文站观测统计，断流情况如表 1-1 所示：

表 1-1　20 世纪以来黄河断流时间简表　（单位：天）

年份	断流天数
70 年代	9
80 年代	11
1991 年	82
1992 年	61
1993 年	75
1994 年	121
1995 年	122
1996 年	136
1997 年	226
1998 年	142
1999 年	42
2000 年	0

资料来源：牛玉国、张海敏、李世明：《黄河资源问题与对策研究》，《湖泊科学》2004 年 12 月，第 16 卷增刊，依据该文整理。

在 1972—1996 年的 25 年间，有 19 年出现河干断流，平均 4 年 3 次断流；1987 年后几乎连年出现断流，且出现断流时间不断提前，范围不断扩大，频次、历时不断增加的态势，如 1995 年，断流历时长达 122 天；1996 年 136 天；1997 年，断流达 226 天；为历时最长的断流。

从自然原因分析，黄河流域大部分属于干旱、半干旱的大陆性气候区，径流的补给主要靠降水，水量本来就不充沛，进入温暖期后降水减少、蒸发加强，进一步加剧了水资源的不足，供求关系更加紧张。黄河下游因泥沙大量淤积，成为世界上著名的地上河，使该段黄河不仅得不到两岸地下含水层的水源补给，反而要用河水下渗补给地下含水层，而且越是干旱越是下渗严重，最终导致黄河断流现象出现。

从人为原因分析，主要有二：一是人类对水资源的不合理利用，二是人类对流域环境的破坏。20 世纪 50 年代以来，黄河流域人口猛增，生活和农业灌溉、工业用水急速增加。20 世纪 50 年代时，黄河下游灌区灌溉 140 万 hm^2 农田，工业年均耗水量 122 亿 m^3；90 年代农田灌溉面积上升到 500 万 hm^2，工业年均耗水量达到 300 亿 m^3；与此同时，黄河下游非汛期年均降水量来水减少了 24.5 亿 m^3，水资源供需矛盾尖锐。于是，在枯水季节或枯水年份，沿岸各地纷纷引水、蓄水、争水、抢水，加之水资源管理混乱，水荒问题更加突出。黄河流域一方面水资源短缺，另一方面水资源浪费惊人，如农业灌溉仍然主要采用大畦漫灌、串灌等原始灌溉方式，一些灌区每公顷耕地年均毛用水量竟然高达 $60m^3$，粗放经营的农业生产方式使黄河水资源的有效利用率不及 40%。随着人口剧增、经济加速发展，特别是城市规模不断扩大，流域水污染程度亦逐年加重，“水荒”矛盾更加尖锐。

3. 蒙古国600多条内陆河断流

蒙古国属大陆性气候，年均降水量仅为 200—300mm。境内有大小河流 3800 多条，湖泊 3500 多个，主要靠春、夏、秋季的雨水补给。20 世纪 90 年代以来，蒙古国国内旱情加剧，到 2007 年持续多年的干旱已导致蒙古国国内超过 600 条大小河流断流或干涸，而且这一趋势仍在继续。

2012 年春季干旱，蒙古国的“母亲河”图拉河在 4 月断流，直接影响了首都乌兰巴托 100 多万市民的生活用水（蒙古国近一半的人口都集中在首都乌兰巴托）。图拉河水是乌兰巴托人的“生命之水”，也是乌兰巴托地区地下水的重要补充源。专家分析，造成图拉河水资源短缺的原因主要是气候干燥、土地干旱以及荒漠化进程加剧。蒙古国 78%的领土处于荒漠化和半荒漠化状态。此外，近年图拉河上游及沿岸建起许多企业和居民楼，对图拉河流域植被破坏严重，造成流域上游对水源的保护和涵养不足，使下游来水量进一步减少。

（二）技术干预下的流域危机

早在 2004 年，世界自然基金会在题为“危机中的河流”的报告中，就提出杂乱无章的大坝建设正威胁着世界上的很多著名河流，世界大型河流中有一半以上都由于大坝的建设而影响了生态环境，中国的长江已经成为全世界最岌岌可危的一条河流。2007 年 3 月世界自然基金会的报告进一步指出，萨尔温江、拉普拉塔河和多瑙河流域等，修建堤坝等工程正造成河流流量减少和鱼类死亡，而中国的长江由于沿岸地区快速发展的大规模工业建设和水土流失问题，导致污染问题非常严峻。

1. 长江成为21世纪初“最受伤大河”之一

2004 年世界自然基金会在“危机中的河流”报告中指出，中国已经和正在建造的大坝数量在全世界名列第一。报告特别提到了长江——它正在和将要修建的大坝有 46 座，报告认为这些大坝的建设影响了长江内一些濒临灭绝的物种的繁殖。2007 年世界自然基金会发布全球遭破坏最严重河流前十名，长江“榜上有名”。

三峡大坝位于湖北省宜昌市境内的三斗坪，2008 年全面运行，是目前世界上最大的混凝土水利发电工程，是三峡水电站的主体工程，距下游葛洲坝水利枢纽工程 38km。修筑大坝的好处，人所共知，诸如防洪、发电、航运、蓄水北调；但与此同时，它的弊端也在不断显现：对长江流域生态系统、地质系统、水资源出现破坏性干预，如下游洄游鱼类与长江特有鱼类受到严重影响，突发地质灾害增多，大坝通过蓄水、围堵沉积物和增加水成分而加剧水污染等。

与此同时出现的是长江流域日渐严重的污染。随着工农业大规模的发展，城市、耕地规模不断扩大，人口不断增加。在过去的 50 年中，长江主河道上数百座城市的污染水平已经增加 73%，每年排放到河流里的污水和工业废水已达到约 250 亿 t，占全国总污水排放量的 42%，工业总排放量的 45%。据中国环境与发展国际合作委员会（CCICED）农业面源污染控制课题组研究，流域内农业生产的氮排放占氮排放总量的 92%，由于流域内农业滩区大量减少，流域自身分解毒性污染物的能力大大降低。此外，由于耕地面积扩大，流域内土壤侵蚀加剧，长江已成为世界上第 4 大含沙河。

2. 南美洲拉普拉塔河淤积危机

2012 年 3 月 31 日，美国宇航局地球观测站公布了一张卫星照片（图 1-1），显示了从南美洲东部巴拉那河流入拉普拉塔河的浑浊河水，展示了南美洲拉普拉塔河中的面积巨大的沉积物景象。

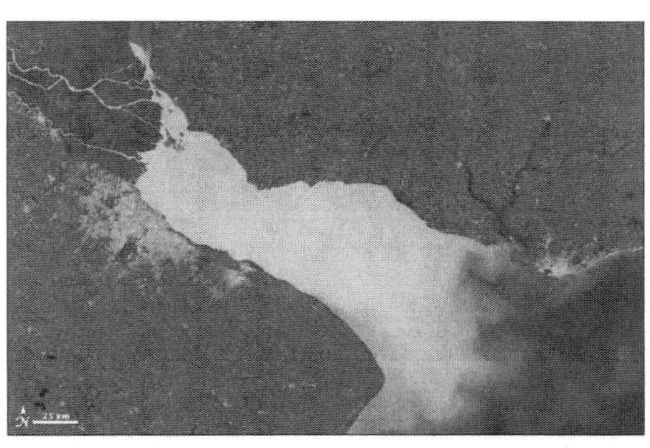

图 1-1 南美洲河口沉积物浑浊不堪

巴拉那河是南美洲的第二大河流，发源于巴西高原东南缘的脉曼蒂凯拉山北坡，长度仅次于亚马孙河，其 75%的河水流入了拉普拉塔河。拉普拉塔河长约 290km，流域面积约占南美大陆的 20%，它是一个硕大无比的河口，因近代下沉作用呈漏斗状，其宽度从西端两河汇集处的 48km

逐渐扩大至东部与大西洋相交处的 220km，最宽处约达 290km，是世界上最宽的河口。

由于拉普拉塔河两大源流巴拉那河和乌拉圭河水量充沛、富含泥沙，特别是巴拉那河流域上游大部分地区海拔接近 1km，多为丘陵和山地，产业以农业为主，暴风雨导致农业区表层土流失严重，使拉普拉塔河泥沙淤积量每年可达 600 万 m^3。

3. 两河流域的湿地从“伊甸园”到“人间地狱”

伊拉克南部的底格里斯河与幼发拉底河合在一起后的流域内，约有 2 万 km^2的肥沃沼泽湿地，学者们考证这片沼泽湿地就是《旧约圣经》里所描述的“伊甸园”。这片富饶的沼泽湿地也是中东地区最大面积的湿地，这里常年栖息着几百种珍禽奇兽，盛产鱼虾，素有“人间天堂”和“鱼米之乡”之称。在伊拉克市场上，几乎 2/3 的鲜鱼出自“伊甸园”湿地；在科威特海面上捕到的龙虾，有 40%源自这片沼泽湿地。

2003 年 4 月 26 日，在法国巴黎召开的西方八国环境峰会上，战后伊拉克的环境现状成为了会议的重要议题。伊拉克战争对当地环境造成了严重灾难，土地、森林、草原在战火中被摧毁，大气和河流受到了污染，大量的贫铀弹不仅造成河水的直接污染，而且还将污染地下水；同时，被炸毁的炼油厂和化工厂的大量有毒化学物质流入河中也造成河水污染，使两河污染的程度和范围进一步扩大。战争中美军使用的武器不仅直接破坏了伊拉克土地表面的土壤结构，还在陆地和水域中遗留下大量的武器弹药，有些在长时间内无法排除，形成持久而可怕的环境隐患。自远古以来，伊拉克就有沙尘暴灾害，战争中猛烈的轰炸和大量美军的地面和空中活动又加剧了沙尘暴的影响；此外，战争中油井的燃烧和大量剧烈的军事活动对伊拉克的气候也产生了影响。沙漠地表的自我恢复需要数百年时间，战争造成的环境退化在很长时间内都难以恢复。

由于常年的无休止战乱，这片昔日充满生机的沼泽湿地、鱼米之乡，如今大部分区域已经变成了可怕的沙漠，而且这一状况仍在日益恶化中。专家们考察后得出结论，这片沼泽湿地的原始生态在短期内是无法恢复了，湿地的再现也可能永远无法实现了，“相当一部分湿地已变得越来越干竭和沙漠化，已到了无可救药的地步”，“伊甸园”在人类战争摧残下已变成“人间地狱”①。

---

① 徐新明：《从“伊甸园”到“人间地狱”——底格里斯河与幼发拉底河的悲惨厄运》，《海洋世界》2003 年 11 期，第 14-15 页。

4. 美国胡佛水坝造成巨大的自然灾害

美国胡佛水坝是位于内华达州和亚利桑那州交界之处的黑峡（Black Canyon），1931 年 4 月开始动工兴建，1936 年 3 月建成。它“截断”了汹涌的科罗拉多河，具有防洪、灌溉、发电、航运、供水等综合效益。胡佛大坝在 20 世纪水利工程行列中占据重要地位，堪称 20 世纪西方科技史上最有影响力、最有挑战性的公共水利工程之一。

1929 年 10 月，美国经历了历史上最惨烈的经济危机，世界经济也进入连续几年的大萧条时期，引发了世界经济学史上著名的“凯恩斯革命”。凯恩斯主义者认为走出经济大萧条的最直接而有效的办法，就是国家通过建设大型工程来刺激各行业的消费需求，解决工人失业问题，增加社会购买力，从而拉动经济增长。当时的美国总统胡佛推崇凯恩斯主义，他任职期间，政府大力鼓励投资大型公共基础设施，胡佛大坝就在这一时期建成。

胡佛大坝建成后，除了预期的社会经济作用之外，还带来了时人预料不到的生态问题：大坝对周边地区和科罗拉多河流域的气候形成了逆调节，造成周边地区和科罗拉多河流域地区甚至全美国的大量自然灾害。如 2011 年胡佛水坝就给美国带来了巨大的自然灾害，造成大量的人员和财产损失。这一年美国中部和南部多州连续数月严重干旱，依照美国国家气象局干旱分级表，得克萨斯州和路易斯安那州大部分区域，亚利桑那州、新墨西哥州、俄克拉荷马州、阿肯色州和佛罗里达州部分区域，科罗拉多州和堪萨斯州小部分区域处于“极端”（extreme）干旱状态；得克萨斯州和路易斯安那州小部分区域遭遇“异常”（exceptional）即分级表中最高级别干旱；密西西比州、亚拉巴马州、佐治亚州和南卡罗来纳州部分区域遭遇“严重”（severe）或“中度”（moderate）干旱。其中“极端”干旱为过去 20 年至 50 年间最糟糕旱情，而“异常”干旱一般为 50 年至 100 年一遇。

二、“流域问题”的解决困境

“流域”在地理学上一般解释为相对河流的某一断面，由分水线包围的区域，它是水资源的地面集水区和地下集水区的总称。在人地系统中，流域作为一个自然区域，具有一定的特殊性，诸如它是人类最早活动的区域，是历史时期人口聚集的区域，是受到人类影响较大的区域等。因此，也是目前问题凸显，生态系统需要修复的区域。

（一）流域已成为人地关系最紧张、复杂的地理单元

人文地理学给予人地关系的定义为：①“人”是指在一定生产方式下，在一定地域空间上从事各种生产活动或社会活动的人；②“地”是指与人类活动有密切关系的、无机与有机自然界诸要素有规律结合的、存在着地域差异、在人的作用下已经改变了的地理环境；③人地关系是指人类与自然环境之间互感互动的关系，一方面反映了自然条件对人类生活的影响与作用，另一方面表达了人类对自然现象的认识与把握，以及人类活动对自然环境的顺应与抗衡；④人地关系是现代人文地理学的基础理论和中心研究课题，是当今社会发展必须直面和探讨的问题，也是人类认识世界的永恒命题。

1. 人地关系的区域特征

关于人地关系的区域性特征，鲁西奇教授在《人地关系理论与历史地理研究》一文中[①]，有着很深刻的论述：

> 地理区域正是相对于地理体系总体以及其它区域而言的，这必须是地理学区域观念的一个重要前提。离开了统一的地理体系的区域是不存在的，而孤立的、片面的区域观念将是非常有害的。
>
> 依据地理现象的差异性将“统一的地表”划分为若干的区域，在不同层次的区域范围内探讨人类活动与地理环境之间的关系，总结出其区域人地关系的特点，进而通过比较研究，区分类型，找出共同点，是科学的人地关系研究所应遵循的思路与方法。这一思路又包含三点认识：（1）只有一定区域的人地关系才能成为科学研究的对象；（2）由特定区域人地关系研究所得出来的认识，不能不加限制地上升为普遍性的规律；（3）只有从区域的观念出发研究人地关系，在大量区域个案研究的基础上，才谈得上比较研究，而只有通过比较研究，才能总结出人地关系的某些共性，得出一些带规律性的认识。在这种思想方法指导下的人地关系研究，必然是复杂多样、丰富多采的，而不仅仅是一些抽象的所谓“人地关系规律”。这意味着：（1）人类活动与地理环境之间的关系，在每一个不同的地区，都可能表现为不同的型态与模式，都有不同的内涵。（2）一个区域的人地系统有一个不断

---

① 鲁西奇：《人地关系理论与历史地理研究》，《史学理论研究》2010 年第 2 期，第 36-46 页。

演进的过程，其模式不是固定不变的。也就是说，有时候自然环境对人类活动的某些方面，可能是其最主要的方面，起着决定性的作用；有的时候人类对自然环境的“适应”是人地关系的主要方面；有时候人对自然的改造则是主要的方面；而更多的时候二者则表现为一种互为因果、互相影响、互相牵制又互相促进的复杂关系，不能一概而论。

从鲁西奇的论述中可以认识到：①研究人地关系只能是一定区域的，不同的区域会有不同的特征，究其因，既和区域自然特征有关，又和区域内人类活动密不可分；②每一个区域的人地关系都不是一成不变的，有着属于该区域独有的人地不断互动的发展演变过程；③流域作为一个有着明显边界的自然区域，同时又是历史时期人类繁衍生息的聚集区域，不同流域内的人地关系必然具有自己的独特性，相对于非流域的自然区域，流域作为一个区域类型概念，又具有自己的共性。

2. 流域是人地关系最活跃的区域

以河流为中心的流域有着优越的自然禀赋，河流不仅提供了充足的生活、灌溉水源，且是重要的动力资源；在河流的搬运作用下，不仅在流域内形成大小不一的平坦盆地，而且其中下游也形成了辽阔、富饶的适宜农业发展的冲积平原；流域内部的河流、湖泊还有水产之利；流域两侧的山地还有森林、矿产、野生动植物资源等；此外，流域两侧的山地还是天然屏障作用，具有军事、文化等保护功能。总之，流域可以从水源、土地、动力、动植物资源、矿产资源等，以及军事防御、文化独立性等不同层面满足人类的诸种需求，由之也就成为从远古一直到今天人类最为聚集、活动最为频繁的自然区域。

人类在流域内的一切活动都属于人地关系范畴，其中对流域自然生态系统影响较大的主要有以下 3 项：①流域内的水、土资源利用；②流域内的生物资源、矿产资源利用；③流域内的人口聚集所形成的乡村、城市聚落。这三大类活动都会直接影响到流域内水系、地形地貌、生物种群、地表覆被、局域小气候等自然因子的变迁，当人类的影响超越自然生态系统的自我修复能力时，便会引发流域内部自然生态系统的改变，在新的稳定系统生成的过程中，自然生态系统的动荡会以各种灾害形式反馈在人类面前。

近代以来，随着科技的快速发展，人类对自然资源的开发利用演变为一种大肆掠夺，由于人类过度、不合理地改造、利用，自然界原有的平衡状态被打破，于是开始出现各种不利于人类生息的生态问题，主要表现为：①部分物种灭绝；②水土流失；③土壤盐渍化；④土地荒漠化；⑤气候变迁。这些灾害在人地关系最为活跃的流域有着更为集中的体现。

（二）流域系统与流域问题的复合性

流域区作为一条河流（或水系）的集水区域，是一个从源头到河口完整、独立、自成系统的水文单元，在地域上有明确的边界范围，属于一种典型的自然区域。但因为它又是从古至今人类最为聚集的区域，人类活动在自然因子变迁基础上的叠加，又导致了流域系统、流域问题的复合型特征。

1. 流域是以水为核心的“自然—社会—经济”复合系统

流域的自然性，就形成而言主要表现在两方面：①它是地理的产物。地表层由于地质构造运动而形成各自的地理形态，具有各自的地理地貌特征，这些特征又决定了地表层在接受降水后的产汇流特征，从而形成了流域的基本特征；②由于产汇流的作用，水在流动过程中在坡陡流急的山地和丘陵地带要对地表层产生侵蚀，形成深槽河床，并携带大量泥沙，流出山口之后，流速变缓，大量泥沙沉降堆积，待洪水泛滥时把水沙送到泛滥区域，逐渐形成广大冲积平原。

从自然生态角度，流域是一个重要的独立研究单元：人类活动主要集中于淡水生境，包括河流、湖泊、水库、溪流和湿地等，河流在其中最为重要，不仅为人类文明提供了必要的水源，同时也是与人类共生的大量鱼类、两栖动物、水生植物、无脊椎动物和微生物的栖息地。在流域之内，高地、沿岸带、水体和不同生态系统之间存在着信息、能量、物质的变动、传输、交换等，人类是流域生态系统的一分子，同时历史时期人类的活动也是影响流域内部生态系统的物质、能量循环过程的重要力量。

从社会科学角度，流域是解读各种社会现象、探索社会发展规律具有典型意义的区域：自然禀赋决定了历史时期人类社会活动的流域性聚集特征，按照传统“山川形便”的划界原则，河流及其分水岭往往是地区之间、国家之间的天然边界，于是一个或多个流域的范围就构成一个国家辖区，社会构成、社会运行、人与社会的关系、人与生存环境的关系、人的社会行为等便以流域为单元发生、发展。进入现代社会，人类社会活动所受自然制约明显趋弱，但是流域社会聚集性特征依然十分显著。

从经济学角度看，流域也是一个具有双重意义的区域范畴：一方面以水资源为核心的流域具有明显的资源聚集效应，不仅人类早期社会如此，传统农业时代如此，工业革命之后，沿江河分布产业带、经济走廊也是经济发展的重要趋势；另一方面这个由分水岭所包围的限定区域，又是组织和管理国民经济，进行以水资源为核心的综合开发利用的重要地域单元。

2. 流域问题以“水问题”为核心的系统性、整体性

流域的核心是“水”，流域问题的核心自然也围绕“水问题”。

流域最重要的资源是水，这是一切文明发端的母体，历史早期流域文明的发展更离不开水：一方面水作为一种天然资源，所具有的自然特性使其成为人类乃至所有动植物生长、生活的必要元素；另一方面河流还是人类早期运输、农业灌溉、动力的主要资源。近代以来，工业化生产、城市发展也都需要大量的水源。

流域资源禀赋的优势在于水，以水为纽带，依靠水的流通，将流域联通为一个统一整体，并在人地互动作用下形成流域整体开放的、分层级的发展格局。与此同时，逐步形成的流域问题自然也以“水问题”为核心，主要表现在：水资源短缺、水污染、水旱灾害、水土流失、土地盐碱化、湿地退化等，并由流域局部逐步扩展至整个流域，引致河流健康退化，由此影响到流域生物系统，出现生物多样性种类和数量锐减，于是开始出现流域生态系统问题，危及人类的可持续发展。

以水资源为中枢，流域内部表现出极强的系统性、整体性，不仅自然、社会、经济各系统内部要素之间表现出极高的关联度；更重要的，在流域内部，自然—社会—经济三大系统之间，也呈现出相互制约、相互影响的亲密关系，这就使得流域“水问题”也具有复合型特征，是在人类活动干预叠加在自然生态因素变迁之上的结果。

（1）从自然系统分析，流域之“水”是一个整体，“水问题”具有显著的系统性、复合型特征

上游植被覆盖率的降低，不仅使当地水土流失加剧、生物多样性降低，水源涵养功能、小气候调节功能减弱，抵御风沙力、环境承载力下降等，还会必然地影响到中下游，使中下游河水来水量减少、泥沙淤积增加，湖泊湮塞、泉源干涸，甚或河水断流，洪涝旱蝗灾害增加。流域灾害还具有转移性、地域转嫁性特征，如中下游洪灾，往往和上游暴雨有关；中下游土地贫瘠，又多和上游林草覆被不足有关。人类一直是生态系统的一份子，在生产力低下的原始农业时代如此，在后工业时代依然如此，这是确保人类可持续发展最基本的生态伦理观。

（2）从生态系统分析，流域“水环境”、“水资源”与流域生物多样性等特征唇齿相依，所以流域生态问题的根源往往在于“水问题”

许多动物的繁衍环境是具有流域性特征的，如许多生物在上游产卵，在中下游发育、生长。河流形态多样性是流域生物群落多样性的基础，上

中下游之间是一个不可分离的整体环境。自然环境、资源禀赋是人类生存的自然物质基础，自然系统生产力的下降，势必降低自然界对人类社会的承载能力，从而影响人类社会的发展模式、演变进程。所以，人类在流域内部的社会活动必须受到文化、制度等多层面的约束，必须正确认识自己在生态系统中与万物平等的地位，必须认识到合理制约自己，服从生态系统自我修复、正常循环的系统功能。

（3）从社会系统分析，流域文化以流动的“水”为纽带，当出现污染、断流等“水问题”时，流域文化的内涵及整体性特征等也必然要受到影响

早在原始时代，人类就开始追逐水草，沿着海岸线、河流走向适宜生存的区域。不同民族的居民有着不同的思维方式、生产方式、生活习俗，他们沿着古代最便捷的交通线路（河流）迁徙，不仅将文明传播开来，还使得多种文明得以碰撞、交融，并利用流域内部资源聚集的优势，繁衍生息，孕育出了具有代表意义的古代文明（多为流域文明）。因之，在不同的流域内部，受流域自然条件、资源禀赋的影响，文明多具有流域性特征；当流域出现污染、断流，甚至生态破坏时，流域文化往往会随之变迁。

（4）从经济系统分析，流域经济布局多以水运为纽带，当流域水资源、水能出现问题时，流域经济的整体性也多受到干扰

资源禀赋与经济的空间集聚，使流域成为一个具有巨大生产能力的自然区域。丰沛的水资源、丰富的森林资源、便于灌溉的平原等是社会经济发展重要的物资基础，特别是以河流航道为干轴的经济空间集聚是社会经济发展的重要增长极，所以地理位置适宜的流域大多成为社会经济的重要聚集区。与此同时，流域也成为自然生态问题较早显现、较为突出的区域。从原始农业时代到后工业时代，数千年来人类为了自身的繁衍生息不断地改变着自然生态系统，使流域成为人类干预最为显著的区域，成为生态问题最为集中、突出的区域。当流域“水问题”严重，诸如水资源短缺，失去水运、水能等问题严重时，以河流为核心经济布局的国家或地区往往也要受到影响。

3. 流域问题的解决与流域科学

在流域系统内部的复合要素之间，尽管关系错综复杂，但又不是杂乱无章的，各要素皆呈现以河流（水资源）为中枢，彼此连接、相互影响的态势。流域是一个复合系统，自然、社会、经济三大子系统统一于流域之内，它们以水资源为中枢，彼此制约，发展、演变呈现出显著的规律性。

1）流域内部自然资源的聚集性特征，为人类社会、经济活动提供了丰饶、便取的物质基础，所以流域多是历史时期人类聚集、在人类活动影响下环境变迁剧烈的自然区域；

2）“山川形便”的行政区划原则，使国家、地区往往以山、川为界，具有地域特征的制度文明、精神文明滥觞于流域之内；同时，人类对于自然生态的影响也成为一种国家层面下的集体意识；

3）流域内部以河流航道为主的运输网络是社会经济发展的重要增长极，加之优异的自然禀赋，使流域成为重要的经济发展区。在物质文明的基础上，社会文明达到了较高的程度，人与自然生态的矛盾也呈现出严峻性。

既要合理利用流域的资源禀赋、聚集效应，又要努力克服人地之间相互侵凌的矛盾，这就需要在尊重流域“自然—社会—经济”复合系统规律的基础上，认真构建流域科学体系，科学地解决流域问题。

1）基于流域内部“自然—社会—经济”诸要素之间互为因果、交叉制约等特征，流域科学体系构建所关注的问题必须是综合的、系统的，主要包括河流问题（河流自然史、河流文化史、河流生态安全等）、人与河流的关系问题（河流权利、人对河流伦理道德、国家政策等）、流域内部人类社会发展的规律问题（人口迁徙、民族构成、国家制度、哲学文化等）、以河流为中轴的经济格局问题（产业布局、城市体系、交通网络等）等。

2）鉴于流域系统的复合性特征，流域科学体系的构建必须是多学科交叉兼容，应该包括地理学、生态学、环境学、水文学、灾害学、历史学、社会学、管理学、工程学等基本学科，这些学科皆以流域为研究对象，从综合、整体角度探索流域系统发生、发展之规律，为流域问题的解决、流域的可持续发展提供学术支撑。

4. 汾河流域个案研究

汾河，古称“汾”，又称汾水，是黄河的第二大支流。汾者，大也，汾河因此而得名。汾河源头传统认为是山西省宁武县境内管涔山脚下的雷鸣寺泉，现代考察认为在神池县太平庄乡西岭村。目前汾河流经山西省的忻州、太原、吕梁、晋中、临汾、运城6市的29个区县，全长713km，流域面积39 721km^2，在万荣县荣河镇庙前村汇入黄河。

汾河支流众多，较大的如潇河、文峪河、浍河等，其中还包括了许多有名的大泉水，如兰村泉、晋祠泉、洪山泉、郭庄泉、广胜寺泉、龙子祠泉、古堆泉等。汾河是山西最大的河流，被山西人称为母亲河。汾河在山西省的政治、历史、文化、经济地位举足轻重，也是山西高原人地关系最为频繁、剧烈的区域。

21 世纪初，汾河流域生态环境已存在六个方面的主要问题：①中游干流河道断流问题；②河道水位急剧下降问题；③地表水严重污染问题；④污水垃圾处理水平低、回用规模小，加剧了水资源短缺问题；⑤煤炭等矿产资源的过度开采导致水资源破坏严重的问题；⑥植被覆盖率低，水土严重流失，造成生态环境恶性循环问题。探究其根源，20 世纪中期肯定是生态问题加剧的一个时间点。20 世纪中期以来许多流域开始逐步出现生态问题，并呈现不断加剧的特征。但是，各个流域的问题既有共性又有个性，问题的共性和国家经济政策、技术的时代特征等密切相关，问题的个性便和各个流域的开发历史、流域内居民的思维方式、生态伦理等有着密切关系。

分析 21 世纪初期汾河流域面临的六大方面的生态问题，其核心聚集在流域居民对水源的保护、对水资源可持续性开发生态认识层面。仔细探究，可以看到历史时期人地关系演变，特别是流域生态文化留下的痕迹。

汾河流域以水资源问题为核心的生态问题，约在明代开始显现，根源便是人口数量的大幅增加。元末明初，各地天灾人祸并起，“表里河山”的山西高原却是另一番景象：一方面与其他地区自然灾害频发不同，山西高原风调雨顺、五谷丰登；另一方面与其他地区战乱频仍不同，易守难攻的地形，加上守将扩廓帖木耳骁勇善战、足智多谋，山西躲开了战乱的破坏；此外，与其他地区人口不断减少相反，因为收成好、战乱少，周边百姓纷纷避难山西，于是明朝初期，与其他地区人口稀少、一片凋敝不同，山西竟有人满为患之忧。《明太祖实录》记载：明洪武十三年（1380）全国总人口为 59 873 305 人，而山西人口却达 4 030 450 人，这些人口大部又聚集在汾河流域。

为解决这些人口的生存问题，明清时期的山西大致采取了以下 5 种方法：①移民。从洪武六年（1373）到永乐十五年（1417），近半个世纪中，从山西向外地移民 17 次，人数达到 100 万以上；②走西口。山西境内的农业剩余劳动力利用地处农牧交错地带的便利条件，由农而商，从事长途贩运贸易；③开垦山地。明清时期汾河流域上游及中下游两侧山地大范围开垦，特别是清代后期玉米、马铃薯的普及，山地农耕进一步稳固，水源地带林草覆被率大幅下降；④发展矿冶业。山西多煤炭、矿产资源，宋元时期矿冶集中在少数几个地区，到明清两代几乎遍及全省；⑤泄湖为田。汾河中游的汾阳县为解决人口、耕地矛盾，将汾河流域仅存的湖泊——文湖泄水为田。为解决人口压力，发展山地农耕、矿冶业，对于林草覆被、水资源的破坏是显然的，泄湖为田，更不啻饮鸩止渴，这些举措在当时已经造成了生态问题。①

通过汾河流域的个案研究可以佐证：①以河流为中心的流域多是一个大范围地域内人类最为聚集的区域，流域内的各种资源、河流的廊道作用、流域边界山地的“天堑”作用，都是必不可少的；②流域是人地关系最为密切的区域；③不同流域内的人地关系既有鲜明个性、又有流域共同性。

(三) 行政边界与流域治理困境

中国行政边界划分原则主要有二：一是山川形便，二是犬牙交错。虽以前者为主，但由于一般流域面积较大（面积小于 100km^{2}的流域一般划入小流域），所以从行政区划角度，流域的整体性还是无法得以体现。

1. 行政边界对流域整体性的忽视

中国古代行政区划大致依据两个原则：山川形便和犬牙交错，前者是指以天然山、川作为行政区的边界，使行政区划与自然地理区划尽量一致；后者反之，行政区边界与山川形势有明显出入。

中国最初的行政区划是以“山川形便”为主，秦始皇设三十六郡，多是以“山川形便”为依据的。以山西为例，在秦朝时包括太原、河东和上党三个郡的范围，左右两边以太行山和黄河为界。与此同时，为打破崇山峻岭、江河大川对地方割据势力的天然屏障作用，“犬牙相入”在秦汉时也开始出现，如长沙郡，所辖范围不仅包括今湖南省全境，还有一部分像一把刀一样深入今广东境内，目的就是为加强对岭南的统治。唐开元二十一年（733）在贞观十道基础上调整划分的开元十五道，边界更加符合地貌类型单元，奠定了后世省界以大山大川为边界的特征。元代行省幅员广阔，行省又握有军政大权，为防止出现地方割据，行政划分开始突出犬牙交错原则，魏源称元朝行省“合河南河北为一而黄河之险失，合江南江北为一而长江之险失，合湖南湖北为一而洞庭之险失，合浙东浙西为一而钱塘之险失……”② 明清省级边界在沿袭元朝基础上，从社会经济出发略有调整。中华民国、中华人民共和国也大致如斯。鉴于郡县等行政区划设置

① 王尚义、张慧芝：《明清时期汾河流域生态环境演变与民间控制》，《民俗研究》2006 年第 3 期，第 16-20 页。

② （清）魏源：《圣武记》卷 12《武事余记》。

的根本目的在于社会管理，所以中国历史上省级行政区划边界划分大致遵循了“山川形便”的原则。目前省级行政区划的边界在很大程度上沿袭自历史时期，所以也就呈现出以山川形便为基本原则，辅以犬业交错的特征。

“山川形便”的边界划分原则，简而言之就是以河流干道、山脉主脊线为行政区划的分界线。流域大致是以河流干道为中轴呈对称分布，可见在以“川”为界的原则下，流域是以河道为界分属不同行政区域的。由于山脉主脊线多为分水岭，在以“山”为界的原则下，流域某部分可能与行政区划吻合。

“犬牙交错”可能将河流干道、山脉某段纳入一个行政辖区之内，鉴于行政区划面积局限，它难以将大中型流域纳入同一个行政区划。据《汉书·百官公卿表》所记，秦汉时期“县大率方百里，其民稠则减，稀则旷”。也就是以大致百里见方的面积作为一个县级政区幅员的基数，再根据居民的数量作调节。银雀山出土的竹简《库法》里讲：“大县百里，中县七十里，小县五十里。大县两万家，中县一万五千家，小县万家”，秦汉时期 1 里约合现在 415.8 米，方百里应该是指县东西或南北之间的长度。县城多居县邑之中，也就是说生产条件较好、人口相对稠密的大县，以县城为中心的县邑四境，当时大约是 50 里，合今天 22 790 米，中县县城到县边境大约 31.78 里，小县县城到县边境大约 22.77 里。折合成面积，大县约 2000km^2，中县约 1000 km^2，小县约 500km^2。秦末平均每郡统县 20 个左右，一个郡面积约 20 000 km^2，“汉兴，以秦郡太大，稍复开置”，西汉末平均每郡统县 15.4 个左右，一个郡面积约15 000 km^2。

经过二千多年的演变，行政区划发展的大致趋势是辖区呈现扩大趋势，发展到现在中国共有 34 个一级行政区划（省、直辖市、自治区），辖区面积排名前 8 位的分别是：①新疆维吾尔自治区，面积 160 万 km^2；②西藏自治区，面积 120 万 km^2；③内蒙古自治区，面积 110 万 km^2；④青海省，面积 72 万 km^2；⑤四川省，面积 48 万 km^2；⑥黑龙江省，面积 46 万 km^2；⑦甘肃省，面积 39 万 km^2；⑧云南省，面积 38 万 km^2。中国主要河流流域面积十分辽阔，多流经多个一级行政区划，如表 1-2。

行政边界的划分，大山（主脊线）、大川（河道）皆为重要边界，而流域的边界则是分水岭。分水岭是指分隔相邻两个流域的山岭或高地，河水从这里流向两个相反的方向。在自然界中，分水岭较多的是山岭、高原，但也可以是微缓起伏的平原或湖泊，甚至有的河流也成为两个流域的分水岭。中国境内流域面积排名前十的河流，除了内陆河——塔里木河，及流经中国的黑龙江、雅鲁藏布江之外，其他河流均流经多个一级行政区划。历史时期以“山川形便”抑或“犬牙交错”为原则所进行的行政边界划分，重在经济社会管理及政治军事安全，而且辖区范围也要服从这一目的，所以尽管一级行政区划辖区面积呈扩大趋势，依然无法兼顾大中型流域的整体性。

表 1-2　中国主要河流及其流经的一级行政区划　（单位：万 km^2）

名称	流域面积	流经一级行政区划
长江	180.7	青海、西藏、云南、四川、湖北、湖南、江西、安徽、江苏、上海
黑龙江	（中国境内）88.4	黑龙江
黄河	75.2	青海、四川、甘肃、宁夏、内蒙古、陕西、山西、河南、山东
珠江	45.3	云南、贵州、广西、广东、湖南、江西
塔里木河	（中国境内）41.5	新疆
海河	31.82	山西、内蒙古、河北、北京、河南、山东、辽宁、天津
雅鲁藏布江	（中国境内）24.6	西藏
辽河	21.9	河北、内蒙古、吉林和辽宁
淮河	27	河南、湖北、安徽、江苏、山东
澜沧江	（中国境内）16.5	青海、西藏、云南

2. 解决流域问题要基于其“自然—社会—经济”复合边界

流域是一个典型的“自然—社会—经济”复合系统。在流域系统内部，各种要素之间彼此独立又相互作用，加之在流域上中下游之间，既有分隔又紧密结合，进一步增强了流域系统内部的复合性特征。自然区、经济区、文化区、行政区与流域之关系如表 1-3 所示。

针对流域问题的、基于流域管理层面的思索，流域边界应该是一条复合边界，是在尽可能兼顾自然区、经济区、文化区、行政区各自同一基础上的一条界限。流域内不仅各种自然要素之间联系密切，而且上中下游各地区间相互制约、相互影响的关系极为显著。针对以往历史地理区域研究多以人为划定的行政区划为主，特提出构建历史流域学，以相对独立、完整、自成系统的流域为研究对象，对人地关系之规律展开探究。

表 1-3 自然区、经济区、文化区、行政区与流域关系

名称	概念解析	边界	关联	与流域关系
自然区	在一定范围内各自然地理成分（岩石、地貌、气候、水文、土壤、植被和动物群落等）具有相对一致性的区域	自然规律决定，以等降水线、等高线、山脉等为界，边界稳定	是经济区、文化区、政治区的自然基础，	大中流域会分属不同自然区；流域生态系统
经济区	是在劳动地域分工基础上形成的不同层次和各具特色的地域经济单元。	经济力量决定，以行政区边界为界，边界模糊	以自然区划为基础，受到行政区划的影响，是行政区的升级	流域经济
文化区	具有某种共同文化属性的人群所占据的地区，在政治、社会或经济方面具有独特的统一体功能的空间单位	社会力量决定，多以山川为界，边界模糊	文化区与自然区、行政区、经济区有依存关系；其中小文化区与自然环境关系更为明显	流域文化
行政区	是指国家为了便于行政管理，根据政治、经济、民族、历史等各种因素的不同，而划分出来的地域单元	行政力量决定，多以山、川为界，边界清晰、稳定	行政区是经济区的基础，受自然区划的影响越来越小	大中流域会包括多个一级行政区划

第二节　流域问题与流域科学的兴起

重大科学问题研究需求和解决社会需求是孕育新学科诞生的两大动力。一门新学科的诞生，一方面是整个学术前沿拓宽的结果，另一方面则是适应社会重大需求、解决现实重大问题的需要。流域科学的萌生便是由流域问题的日趋严重催生的。

一、国内流域科学研究

20 世纪 50—70 年代，以中国科学院为主的研究机构开展了关于西北地区冰雪资源、地表水资源、地下水资源、生态环境等方面的基础研究，期间对水资源的一些认识开始提升到流域层面，奠定了流域科学研究的基础。到 20 世纪 80 年代，开始明确以流域为单元的水资源开发利用研究，认识到流域内水资源保护利用需要协调上中下游产业布局，需要维护整个流域生态环境的平衡，期间社会经济、城市用水等问题成为流域科学研究的重要内容。到 20 世纪 90 年代，开始强调水资源系统以流域为单元的整体性、系统性，以中国典型内陆河为例，在两千年尺度上系统阐述了流域为单元的水环境空间特征及其演变，形成上游重储水、中游重发展、下游重生态环境的基本原则，开始在流域尺度上协调自然系统与社会经济系统。21世纪以来流域科学概念逐渐明晰，以程国栋《黑河流域水—生态—经济系统综合管理研究》（2009）一书为代表，大致反映出目前以流域为对象的学科研究重点。该书依托黑河流域长期野外监测、试验、示范和数字黑河等平台，阐述了生态系统的水流过程、流域生态系统管理技术、节水型生态系统模式。

20世纪中期以降，流域科学的研究主要集中在中国内陆河流域水资源管理上。迄今为止，中国流域科学学科发展依然处于起步阶段，“尚无成熟的理论框架、系统的研究方法和技术体系”①。关于流域科学学科性质的认识，及主要研究实践大致如下：

（一）“流域科学”学科性质探索

2012年周旗在《简论流域科学》一文中提出，流域科学是“基于多学科的视角，应用地理学、生态学、环境学、历史学、社会学、管理科学等基本理论，以流域为研究对象，探索流域综合体的发生、发展规律，为流域的可持续发展提供科学技术支撑”②。关于流域科学的主要研究内容，他归纳为5方面：①流域中人与河流的关系、流域中的河流权利与河流政策取向；②河流的历史文化脉络；③以河流为依托的经济格局、景观格局、城市体系格局、交通格局等；④河流安全格局；⑤河流洪涝、断流、污染等危险，河流及其流域的脆弱性，灾害风险等。

贺缠生在《流域科学与水资源管理》（2012）一文中③，提出流域是水资源管理的基本单位，他基于对水资源文献的综合分析，讨论了自20世纪以来水资源管理概念、目标及途径的变迁，提出建立流域科学，以流域为研究对象，以揭示流域生态水文过程的客观规律为前提，采用现代管理科学理论和方法，应用先进工程技术手段优化配置水资源，满足人类活动及生态系统的多种需求，促进社会、经济及环境的可持续发展。他还提出流域科学的内涵应包括：①水资源的调查、监测和模拟；②水资源利用多目标设定；③水资源分配机制；④水资源管理指标的确定与评价；⑤水资源管理决策机构；⑥水资源管理反馈分析与人类活动调控。

---

① 肖洪浪、李彩芝：《流域科学发展与趋势》，《地理教育》2009年第4期，第4-5页。

② 周旗：《简论流域科学》，中国地理学会2012年学术年会学术论文摘要集，2012-10-12。

③ 贺缠生：《流域科学与水资源管理》，《地球科学进展》2012年第7期，第705-711页。

目前学界基本认同流域科学是一个交叉性、综合性学科，涉及地理学、生态学、环境学、历史学、社会学、管理学等，具体到流域科学和地理学的关系，湖泊及流域学科发展战略研究秘书组在《湖泊及流域科学学科发展历程与展望》（2003）一文中，提出“我们至少可以说湖泊与流域科学是具有地理学性质的科学”①。

（二）目前主要研究实践

近年来，中国各大研究机构、高校从现实生态—经济需求出发，成立了多个以流域为研究对象的机构，在实践领域极大地推进了流域科学的发展。

1. 以流域科学某一分支为研究对象

在这一研究领域，研究成果突出的有以中国水利水电科学研究院为依托单位的“流域水循环模拟与调控国家重点实验室”，中国科学院“水生植物与流域生态重点实验室”，北京师范大学“数字流域校级重点实验室”，陕西师范大学“流域环境动力学重点实验室”，湖北省“流域水资源与生态环境科学重点实验室”，南昌大学生命科学研究院流域生态学研究所等。这些实验室研究重点各有侧重，分别就流域问题的某一领域进行模拟实践研究。

如以中国水利水电科学研究院为依托单位的“流域水循环模拟与调控国家重点实验室”于 2011 年 3 月 29 日获批，针对我国复杂的水循环演变情势和迫切的国家治水实践需求，突出现代环境下水循环的强人类活动扰动和多过程耦合特色，开展“自然—社会”二元水循环基础理论、流域水循环及其伴生过程、复杂水资源系统配置与调度、流域水沙调控与江河治理、水循环调控工程安全与减灾等方向的研究工作，创新构建以流域水循环为统一基础的水科学基本认知理论与调控技术方法，为新时期水资源可持续利用、民生保障和促进人水和谐的国家目标提供系统性的科技支撑。北京师范大学于 2005 年成立了“数字流域校级重点实验室”，以地表水、地下水水循环系统及其数值模拟研究为核心，以全方位解决我国水资源、水环境、水生态、水灾害等水问题为目标，重点开展流域产汇流机理、基于物理机制的分布式水文模型、流域水环境及水循环动力学机制以及数字流域平台及水文信息系统等。陕西师范大学“流域环境动力学重点实验

---

① 湖泊及流域学科发展战略研究秘书组：《湖泊及流域科学学科发展历程与展望》，《中国科学基金》2003 年第 1 期，第 8-11 页。

室”，开展土地定级评估与生态环境演变研究，为合理利用土地资源以及生态安全提供保障。

2. 以“流域科学”为研究对象

近年来国内以“流域科学”为研究对象的实验室、研究中心不断增加，研究内容开始由流域某一领域转向“流域科学”的系统性、整体性关注。

北京大学于2012年成立“流域科学实验室”（PKUWSL），以科学服务与决策优化研究为研究目标；流域科学方向的基本构想是：①理解与模拟流域及其关联水体的基础物理、水文与生态过程；②监测与模拟流域变化的水生态响应；③建立流域尺度社会经济与环境系统动力学模型与优化模型；④开发综合的流域模型体系，服务于更好的环境决策；⑤开展跨学科的综合实证研究。

兰州大学“旱区流域科学与水资源中心”，针对西北干旱地区水资源紧张的区域特征，从流域科学视角对水资源展开系统性研究。

2011年北京师范大学与英国谢菲尔德大学合作成立的“中—英流域科学中心”，开始关注流域科学研究的国际合作。

3. 针对某一流域的系统研究

中国科学院寒区旱区环境与工程研究所“黑河生态水文与流域科学重点实验室”，前身为在2003年成立的“内陆河流域水文与应用生态重点实验室”（试运行），2009年成为“甘肃省黑河生态水文与流域科学重点实验室”，重在系统认识流域尺度水、生态、社会经济系统，探索内陆河流域水文循环、生态水文过程、生态恢复、生态经济、人水关系演进基础理论与方法，致力于建立国际一流的内陆河地表过程观测、实验、研究的流域科学基地，数字流域——多尺度、多学科数据和模拟平台，发展中国内陆河流域可持续发展的科学理论体系。

太原师范学院“汾河流域科学发展研究中心”，2010年5月被山西省教育厅确定为山西省人文社会科学重点研究基地。该中心依托地理学，从生态学、历史地理学、管理学、经济学、文化学多角度对汾河流域展开科学研究。

20世纪末，中国大江大河的流域问题已经十分严重，水患、水荒、水污染已经成为一种常态；华夏文明的母亲河——黄河频频断流；严重缺水的西部地区，更是内陆河断流、湖泊干涸，原有的绿洲不断萎缩变成沙漠，沙尘暴危害的范围不断扩大遍及整个中国北方。所以，进入21世纪后，国家针对流域问题的治理不断加强，仅在我国西北地区就先后启动了黑河、塔里木河、江河源、青海湖、石羊河、陇南水源区等以流域为单元的生态抢救与环境工程等项目，投资逾500亿元。2014年8月，发改委提出了“用大江大河引领新经济带”的新一轮区域规划。这些工作、规划都急需流域科学的支撑，与此同时，也成为流域科学发展的挑战和机遇。

二、国外流域科学研究

与西方工业化、近代化进程一致，以流域问题为代表的自然生态问题出现较早，流域科学也应需而生。

（一）“流域科学”发展与研究重点

20世纪初，以流域为研究对象的研究实践主要针对水土流失、山洪、滑坡、泥石流和洪涝灾害等问题展开，如1915年美国林业局在犹他州布设了第一个流域性水土流失监测小区；1923年，苏联奥尔诺夫斯克州成立了世界上第一个土壤保持试验站，开始流域土壤侵蚀观测和定量化分析。到20世纪30年代，河流综合开发思想基本形成，欧美等一些发达国家，开始从全流域角度对一些著名的河流（如岁纳河、莱茵河、田纳西河等）进行水资源利用、航道整治、水污染控制等方面的综合研究和统一管理，并取得显著成效。如美国1927年的河港法，已提出河流开发治理要综合考虑防洪、航运和发电的规划思想。1933年美国《田纳西流域管理局法》，成立田纳西流域管理局（TVA），揭开了河流综合开发管理的序幕。

从20世纪50年代开始，工业化国家河流的严重污染开始推动着流域科学发展，以流域为单元进行资源和环境综合研究和管理的重要性开始得到学者和管理者的普遍重视，开始将流域作为一个系统，对流域防洪、水资源供应、水环境治理和保护、河湖整治，以及航运、旅游和发电等进行统一规划和管理。如旨在全面处理莱茵河流域保护问题并寻求解决方案的“保护莱茵河国际委员会”（ICPR）成立，通过立法、协作和公众参与等方式开展河流保护、修复。这一时期，各学科侧重解决局部的、与学科联系紧密的实际问题，流域科学的国家需求并不明显。

20世纪60年代，发达国家开始关注农业非点源污染。20世纪70年代由美国国家环保局（USEPA）提出的最佳管理措施（Best Management Practices，BMPs），通过工程措施、耕种措施、管理措施等有机结合控制农业对水源的污染。20世纪70年代中后期，由于全球水资源危机和水灾害频繁，促进河流生态学的高度交叉发展（如与水文学、生物学、地貌学等结合），隐现了流域科学集成的主旨。但是，20世纪80年代以前，以

“管理”为主的流域科学仍然孕育在水科学及相关学科之中，以工程管理为主、生态管理仍处在起步阶段。

20 世纪末，随着流域内人口、资源、环境与发展的矛盾日趋尖锐，学者和政府管理者普遍认识到以流域为单元进行流域综合管理的重要性，集成流域管理理念被提出来。集成流域管理的代表性工作有：20 世纪 90 年代美国有 20 个州推广水问题的流域解决方案，强调在州尺度上的环境改良结果（EPA，2002）；1992 年法国基于流域管理分权制下，实施流域管理；澳大利亚联邦科学与工业研究组织（Commonwealth Scientific and Industrial Research Organisation，CSIRO）关注流域尺度的水、盐、养分平衡，政府出资保证流域健康的环境流量，强调流域科学综合服务功能（Vertessy，2001；Kevin，2003）。1992 年，都柏林“国际水与环境大会”及里约热内卢“联合国环境与发展大会”均强凋“加强流域的规划与管理上作，以便控制和遏止环境恶化”，从而使以流域为单元，进行流域综合管理（CIM）研究逐渐成为区域地理学研究的热点。英国人 Gardiner 于 1993 年最先提出以流域可持续发展为目标的流域综合管理。英国国家河流管理局（Nationanl Rivers Authority，NRA）于 1995 年发表了 Thames 河流域 21 世纪日程与持续发展战略，对水资源、水质、洪水、自然保护、休闲地、航运等进行了以可持续发展为目标的对策流域规划。20 世纪最后的 20 年，学科的交叉与综合推动了流域科学集成。为了应对全球环境恶化、生态退化、生物多样性破坏，整合人与自然系统的流域方法受到重视，“生命之河”、“绿色走廊”、“为河流让出空间”等计划推动流域生态管理从理念走向实践。[①]

21 世纪以来，公众、科学界和决策层形成共识，力求建立相对完善的学科体系，强调学科综合、交叉与研究集成；方法和技术上注重流域尺度的野外观测站网和试验平台支持、数据模型集成的时空过程分析与预测；流域科学方法致力于解决全球水问题、保证区域可持续发展。2000 年底欧盟实施水框架指令（Water Framework Directives，WFD），作为水资源管理的统一立法，不同于欧盟以往按行政区域划界进行水资源管理，WFD 要求按照自然流域边界进行水资源管理，对每一个流域都制订相应的整体流域规划，即有些规划需要跨越国界，这样可以促使各国将所有信息整合到一起，明确流域存在的主要问题以及预防恶化的措施。[②] 美国的

---

① 程国栋：《中国西部典型内陆河生态-水文研究》，北京：气象出版社，2010 年，第 492 页。

② See Ben Page，Maria Kaika，The EU Water Framework Directive：Part 2. Policy Innovation and the Shifting Choreography of Governance，*European Environment*，13，2003，p. 4.

国土从地理上已被划分成 2149 个基本流域单元，其中最小的流域大约为 700 平方英里，联邦各机构与各州合作，为统一的流域评价提供指导和技术支持，在评价过程中提倡公众参与，其中“国家流域论坛”就是为确保项目和政府间的协调提供一个论坛。2001 年夏美国的 480 多名科学家、社团领导和高层决策者举办了“国家流域论坛”研讨会，着力推进流域科学研究（MI，2001；CRS 等，2007），促进了自然科学与社会科学的综合集成。2002 年可持续发展问题世界首脑会议（WSSD）就已确认集成流域水管理是解决水问题的基本方法。2004 年亚洲江河流域组织网络（Network of Asian River Basin Organizations，NARBO）成立，旨在提高亚洲地区的水资源综合管理，实施水资源综合管理（Integrated Water Resources Management，IWRM），即经济、社会和环境因素“三重底线”。2007 年，美国地质勘探局（United States Geological Survey，USGS）提交了流域科学研究计划。

总之，21 世纪以来，流域科学寻求流域水、生态和发展等问题的平衡方法和解决方案，集成地学、生命科学、社会经济学等的方法和成果，力图解决流域复杂系统的科学问题，在流域可持续发展的目标下，初步形成了流域科学的基本框架和集成流域管理等科学方法。目前国外对于流域科学概念的解读依然各有侧重，如 USGS 认为，流域科学是流域系统及其相关过程的多时空尺度、多学科研究的综合集成，既包括自然—社会过程及其相互作用对流域系统形成和变化的影响，也包括流域本身对这些过程的影响。“流域科学以流域为单元，强调多学科的交叉和综合集成，综合应用自然和社会科学的研究方法认识流域系统、流域过程及其联系，预测变化趋势，探讨应用技术和模式，为流域水管理提供决策依据，保证流域自然资本与经济财富的最大化”①。

（二）“流域科学”的发展趋势及前景

政府与科学家的共同关注大大促进了流域科学的发展，不仅流域水文、流域生态、流域经济、数字流域等分支领域得到了迅速拓展，形成了以中小尺度流域过程的定量化模拟和流域可持续发展为目标的流域综合管理的新学科重点。程国栋将国外流域科学的发展趋势，分为两大方向：优先领域和支撑体系——方法与技术②，其中美国地质勘探局（United

---

① 程国栋：《中国西部典型内陆河生态-水文研究》，北京：气象出版社，2010 年，第 492 页。

② 程国栋：《中国西部典型内陆河生态-水文研究》，北京：气象出版社，2010 年，第 493-494 页。

States Geological Survey，简称 USGS）提出的流域科学优先领域包括（CRS 等，2007）：其一，学科交叉，调查与综合，流域过程模拟与预测；其二，主题科学核心领域：环境流与河流恢复，沉积运移与地貌学，地表水和地下水相互作用；其三，流域科学研究的支撑体系：流域监测和数据集成，数据建档、发布和管理。澳大利亚实例：墨累—达令河流域地表水、地下水水权私有化。实现农业、河流和市场有机结合，政府购水恢复断流河（www. aciar. gov. au）。三级流域管理机构（流域部长级会议、流域委员会和公众咨询协会）保证流域水资源平等、高效、可持续利用。国际水文计划第七阶段计划（IHP—VII 2008—2013）确定了五个主题：①流域和浅层地下水系统对全球变化影响的适应性研究；②加强水资源管理，提高水资源利用的可持续性；③提高水资源利用的可持续性；④面向可持续性的生态水文学；⑤面向可持续发展开展水资源保护教育。[①]

从具体内容划分，大致包括以下五个方面：

1. 流域水循环蓝水、绿水并重

1995 年，绿水和蓝水的概念开始出现，所谓“绿水”主要是指植物根部的土壤存储的雨水，从水循环角度分析，绿水占年可更新水资源的 60%—70%；储存于河流、湖泊以及含水层中的降水称为蓝水，仅占降水的 35%。在某一流域中，“绿水”（气态水）的循环供给陆生生态系统，反映了自然界“土壤—植物”生态系统的用水消耗；“蓝水”（液态水）的循环供给水生生态系统和人类的用水需求。

以往的水资源管理多关注蓝水，实质只是对 1/3 的蓝水甚至只是地表水的管理；近年来逐渐认识到绿水的重要性，并将其纳入水资源评估范畴，成为流域水资源研究的重要方向。环境流量尤其是地下水流和绿水流的研究也成为干旱区流域研究的重要内容。

2. 流域水文系统生命过程

20 世纪 90 年代，世界自然基金会（World Wide Fund For Nature，简称 WWF）在长久的流域保护工作中提出了“生命之河”（Living river）和河流生命网络的理念，在欧、美、澳等均有实施的代表流域。如荷兰“生命之河”的保护恢复计划最初是为了恢复河流的水质，尝试把流域尺度与区域尺度或者国与国之间的恢复措施统一起来，生命之河、河流健康被理解为一种综合性概念，生物多样性、生态环境等参数可为其指征。

水循环是一切水问题的科学基础，生态与水文过程相互作用是流域水

① http：//ihp. bafg. de/servlet。

循环的关键，流域生态水文学着重研究水文过程和生态系统过程之间的耦合关系，强调尺度转换的机理和过程研究，开展生态系统的稳定性与水环境的相互关系、流域尺度生态系统修复技术、流域尺度综合、景观格局变化的生态水文影响，以及如何协调天然生态系统与人工生态系统用水关系等方面的研究。近年来许多地区，特别是在干旱区，传统的流域管理正向基于水环境管理的流域生态系统管理转变。

3. 流域演变的驱动力

最近的数百年间，在人类活动的强烈干预下，地球生态系统正以前所未有的速度退化，而人类也已经成为生态系统演化最大的影响因素，人类活动已经引起水循环中最关键、最活跃的因子——土壤—植被系统的严重退化。据估计，由于人类对土地的开发导致了全球 50×10^{8} hm^{2} 以上陆地生态系统退化，生态系统服务功能降低，从而改变了水文过程和生态过程的时空耦合机制，威胁着人类社会存在的基础——水循环与生态系统。

人类对水资源、生态系统的依赖，决定了历史时期人类活动、聚集的流域性特征，决定了人类社会与经济系统的流域属性。人类文明史就是一部人与水流相互作用的历史，所以流域管理首先是水的管理。由之，流域科学就成为水与人的科学，彰显了地理科学重在研究人地关系的学术特色，而以生态水文学和生态经济学为学术支撑的流域科学管理，正成为解决流域问题最基本的思路。

流域演变的驱动力，从大的方面分析依然是自然因素、人类因素两大对象。其中，自然因素主要是依据分析对象的时空尺度，人文因素一般是考虑对象的分析尺度。目前学界正努力将人文因素和自然因素纳入统一的框架中，统一分析尺度和时空尺度来研究水资源的社会经济循环规律、调控措施和管理战略，特别是把握其中关键的人文因素的作用、影响机制及其演化规律。

4. 深化集成流域管理

20 世纪末集成流域管理理念提出，全球水伙伴（Global Water Partnership）集成水资源管理，建立以水权、水市场理论为基础的水资源管理体制，形成以经济手段为主的节水机制，公众参与的流域尺度，水文、生态、经济综合的流域集成水资源管理已步入实质性的研究阶段。联合国千年发展目标 2007 年报告指出，到 2015 年，结合各国和国际在研项目，通过综合集成管理的方式，恢复遭破坏的环境损失，实现环境可持续发展。

2007 年，美国地质勘探局（United States Geological Survey，简称 USGS）提交了全球第一个流域科学的研究计划，将流域过程模拟与预测、环境流与河流恢复、沉积运移、地表水和地下水相互作用列为美国地质调查局流域科学优先领域，强调流域监测和数据集成等支撑体系。可以说，没有适合各个国家通用的流域管理模式，只能客观地研究和分析某一种流域管理的特点和长处，结合本国或本流域的具体实际去参考和借鉴。集成流域管理将依托流域科学的发展逐步完善理论框架。

5. 流域科学观测网络和数据、模型平台

随着仪器、设备、通信、计算和数据技术的进展，构建现代野外科学实验综合观测站网、数字观测网和数字流域已经成为可能。通过实验观测可以认识物能平衡与循环，理解尺度、异质性，探讨驱动力和时序过程等；通过对数据和模型集成的认识，利用学科综合和交叉优势，拓展对流域系统时空变迁过程的认知，这些都为流域尺度的科学研究提供了技术平台。

美国 CLEANER（2006）科学实施计划指出："我们还不明确如何设计最优观测站网和实施具体观测内容；我们还缺乏对水文和生物地球化学过程在流域尺度或更大尺度上进行空间和时间综合观测的能力"，并着手建设大尺度综合环境观测站网，在流域尺度实现学科的综合与集成。美国科学基金会—水文科学进展大学联盟（NSF-CUAHSI）大尺度综合环境观测站网，是美国科学基金研究会正在策划的前瞻性、基础性的战略布局，强调在实验观测网的基础上依托数字技术、在流域尺度实现学科的综合与集成，推动科学与工程的进步。

国际水委员会 2005—2015 年"生命之水"十年计划也着手建立水资源观测网，筹建一个数据采集、传输、发布的流域监测系统。CSIRO 水土分部为未来的流域科学强调数据、模拟、软件工程和团队战略。2005 年的科学实施计划指出："我们还不明确如何设计最优观测站网和实施具体观测内容；我们还缺乏对水文和生物地球化学过程在流域尺度或更大尺度上进行空间和时间综合观测的能力"（CLEANER，2006）。欧盟 2006 年启动欧洲里程碑式的研究基础设施计划，这是有史以来首次大尺度研究设备、设施投入。

三、治流域问题之本需要历史的维度

我国流域科学研究起步以来，通过实验室、研究中心的建立，有针对性的研究一步步深入推进，但也存在明显不足："我国生态系统联网观测具有世界先进水平，但还没有生态与水文和经济结合的综合的观测系统和流域尺度的平台。获取长序列、高精度的观测、试验资料，满足流域水—

生态—经济综合研究和试验示范的需求，支撑多学科、跨网络、跨区域/国家的科研合作，急需建立我国流域科学野外研究共享平台。”① 除此之外，治流域问题之本需要历史的维度。

在人类历史发展进程中，人与自然关系的发展经历了 4 个时期——依存、开发、掠夺、和谐，这一过程的物质基础是人类所掌握的技术水平及其所带来的生产力，精神领域则折射着人类对自身在生态系统中的地位的认识。

原始社会是人类对自然的依存时期，当时的生产工具以石器为主，生产力水平极低，人类面对自然灾难束手无策，只能被动地顺应自然，才能获取生存所需，这时人类与自然的关系处于一种原始的和谐状态。奴隶社会、封建社会时期，青铜器、铁器开始进入生产领域。农业、畜牧业出现后，人类开始开发利用自然资源，改变自然，使得这种关系进入了开发阶段。在这一时期，由于人类开发利用自然的能力有限，还没有对自然造成较大的破坏。工业革命之后，近现代工业技术出现，生产力开始加速发展。随着科技进步和生产力水平的不断提高，人类中心论不断膨胀，向大自然的索取、掠夺愈来愈毫无节制，“征服自然”、“统治自然”的欲望不断突出，终于在给大自然造成破坏性灾难的同时，也招致大自然对人类的报复与惩罚。后工业时代，当人类面对危及自身生存繁衍的可持续发展问题时，不得不停下脚步反思人类与自然的关系。于是，传统“天人合一”等生态理念被重新拾起，人与自然的关系进入了一个新的境界——人与自然和谐相处。

流域作为人类聚集区域，作为人类首选的地缘空间，其生态质量、自然特征亦与历史时期人地关系发展的四个时期同步而行。在原始社会，人类的狩猎、采集等活动对自然生态的影响微乎其微，人类小心翼翼地约束着自己的行为，并通过宗教等形式，表现着自己对大自然的敬畏。在封建社会，特别是铁制工具的使用，极大地提升了人类的社会生产力。在中国封建社会后期，玉米、马铃薯等耐寒旱作物的传入，进一步扩大了人类活动范围，期间由于山地垦荒林草覆被减少、水利工程引水过度等，一些流域也出现过生态问题，如唐宋以降黄河流域的频繁改道等，但总的说来在近代之前，中国的人地关系基本上是和谐的。20 世纪中期以来，中国开始了现代化、工业化、城市化进程，生产技术飞速发展，特别是由于错误的人口政策，人口迅速翻番，为满足粮食所需，森林大面积消失。在 20

① 程国栋：《中国西部典型内陆河生态-水文研究》，北京：气象出版社，2010 年，第 494 页。

世纪八九十年代，以水资源为核心的生态问题就开始不断加剧，面对日趋严重的生态问题，生态和谐终于在21世纪伊始被提出。

人的行为是受思维支配的，纵观人地关系的历史演变，分析人类生态意识、生态文明的本质变迁，可以清晰地看到以水资源为核心的流域问题的必然性、普遍性及历史性特征。

针对上述问题，历史流域学作为一门学科，关注的重点是历史时期流域生态内部人地关系演进的时空规律。流域作为一个复合型特征显著的自然区域，流域问题的出现、解决都是一个复合工程，都需要一种综合性的研究视角。历史流域学的提出，正是基于和着眼于流域的自然、社会和文化等要素的综合特征和它们之间的相互关系，分析这一特定区域的自然环境条件与人类社会之间的相互作用、相互影响规律，探讨当地自然、社会和文化综合系统的发展演化机理和调控方略，探索协调当地人地关系和构建与优化自然、社会和文化综合系统的途径。此外，历史流域学强调流域作为一个以河流为中心的自然生态系统，其内部上中下游之间的因果关联、系统互动，重点探究人类活动过程对流域自然、生态诸要素的影响机理，及流域自然生态变动过程对人类社会利用和管理流域响应机制的影响，梳理出历史时期流域内部“自然—社会—经济”关系互动模式，指导目前的流域开发、管理实践。

简而言之，历史流域学是以流域为研究单元，以历史时期为研究时段，系统、交叉应用自然科学、人文科学、社会科学、工程科学等理论思维和科学方法，对流域范围内以河流为核心的区域人地关系进行研究的一门新兴学科。在具有明显边界、内部系统性的流域空间范围内，对人类与生态、历史与地理、社会与自然之间的关系展开解读，就是历史流域学的旨归。

第二章
历史流域学的基本理论

第一节　历史流域学构建缘起

一、传统“因水证地”思想的继承

清代王先谦评价郦道元注《水经》时，称之“因水以证地，即地以存古”[①]，意指《水经注》是以水道为纲来考证地理现象的，再依据地理空间分布来记述历史事实。“因水证地”是中国古代地理学的重要方法，它萌生于《山海经》、《尚书·禹贡》，成形于《水经》，迄郦道元《水经注》而臻于成熟。

（一）《山海经》和《尚书·禹贡》：“因水证地”思想萌芽

《山海经》、《尚书·禹贡》是我国古代最早关注河流的地理著作，成书时代学界多认同在战国时期。两书内容明显不同，《山海经》重在反映先民对于他们所认知的世界范围内地理空间、地理知识的认识，《尚书·禹贡》阐释的重点则是在对自然地理、经济地理认知的基础上如何有效地进行国家治理。两书的相同之处，则是对山、水皆给予了极大的关注，并通过以山、水的位置为地理坐标，来认识地理空间形态。

---

① 王先谦：《合校水经注》，北京：中华书局，2009年，序。

1.《山海经》的山和水

《山海经》全书18卷，包括《山经》5卷，《海经》8卷，《大荒经》5卷。其中《山经》部分成书最早，内容最为丰富，它以山为纲，以方向、道里为经纬，按照南、西、东、北、中的方位次序分记五大山系，不仅记述了各个山系的形状、走向、位置等信息，还附载动物、植物、矿物、民族、祭祀、巫医等内容；《海经》、《大荒经》内容与《山经》互为补充，它用散点的记述方式，保留了丰富的神话、传说资料，这也是当时地理概念在中国先民意识中的反映。

《山海经》中对于河流的记载附属于其他内容之下，对河流描述的重点在于辨识河流的源头和归属，所记内容相对简单，一般只有寥寥数字，如《南山经》记“英水出焉，西南流注于赤水”①，“勺水出焉，而南流注于淏”② 等。对于河流之间的关联、河流沿岸的自然特征、社会经济描述较少，这样就难以窥见一条河流流域范围内的概貌。

关于山、水与早期人类的关系，山似乎比水更让人类有依赖感、安全感，它不仅可以给人类提供木材、果实、兽类、药材等赖以生存的物质，还不像河流每到汛期往往多山洪灾害，这一点在《诗经》中可窥一斑：《诗经》中涉及“山”的约60篇，占《诗经》总篇目的20%左右，《南山有台》全诗五章，每章皆以南山、北山草木起兴，“南山有台，北山有莱。……南山有桑，北山有杨……”③，南山有台、桑、杞、栲、枸，北山有莱、杨、李、杻、楰，借此象征国家拥有众多君子贤人，折射出先民对山孕育生命、泽被万物功能的颂扬。随着原始农业的逐步壮大，农耕成为先民主要的生存方式，水在先民心中的地位才从山的附属，逐步独立并渐渐取代之。从《山海经》到《水经》的出现，在一定程度上反映了这一变化。

2.《禹贡》的山和水

《尚书·禹贡》分为九州、导山、导水、水功、五服五部分，是先民设想的在诸侯称雄局面结束、国家进入大一统状态后的治理方案，也是中国地理学史上最早的关于自然地理和经济地理的著作。因此，五部分之间存在紧密关联，都可以看到河流水系在其中的作用。

“九州”讲的是行政区划，这是国家治理的基础，它以高山大川为界限，划分当时的天下为“九州”，详列各州之疆域、山脉、河流、植被、

---

① 袁珂校注：《山海经校注》，成都：巴蜀书社，1993年，第7页。

② 袁珂校注：《山海经校注》，成都：巴蜀书社，1993年，第9页。

③ 袁愈荌译注：《诗经全译》，贵阳：贵州人民出版社，2008年，第227-228页。

土壤、物产、贡赋、部落民族、交通等。鉴于古代交通和河流的密切关系，还关注了水系之间的交通连接，如兖州“浮于济漯，达于河”，徐州则“浮于淮泗，达于河”，大致把以黄河为中心、航运通向京都的交通网络描绘了出来。

导山、导水两部分是地理区划，这是国家实行经济管理的依据，按从北而南顺序排列，把九州山脉分为自西向东延伸的四列，叙述主要山脉的名称、分布特点及治理情形，因为河流走向主要由地形决定，和山脉走向之间存在直接关联，所以“导山”放在“导水”之前，只有摸清了山脉走势，方能正确疏导河流入海。“导水”重点讲述河流治理，被认为是《禹贡》地理内容的精华，它按照先北后南、先上游后下游、先主流后支流的顺序，描述了九大州向位于冀州的京都运输贡赋水道中，九条主要河流的水源、流向、流经地、支流和入河口等内容。

“五服”部分反映了战国时代国人的大一统思想，它以京都所在的“中国”为天下之中，沿着山川四向扩展。因为京都位于黄河中下游肥沃的平原地带，较之上游高原山地区自然禀赋要优越得多，所以在当时“东渐于海，西被于流沙，朔南暨”的大致空间范围之内，离京都愈远的地区，一般资源愈是贫瘠、环境愈是恶劣，文明相对落后，和中原的关系也就渐渐疏远。

(二)《水经》:“因水证地”方法的确立

《水经》是我国第一部记述河道水系的专著。关于著者和成书年代，说法不一，宋代以后多认同为桑钦所著，桑钦生平也有汉代、三国等不同说法。清代学者考证认为它并非出于一人之手，而是创自东汉、成于魏晋的集体著作。

1. 治水实践与《水经》

《尚书·禹贡》时代先民对于治水与国家兴盛的关系已有深刻认识，所以它以大禹治水为核心展开叙述，但宥于时代只简略地记述了全国9条主要河流；秦汉时期，国家统一之后国力强盛，不仅修筑了灵渠、赵老峪、龙首渠、漕渠、六辅渠、白渠等大型水利工程，治理黄河也成为可能，其间出现了召信臣、王景等有名的水利专家，还出现了《史记·河渠书》、《汉书·沟洫志》等关于水利的著述，作为正史内容，与当时国家治理实践一致，记述了黄河流域的水道、航运、灌溉、水害及其治理。对于河流治理的实践迫使人们必须对河流水系有更为科学、全面的认识，正是在这样的时代背景下，出现了《水经》这部最早的水文地理著作。

《水经》仅 1 万多字，按《唐六典注》所记，它共记水道“百三十七”，每条水道各成一篇，并附《禹贡山水泽地所在》60 条。全书以水道为纲，在借鉴了以前关于河流记述成就的基础上，记述每条水道的发源地、流向、流经地区和城镇、流入河流或入海情况，第一次明确地阐述了河流干流及其较大的支流的分布情况等，从而较完整地反映了全国各地的河流水系概貌。

虽然记载简略，缺乏系统性，对水道变迁及流域内的地理情况记载不够详细。但是，《水经》作为中国第一部以水为主体的地理著述，从学术史上看，它继承了《山海经》、《禹贡》对于河流水系的撰述，并将此前著述中把水作为山川从属或附庸地位的做法转变为以水为主体。在中国地理学史上，它第一次将河流作为主要对象加以系统描述，这是一次新的超越。

2. “因水证地”地理学方法的确立

《水经》开创了中国古代水志的记述体裁，不仅保存了大量的中国大江大河水系的早期资料，而且它所确立的“因水证地”的地理学研究方法，对中国地理学发展产生了极为深远的影响。

以《水经·汾水》为例：“汾水出太原汾阳县北管涔山，东南过晋阳县东，晋水从县南东流注之。汾水又南经梗阳县故城东，故榆次之梗阳乡也。又南，洞过水从东来注之。又南过大陵县东，又南过平陶县东，文水从西来流注之。又南过冠爵津。又南入河东界，又南过永安县西。历唐城东，又南过杨县东。西南过高粱邑西。又南过平阳县东。又南过临汾县东。又屈从县南西流。又西过长修县南。又西过皮氏县南。又西至汾阴县北，西注于河”。这段关于汾水的记述，主要内容包括：①汾水源头，发源于“管涔山”，该山位于“太原府汾阳县北部”，从行政区划、自然山脉两方面进行了记述；②沿途流经地区、纳入的主要支流，也是以主要行政区划加以定位，同时用“东南过……（县）”、“南过……（县）”、“又南，……水从东来注之”、“又南，过……县东，……水从西来流注之”等方位结构来确定河流走向；③沿途主要交通枢纽、文物遗迹等经济、文化景观，如尧之唐城，梗阳县故城，汾河重要渡口“冠爵津”等；④河流归宿，“又西至汾阴县北，西注于河”，说明河流最终所至，并用行政区划标示位置。

这里“地”之含义类似“地理”，地理一词在中国出现很早。《易·系辞上》有“仰以观于天文，俯以察于地理”，孔颖达疏曰：“地有山川原隰，各有条理，故称理也。”[①]《汉书·郊祀志下》也有解释：“三光，天文

① （唐）孔颖达：《周易正义》上册，卷第七，北京：中国书店，1987 年。

也；山川，地理也。”[①] 可见，中国古代“地理”一词，主要指土地、原野、山脉、河川等自然要素在地球表面的分布状态、环境形势；人类生存其间，所以土地、原野、山脉、河川等自然环境内无不留有人类活动的痕迹，如村落、城镇、河渠、农田、战场、庙宇等。

“因水证地”从字面解释，就是以水系为纲目，依据、顺着河流水系的空间结构、布局来厘清地球表面的地理现象。通过对上文《水经·汾水》书写模式的分析，可以看出《水经》一书以河流水系为纲，通过将河流干、支流结构与山脉、行政区划在地理空间的叠加组合，再将重要经济、文化景观布列其间，条理清晰地描述了当时中国空间范围的地理概况。

（三）《水经注》：“因水证地”方法的成熟

鉴于《水经》内容过于简略，北魏时人郦道元以其为底本作《水经注》，文字超过《水经》20余倍，涉及的河流接近《水经》的10倍。《水经注》全书体例沿袭《水经》，研究方法则进一步发展了“因水证地”，以水道为纲，全方位地展示了6世纪中国自然地理、人文地理之概貌。

1.“因水证地”方法的成熟

对比《水经·汾水》和《水经注·汾水》，可以直观地看到“因水证地”方法的传承及逐步成熟，前者只有161个字，后者扩展到4356字，所增内容超过了26倍。仅从汾河源头一节，《水经·汾水》只有“汾水出太原汾阳县北管涔山”寥寥12个字，《水经注·汾水》则增加到699个字，增加了近63倍。

对比两书关于汾河源头的具体内容，可以看到《水经注》“因水证地”方法之渐进成熟，主要体现在以下四个方面：

（1）增加了汾源管涔山自然地理、人文地理内容[②]

自然方面增加了名称辨析。管涔山又名“燕京山”，《水经注》增加了山势、地貌、植被、矿产情况，“其山重阜修岩”，“西南夹岸连山，聊峰接势”，“其上无木而多草，其下多玉”等；并具体指出了汾河发源的位置、水势，“泉源导于南麓之下，盖稚水蒙流耳”。

人文方面增加了管涔山神的神话传说。传说前赵昭文帝刘曜隐居管涔

---

① （汉）班固：《汉书》，北京：中华书局，1964年，第1266页。

② 以下引文出自杨守敬：《水经注疏》上册，第6卷，南京：江苏古籍出版社，1989年，第523-525页。

山时，管涔山神派人臣献剑，并称其“赵皇帝”，后遂命国号为赵。神话传说是研究当地社会风俗文化的重要史料。

（2）增加了汾源阳曲县境内支流、植被、径流量、地貌等自然地理情况

汾水南流，“与东、西温溪合，水出左右近溪”，这一段植被较好，“水上杂树交阴，云垂烟接”，径流量由此增加，“自是水流潭涨，波襄转泛”。汾水再往南下，地形不断开阔，到汾阳县故城一带，已经“川土宽平，峘山夷水”。再南有支流“酸水”注入，“水源西出少阳之山，东南流注于汾水”。再往南有“洛阴水”注入，“水出新兴郡，西流，径洛阴城北”。

（3）增加了汾源阳曲县境内沿途历史地理

增加了“伏戎城”，其选址“凭墉积石，侧枕汾水”；再南“莫干城”，这一称谓“盖语出戎方”，应该是音译，所以“传呼失实也”，“其城角倚，翼枕汾流”；再南“汾阳县故城”；又南经过胡人建立的秀容护军治所在“秀容城”，再西流“迳洛阴城”北、“盂县故城南”。再南经“狼孟县故城”，该城始于鲁昭公二十八年（前 514 年）“分祁氏七县为大夫之邑，以盂丙为盂大夫”，也是王莽时代的“狼调”，是城“左右夹涧幽深，南面大壑”，“断涧为城”是一种重要的军事城镇，城内“有南北门”，到郦道元时代“门阃故壁尚在”。

（4）增加了汾源阳曲县境内漕运、粮仓、民族等经济地理、文化地理信息

汾河上游有汉代著名的“羊肠仓”，“汉高帝十一年，封靳强为侯国，后立屯农，积粟所在，谓之羊肠仓。山有羊肠坂，在晋阳西北，石磴萦委，若羊肠焉，故仓坂取名矣”。汉永平年间曾经治理“呼沱河—石臼河”，拟将河北行唐县的“石臼河”和晋北的“滹沱河”连接，“转山东之漕，自都虑至羊肠仓，将凭汾水以漕太原，用实秦晋”，因地势陡峭、关隘丛立，“苦役连年，转运所经，凡三百八十九隘，死者无算”，后经邓训谏言肃宗，“肃宗从之，全活数千人。和熹邓后之立，叔父陔以为训积善所致也”。汾河上游地处农牧交错地带，少数民族活动频繁，《水经注》记载了前赵皇帝、匈奴人刘曜在管涔山的活动，记载了秀容胡人徙居到此建立秀容护军治，还记载了阳曲胡寄居太原置阳曲护军治等历史。

《水经注》全书“以水为纲”，在具体内容上则较《水经》丰富数十倍，囊括了河流源头、流经地区、流域地形、水文、气候、土壤、矿藏、农业、水利、粮仓、运输、民族、民俗、地理沿革、神话、历史故事、碑刻题记等内容，几乎涵盖那个时代中国所能认识到的自然地理、人文地理的所有内容。《水经注》较之以前著作具有两大超越：第一，超越了《山

海经》对自然地理现象的异兽色彩的解释；第二，超越了《禹贡》的理想区域划分与描述，真实、可靠地反映了当时的自然地理情景，以水道为纲探寻了自然地理分异的客观规律。

“纲举目张”，在“河流水系”总纲之下，当时中国人可以感知到的自然地理、人文地理的一切要素都有序地排列在子目之下，一幅6世纪的中国地理全景图便跃然纸上，丰富饱满、井然有序——它标志着“因水证地”地理学方法的成熟。

2.《水经注》与中国的流域空间

《水经注》沿用《水经》因水证地之法，以黄河和长江为主线，按照由南向北的顺序，分述了6世纪中国及域外大小河流1252条，除了实地考证，还引用古文献430余种，叙述内容囊括自然地理、人文地理和历史资料三大领域，实现了“因水以证地，即地以存古”① 的撰述目的。

《水经注》以“河流水系”为纲目，通过1252条河流的干支流分布网络，以及河流水系之间通过分水岭、运河等相互勾连，较为系统地建立了以流域为单元的空间格局——河流水系网络基本可以覆盖上述所有区域，通过大中小河流的等级关系、河流干支流之间的层级关系，构成一个等级、层级分明，且相互之间有着密切关联的地域空间结构图。以河流水系为脉络的地理空间结构的构建，就为以流域为自然单元的流域空间地理研究提供了基础，无论是自然地理要素，还是人文地理要素，都可以“附着”、“落点”在河流水系网络上，由此构成了一个个较为完整的流域地理面貌，大小不同的流域地理地貌组合在一起呈现出的就是当时中国地理的全景。

郦道元《水经注》将东北起鸭绿江，东到海，南至中南半岛，西南到印度，西北到伊朗、里海，北到大漠的辽阔范围，按照不同流域自然单元组合在一起，将诸种地理要素“附着”、“落点”在河流网络之上。它虽然没有画出相应的流域地图，但却为后来相关地图的绘制奠定了坚实的基础。“《水经注》首次发现了河流水系统并较为系统地创立了流域地理学的撰述形式，开创了我国地理编撰学的新时代，其流域观念和思想标志着我国古代地理学思想的新进展”②。

(四)《水道提纲》："因水证地"方法的新开端

到18世纪，随着版图的扩大，西北边陲和伊犁、回部地区，据明代

① 王先谦：《合校水经注》，北京：中华书局，2009年。

② 刘景纯：《〈水经注〉流域地理的发现与撰述》，《西夏研究》2011年第2期，第102-107页。

王锡爵《印川潘公墓志》记载，“诸水绝无径流可纪”。此外东北地区的河流“非从前史志所能稍及”，有再续《水经》的现实需求，被誉为“清代《水经》”的《水道提纲》由此诞生。齐召南总括自己的研究主旨和方法时，说是“用《水经》遗意，上法《禹贡》导川，总其大凡”，但“取其质，不取其文”，“取其实，不取其虚”，在继承传统“因水证地”地理学方法基础上，又有新的发展。

《水道提纲》对传统“因水证地”地理学方法的发展，主要体现在以下三个方面：

1. 由传统以“水”为纲，转而以“海”为纲

《水道提纲》重在记水道，延续传统“因水证地”的地理方法，但是记叙的顺序却是以“海”为轴线。“万川会同者，海也。以一水论，发源为纲，其纳受支流为目。以群水论，巨渎为纲，余皆为目。如统域中以论，则全归有极，惟海实为纲中之纲”。[①] 齐召南认为万川归海，所以水道系统最大的“纲”是海，在河流系统中，又以大河为纲，支流为目。

传统中国是一个等级社会，具体到河流叙述也有次第：“自北而南，并取《禹贡》首冀次兖之意。内自盛京、鸭绿江以西而南而西南至合浦，外自云南而西而北，又自漠北阿尔太山、肯特山而东至海。又自海西南而西而北，包朝鲜至辽阳，域中万川纲目毕列。至于葱岭以西，水入西海，印度水入南海，丁零、黠戛斯以北，水入北海。”“是编首以海，次为盛京至京东诸水，次为直沽所汇诸水，次为北运河，次为河及入 河诸水，次为淮及入淮诸水，次为江及入江诸水，次为江南运河及太湖入海港浦，次为东北海、朝鲜诸水，次塞北漠南诸水，而终以西域诸水。”叙述顺序从满族发祥地——盛京所在的鸭绿江口开始，沿着渤海海岸线往西、往南、再往西南，一一叙述黄河、长江、闽江等入海水系。

先叙述外流的大河巨川，再是内陆河流。讲述内陆河流时，顺序接着海岸线结束之地转入，依次为云南水系、西藏水系、新疆水系、漠北水系、外兴安岭以南水系等，最后再回到渤海——以渤海为起点，按照先外流河、后内陆河的顺序，沿着中国水陆地边疆顺时针一圈，又回到渤海。同时，所举郡县地名，“悉从《皇舆表》”，以乾隆年间为准，以便与现实对接。

近代中国经历了由传统陆权国家向海洋门户开放，向海洋国家转变的剧烈阵痛，《水道提纲》撰写顺序由传统以“水”为纲，转而以“海”为

---

① 《水道提纲·齐召南序》，《四库全书》卷 583 史部地理类。

纲转变，反映了在康乾时代齐召南等一批官僚知识分子对十七、十八世纪中国在世界格局中地位转变的认知。

2. 水系论述从传统“北详南略”到“南详北略”

《水道提纲》称上效《水经》，撰写主旨、体例编排上确也如此，但是齐召南并没有刻板守旧，而是与时俱进，在研究方法、内容详略安排等诸多方面有所突破、创新，开启了一个新的时代。

譬如篇幅详略上，与唐代以前中国政治、经济中心一直在黄河流域相一致，期间有关水系的论著，无不“北详南略”。宋代经济中心南迁长江流域，但是元明时期有关水系的著述依然秉承传统，这一情形直到顾炎武、顾祖禹“二顾”时期才开始增叙南方水系。到齐召南《水道提纲》，方开始从社会经济现实出发，逐步形成叙述水系“南详北略”的体例。《水经注》40 卷，记北方诸水 27 卷，南方诸水 8 卷，仅占全书 20%；《水道提纲》全书 28 卷，记北方诸水 6 卷，南方诸水 15 卷，接近 50%；再从各河流所占篇幅看，长江干流占 3 卷，入江水系占 4 卷，而黄河及入河水系只有 1 卷。

这一转变看似简单，却蕴含着在 18 世纪西学东渐的背景下，中国传统知识分子对政治、经济格局，对于传统思维文化理解的近代萌芽。

3. 发扬传统考察、考据，并积极采纳西方实测数据

《水道提纲》把河流分为外流河、内陆河，并且以注入海洋的顺序，统领所有外流河子目，从东北鄂霍次克海开始，经过渤海、东海，直到南海，将城镇、村寨、关隘、卫所、入海口、岛屿等附着在海岸线上，用行政系统具体地叙述中国的海岸线，这是第一次。

作为传统知识分子，对于古代地理学的文献考据、实地考察等方法，齐召南在《水道提纲》中有着娴熟的运用。如乾隆初年刻本王杰《序》中称：“其援引尤慎，凡书之稍涉荒貌者，汰弗录。”与此同时，齐召南在《水道提纲》中最杰出的贡献就是对康熙、乾隆年间天文大地测量数据的有效运用。康熙年间（1708—1718）在全国进行了空前规模的大地测量，测定了 630 个经纬点，绘制了著名的全国地图——《康熙皇舆全览图》，齐召南以此实测全图与纂修《一统志》时所见内府珍藏的实测地图及各省图籍为基本依据，结合前人成果、文献资料、实地考证等，保证了《水道提纲》的科学性。《四库提要》称：“大抵通津所注，往往袤延数千里，不可限以疆域，召南所叙，不以郡邑为分，惟以巨川为纲，而所以会众流为目，故曰提纲。其源流分合，方隅曲折，则统以今日水道为主，不屑屑附会于古义，而沿革同异，亦即互见于其间。……故所叙录，颇为详核，与

《水经注》之模山范水，其命意固殊矣。”

二、现代学者的理论探索

水资源是人类生存须臾难离的，而河流水资源与人类的关系尤为密切：它不仅仅提供了水资源，还提供着交通、动力等重要资源，所以从古至今，河流及以其为核心的流域一直是人类关注的重点。近代以降随着科学技术的迅速发展，人们开始从近代科学体系再次审视河流，并提出了一些学科构想。

1. 陈桥驿将《水经注》研究科学化

陈桥驿先生是郦学泰斗，是集《山海经》、《禹贡》研究和清代杨守敬等人《水经注》研究成果的集大成者。出版 67 部专著，400 多篇论文，著述凡两千余万字，代表作有《淮河流域》、《黄河》、《祖国的河流》、《水经注研究》（一、二、三集）等，皆以河流为对象。

1964 年，陈桥驿先生发表《水经注的地理学资料与地理学方法》，提出“和一般注释性的文字不同，《水经注》的内容并不受《水经》的限制，是一部由作者独创的地理著作”，并就此作了详细论述，旨在说明：“《水经注》是一部内容浩繁的地理著作，对于地理学领域内的许多有关学科，它都能提供有用的资料。……郦道元从事《水经注》的著述，在方法上是科学而踏实的，是一整套地理工作的方法。甚至直到今日，他的工作方法仍然值得我们地理工作者学习。”[①] 这是陈先生的重要学术贡献，把《水经注》研究提升到理论的高度和学科层面，确立了《水经注》研究的学科属性是地理学，《水经注》的著述“是一种区域地理的研究工作”，这就为郦学研究进一步深入提供了重要平台。

2. 王守春提出“历史流域系统论”

现有成果中，一些学者还就历史流域问题研究的理论、方法进行了探讨。

1988 年 9 月，王守春在《中国历史地理论丛》期刊上发表《论历史流域系统学》一文，针对历史时期河流演变原因研究之不足提出：“今后的研究侧重点应当放在把河流与流域作为一个整体或一个系统进行研究”；并提出应创建“历史流域系统学”。他强调流域治理应注重流域系统性，认为“对于河流这样一个复杂的对象，不仅应当把河流的水文要素和流水地貌看成是一个整体的不同方面，把河流的上、中、下游及支流、干流看

---

① 陈桥驿：《〈水经注〉的地理学资料与地理学方法》，《扬州大学学报》1964 年第 2 期，第135-150 页。

成是一个整体的不同部分，而且还要把河流所在流域的自然要素和人文要素，即环境要素，看成一个整体的组成部分。因此要从整体角度，即把它们作为系统来研究，才能对河流有更深刻的认识”。

王守春先生把系统论的工作方法引入河流环境变迁的研究实践，提出了关于历史流域系统学的思想，对流域科学的构建具有重大启发。

3. 侯仁之提出“流域链”

侯仁之院士在1992年出版的《历史地理四论》一书中，进一步提出为进行流域系统研究，应选择“区域链”作为研究对象，即以河流为轴线，将沿途区域视为子系统，进行深入研究，并具体提出了“潮河链”、“滦河链”等研究设想。鲁西奇总结中国传统历史地理研究中按先秦时期诸侯疆域、行政区、民族聚集区、某些特殊的地理景观特征划分的传统，提出按流域链划分区域的合理性[①]。1990年中国科学院地学部制订的“发展我国地学若干重大基础性课题”附件所列举的主要措施之一是：“选择区域链例如黄河链（青藏高原—黄土高原—华北平原—渤海—黄海）进行系统研究，争取在人与自然相互作用机理和人地系统调控模型方面有较大进展。”[②] 在此之后，北京大学历史地理研究中心即选择潮河链与滦河链开展系统的历史地理研究[③]。这一研究思路蕴含着一个认识：流域链是一种典型的区域链。作为特殊的自然地理区域，流域内的物质迁移与能量转换相对而言比较封闭，形成相对独立的河流系统，同时，河流与河谷是自然的交通孔道，河谷平原与邻近的低矮丘陵往往具有较好的垦殖条件，所以在一定的历史条件下，流域内的居住人群及其生产、生活方式乃至方言、风俗等文化现象都具有相对的一致性，并且往往能够维持相对的独立性[④]。因此，以流域为对象，可以相对独立地考察区域人地关系的演进过程，并进而总结出人地关系的演化模式[⑤]。

其间，历史地理学等学科以流域为特定研究区域，也进行了研究探索，涉及内容颇为广泛。不足的是，已有成果大多只是选择流域作为特定区域，而未能从流域内在特质出发，将其作为一个整体系统，探索其内在

---

① 鲁西奇：《区域历史地理研究：对象和方法——汉水流域的个案考察》，桂林：广西人民出版社，2000年，第32页。

② 侯仁之：《再论历史地理学的理论和实践》，《北京大学学报》历史地理学专刊，1992年，第119-124页。

③ 侯仁之：《再论历史地理学的理论和实践》，《北京大学学报》历史地理学专刊，1992年，第119-124页。

④ 周振鹤、游汝杰：《方言与中国文化》，上海：上海人民出版社，1986年，第68-75页。

⑤ 鲁西奇：《人地关系理论与历史地理研究》，《史学理论研究》，2010年第2期，第34-46页。

因果变化及发展规律。

第二节　历史流域学的重点问题与学科框架

近年有学者提出中国的流域生态系统出现五大健康问题：①肾脏功能衰竭——湿地消失、河道退化、水质恶化；②肺呼吸功能退化——自然绿地结构单调、布局失谐、生物多样性减退、碳氧代谢功能低下；③皮肤代谢功能下调——土地开发、地表硬化、河堤硬化、高楼林立；④肠胃消化不良——污水废水直排、垃圾固废、自然净化能力缺失；⑤血脉经络不通——大坝建设、水文失调、景观破碎[①]。这些问题已经对人类可持续发展产生威胁。

随着以水资源、生态为核心的流域问题不断凸显，以流域为研究对象，从不同学科视角展开科学研究的现实需求也愈来愈迫切。以流域为研究单元的流域科学近年来发展迅速，由于水、生态等其中一些研究需要追溯到一定的历史时期，展开长时段变迁分析，这就是历史流域学研究的意义。

一、应对现实与历史流域学的实践

（一）从区域到流域：学术研究的现实情怀

历史流域学是以流域为研究单元，约以一万年以来为研究时段，从流域生态系统视角对流域范围内的人地关系进行探讨。它研究的核心依然是人地关系，只是放在生态系统之内展开，更多地关注了生态的系统性及人类在生态系统中的行为。

1. “地理环境系统”与“生态系统”

20世纪60年代系统论的概念被引入地理学，如1963年美国阿克曼（Edward A. Acker man）提出地理学是必须探索许多互不相同却又相互依赖的变量的一种系统的概念，而这些变量对于“一切人及自然环境”的研究具有现成的意义。1978年俄罗斯的索恰瓦发表了《地理系统学说导论》，提出“地理系统”概念，所谓地理系统，是指各自然地理要素通过能量流、物质流和信息流的作用结合而成的、具有一定结构和功能的整体，即一个动态的多等级开放系统，并认为系统思想为地理学开辟了新的

① 孟伟：《我国流域生态系统出现五大问题》，长江日报2012-12-22，第二版。

前景[①]。A. T. 伊萨钦科在 1979 出版的《今日地理学》中则表述为“在空间分布上相互联系，并作为整体的部分发展变化的各组成成分相互制约的动态系统”[②]。

关于生态学和地理学的关系，索恰瓦认为生态学的概念在地理学中有着决定的意义，许多地理学问题都具有生态学的方向性。他推测，对解决综合地理学问题采取生态学观点至少在 21 世纪之前都将保持其迫切性。同时，他也提出生态系统与地理系统概念之间和生态学与地理学说之间具有明显的区别。生态系统是单中心的（生物中心的），是生物学的概念。而地理系统是多中心的，它固有几个关键组分。地理系统学说是用比生态学更广泛的观点来对待自己的研究客体的。前者的态度是整体的，后者的态度是专门化的（局部的）。他坚决反对把两者混为一谈，认为这样做“既不可能促进地理学的进步，也不可能促进生态学的进步”[③]。

在达尔文进化论思想的影响下，美国地理学家 H. H. 巴罗斯 1923 年发表《人类生态学》一文，把生态学中结构功能、反馈和生态平衡等引入人地关系研究，认为地理学的目的不在于考察环境本身的特征和客观存在的自然规律，而在于研究人类与自然和生物环境的相互影响，及人类对自然环境的适应，形成人地关系的生态学研究方向，使人地关系更加科学，也加强了环境和生态的结合。到 20 世纪中叶，环境问题已经成为全球性问题，对人类活动引起的生物多样性减少和生态系统的破坏已有初步的认识，于是生态学的观点再度受到地理学者的关注，并形成了人地关系的生态学研究方向[④]。

环境问题的凸显，使地理学的生态化趋势显著。日本地理学家野间三郎就曾提出，现代地理学的根本转折就是从形态化转向生态化。生态学引入地理学后，将人类活动、生物作用、自然营力在一定的生态系统中加以整合[⑤]，认为地理学是研究人类生态学的科学，研究核心人类对自然环境的反应，打破了自然和人文的二元论观点，为传统人、地关系研究提供了

---

① 李世玢：《索恰瓦著〈地理系统学说导论〉评介》，《地理科学》1990 年第 3 期，第 286-290 页。

② 〔苏联〕伊萨钦科：《今日地理学》，胡寿田、徐樵利译，北京：商务印书馆，1986 年，第 61 页。

③ 李世玢：《索恰瓦著〈地理系统学说导论〉评介》，《地理科学》1990 年第 3 期，第 286-290 页。

④ Robin A. *The Ethics of Environmental concern*. England Oxford：Basic Blackwell Pub，1983，pp. 30-70；徐建华：《人类活动对自然环境演变的影响及其定量评估模型》，《兰州大学学报》（社会科学版）1995 年第 3 期，第 144-151 页。

⑤ 王爱民、缪磊磊：《地理学人地关系研究的理论评述》，《地球科学进展》2000 年第 4 期，第 415-420 页。

新的研究视角、方法。地理学不断地吸收生态学的新方法、新观点，如生态系统中能量转换、物质循环的测度方法，及结构与功能、营养层次与连锁反馈、生态平衡等观点，使其研究更科学化。

2. 将生态学引入历史时期的流域研究

生态学是研究生物与环境之间相互关系及其作用机理的科学，现代已扩大到包括人类社会在内的多种类型生态系统的复合系统，人类面临的人口、资源、环境等几大问题都是生态学的研究内容。流域生态学作为生态学分支，以流域为研究单元，主要研究流域内高地、沿岸带、水体间的信息、能量、物质变动规律。将生态学引入地理学后逐步形成了“人类生态学”，这一术语 1921 年由美国学者第一次提出，他们认为人类也是生态系统中的组成部分，人类同其他生物的根本区别在于人类具有其他生物所没有的创造文化并按自己意识行事的能力。到 20 世纪 70 年代，人类再也不是站在第三者的立场上客观地研究生物（主要是动物和植物）与环境的相互关系，而是把人类自身放在生态系统中，正确、全面地看待人在生态系统、在整个生物圈中的地位和作用；协调人类既是自然又是社会人的双重性之间的相互关系，以求达到人类社会经济生产和环境保护之间的协调发展。这一切都标志着生态学的发展已经进入了人与生物圈时期，也标志着一个以研究人类为主体，以自然—经济—社会复合系统为重点的人类生态学的诞生①。

生物多样性，是流域生态学的主要问题，也是流域人地关系的核心问题，所以，在相关学科中，流域生态学与历史流域学关系尤为紧密。历史流域学就是将生态学（特别是流域生态学）引入历史地理学，在一个完整自然区域——流域内部，展开人地关系探讨。不仅仅是按照历史地理学比较分析方法，对地球表面的外部形态、对人和环境的关系展开研究，而且要从生态学视角把人作为自然生态系统的一部分，通过研究揭示人与环境关系的内部机理。

鉴于此，将生态学引入历史地理学后的“历史流域学”，主要具有以下 3 个特点：

1）运用历史地理学的综合研究方法、因果分析方法等，对流域内部“自然—社会—经济”等子系统展开综合研究；

2）从流域生态系统视角，对流域内部各要素之间的相互作用、关联放在一个系统内部，运用生态系统方法展开分析；

---

① 任文伟、郑师章：《人类生态学》，北京：中国环境科学出版社，第 2-3 页。

3）以人地和谐、人类可持续发展为归旨。

以往从历史长时段角度关于流域问题的研究，主要存在两大不足：一是主要着眼于流域具体问题，如自然资源、生态环境、水利工程、人口、经济、政治、文化、文学艺术等，应用相应学科的理论和方法，各自孤立地展开研究，缺乏对流域“自然—社会—经济”各子系统的整体性研究；二是缺乏生态学的视角。早在 20 世纪 20 年代生态学已经被引入地理学，形成生态地理学分支，历史地理学作为地理学的分支，相关研究却相对滞后。

简而言之，历史流域学以历史时期的流域为研究对象，具有显著的交叉性、综合性特征。历史流域学将生态学引入历史地理学进一步凸显了该学科的交叉性特征，加之区域——流域“自然—社会—经济”复合型特征，历史流域学的综合性特征也十分突出。以水生态为核心的流域问题的解决，需要兼及自然科学、人文科学、社会科学、工程科学等学科的理论思维和科学方法。

（二）与其他学科的关系

针对 20 世纪后半叶以来日趋严重的以水生态为核心的流域问题，鉴于其生成的历史沉积性、流域综合性、生态系统性等特征，将生态学引入历史地理学，提出构建历史流域学——从流域生态系统视角解读人地关系，为流域社会经济与生态环境协调、稳定、可持续发展，提供科学依据、学术服务。

人类在认识客观世界的过程中，把所感知的事物的共同本质特点抽象出来，从感性认识上升到理性认识，加以概括形成为概念。所以，概念是反映对象的本质属性的思维形式，创立一个新学科确定基本概念的内涵和外延是研究的基础。

客观事物本身是一个联系的整体，任何事物都不能离开其他事物孤立地存在于一个封闭的系统中，流域历史学作为一个交叉性、综合性特征突出的学科，更与诸多学科存在衔接、发展的关系。

1. 与流域史

英国著名史学家卡尔曾写过一部享誉世界的历史理论名著——《历史是什么》，对“历史”从各个侧面进行了剖析，提出了“历史就是与现实不断的对话”的著名命题。从历史学科分类而言，针对某一区域历史的研究被称为区域史（regional history），或称地域史。流域史与一般区域史不同的是，它是以一个自然区域的历史为研究对象，而后者多是一个社会区域，如行政区划。

流域是一个自然区域，从自然科学视角看，有流域形成、发展、变迁的自然历史；从人类社会视角看，流域作为人类聚集的区域，流域历史内容就是人类开发流域的人文历史，所以流域史就是研究流域自然特征变迁及人类开发流域过程、规律的一门学科。流域史的研究内容也是流域历史学要关注的，但这些内容只是历史流域学研究的基础。

2. 与流域“环境史”

环境史是对自古至今人类社会和自然环境之间相互作用的研究，作为一种方法，是使用生态分析作为理解人类历史的一种手段①。自然灾害是人类与自然环境之间一种重要的关系形式，人类活动叠加在自然力量的异常变化上，往往造成对人类社会危害。所以用历史的眼光分析，人与自然之间是一种相互交错、难分彼此的关系，“对这种社会与自然间因果回馈循环之发现和阐明，正是环境史相对于其他历史分支最重要的特征”②。

环境史与历史流域学的共同之处有二：一是研究的时间都是从古至今，二是都关注了生态分析。不同之处则是，后者将研究区域选定在人地关系最为活跃的流域空间，旨在对流域系统空间的人地关系之规律（与一般区域之差异性）展开探讨。

3. 与流域“历史地理”

地理学以人地关系为研究核心，这里的“地”一般认为是指地理环境。地理学研究的对象必须落实到一定的地表空间上，即必须落实到地域上才有意义，所以具有明显边界的“区域”是地理学（包括历史地理学）的基本分析范畴。从本质分析，区域是地理空间的一种分化，它具有三大性质：第一个性质是整体性，区域内部单元之间存在密切联系，当对区域的某一局部实行某一干扰时，会出现整个区域的变化；第二个性质是结构特性，也称作区域的结构性或差异性，区域内部的景观单元在空间上相互配合形成一定的结构，具有显著的层次性；第三个性质是自组织性，区域系统对外界发生事件的响应中有自组织能力，在一定程度上能自动修复缺损和排除故障、恢复正常的结构和功能，它的强烈表现形式是区域状态的稳定性。

陕西师范大学侯甬坚教授认为：“历史流域学的提出，是在历史地理

① Hughes D J. *The Mediterranean*：*An Environmental History*，Stnta Barbara，CA，p. 15.

② 刘翠溶、伊懋可：《积渐所至：中国环境史论文集》（上），台北：“中央研究院”经济研究所，1995 年，第 9-10 页。

学已有研究成果基础上的总结和深化，其方向当然是对历史地理学的细化。学界现在很缺乏综合性研究方法和路径，而历史流域学则提供了便于操作、具体可行的工作路径。流域的本质是一个个边界清楚的地理区域，它内部有平原和山地，具体的分布特点因流域环境而异，内部有上中下游不同河段，不同河段所在的地域同外部其他流域相连接，流域内外呈现着各种地域关系或空间组合，最适合于开展综合性研究。这是目前讨论和研究历史流域学的必要性。”①

流域历史地理是历史地理学的分支，是指以历史时期流域内部人地关系为研究对象的学科。历史流域学的研究对象与历史地理学有共同之处，人类活动影响下的环境变迁、环境变迁对人类的反作用是两门学科共同关注的问题，但是切入的角度不同：历史流域学是在流域生态系统的视角下，来考量流域自然、人文要素的变迁，以及它们之间的相互作用。

4. 与流域“历史生态学”

何谓“历史生态学”?

1）早期观点认为它是历史学的研究方法。1967 年日本学者梅棹忠夫发表《文明的生态史》一书，首创用生态学方法研究人类文明的形成和发展。他用生态学的方法考察了具体的文化现象，解释了文明的整体变迁。与他观点相似，1991 年，美籍学者汪荣祖在《究天人之际通古今之变——历史生态学试论》一文中，写道：“历史生态学旨在探讨历史时间中人与生态环境间的相互关系。生态环境属于大自然界的范畴，科学家诸如生物学家、动植物学家、土壤学家、森林学家、生化学家、环保学家以及地理学家等等，皆可按其专业与兴趣，作生态方面的研究。但历史生态学乃历史学者的天地，因其重点仍在历史——过去的生态环境中所产生的历史，也就是历史及其环境的研究。”② 二人皆把生态学作为一种新的史学方法。

2）20 世纪 70 年代以降的主流观点认为“历史生态学”是研究生态系统的历史、生态系统组成部分的历史以及生态危机的历史③。这里的“历史生态学”利用了地理学、人类学、历史学以及生态学的传统，体现

---

① 侯甬坚：《从区域进入流域：综合探讨实际问题的路径—历史流域学断想》，中国地理学会 2012 年学术年会论文集。

② 〔美〕汪荣祖：《究天人之际 通古今之变——历史生态学试论》，《中国文化》1991 年第 5 期，北京：生活·读书·新知三联书店，1992 年，第 111 页。

③ 〔英〕阿兰·R. H. 贝克：《地理学与历史学：跨越楚河汉界》，阙维民译，北京：商务印书馆，2008 年，第 78 页。

了对全球生态系统的日益关注。代表性的著作有 1980 年 L. J. 比尔斯基主编的《历史生态学：关于环境与社会变迁论文集》，1994 年 C. L. 克拉姆利的《历史生态学：文化知识与改变景观》，1998 年 W. 巴利的《历史生态学进展》，皆将人类与环境之间的复杂多样的关系作为关注重点。

对今昔环境危机的全面审视中，比尔斯基提出了社会演变重要发展阶段的模式，而社会演变是基于人类管理其环境的能力。他认为，成功的危机处理通常包括人口控制，以及通过移民到新的疆土、吞并它国领土或技术创新而拓展生存地区。这本文集展示了具体的生态危机史，即人类与环境之间重大失衡的历史，诸如那些见证于古代中国、中世纪欧洲以及 19 世纪美国的历史。其所依据的前提是，我们对现存环境问题的认识，可以通过对往日类似问题的研究而增强。此外，类似文集也相继编辑出版①。

本书所谓“历史生态学”与 20 世纪 70 年代以降的主流观点“是研究生态系统的历史、生态系统组成部分的历史以及生态危机的历史”② 一致，所谓“流域历史生态学”则是将研究区域选定在流域单元，鉴于流域内部生态的系统性特征、完整性特征，对历史时期流域内部生态系统的特征、变迁及规律展开研究。简而言之，流域历史生态学是研究历史时期流域单位内生物与环境之间相互关系及其作用机理的科学，这里的生物是广义的概念，包括人类社会在内。

5. 与“流域科学”

流域科学以流域为单元，强调多学科的交叉和综合集成，综合应用自然和社会科学的研究方法认识流域系统、流域过程及其联系，预测变化趋势，探讨应用技术和模式，为流域水管理提供决策依据，保证流域自然资本与经济财富的最大化③。流域系统各要素、流域生态过程、水文过程等并不是一成不变的，都有一个形成、变迁的历史过程，才渐渐成为目前的状态。历史流域学就是将流域科学的研究内容从时间上上溯到历史时期，通过对长时段变化态势的研究，更好地把握流域自然—社会的特征，服务目前的流域管理。

---

① 〔英〕阿兰·R. H. 贝克：《地理学与历史学：跨越楚河汉界》，阙维民译，北京：商务印书馆，2008 年，第 78 页。

② 〔英〕阿兰·R. H. 贝克：《地理学与历史学：跨越楚河汉界》，阙维民译，北京：商务印书馆，2008 年，第 78 页。

③ 程国栋：《中国西部典型内陆河生态-水文研究》，北京：气象出版社，2010 年，第 492 页。

二、历史流域学应关注的重点领域

近期历史流域学应关注的5个重点领域如下。

(一) 流域资源禀赋与人类文明

1. 流域自然要素的特征及历史变迁

自然地理是人类历史演进的重要物质基础，它并非一成不变，在人类活动和大自然变化双重作用下也处于不断变化之中，如地貌、气候、水文地理、生物地理等在历史时期都是不断变化、演进的，研究人类历史必须了解自然地理环境的特征、变迁。具体到流域，作为一个以河流为中心的“自然—社会—经济”复合系统，它的自然地理研究、特征被深深地打上了“流域系统”的烙印。

(1) 流域水文特征及历史变迁

从自然角度看，流域是一条河流（或水系）的集水区域，是以河流为中心，由分水线包围的区域，是一个从源头到河口的完整、独立、自成系统的水文单元。

流域水文学以闭合流域为模式①，以流域内水分循环和水量平衡原理为理论，对河川径流形成、运行规律，及包括人类活动在内的影响因素展开研究，并通过水文计算，合理地确定流域内工程规模、标准等，确保流域系统安全。流域开发，就是人类利用不断扩展的水文知识、不断进步的水利技术，对河流水系的征服、利用过程。所以流域水文学既是人类开发流域水利的成果，也是人类征服流域的武器，人类对于流域水文知识的掌握程度，直接影响人类对河流水系的利用、改造，决定人地关系是否和谐。

流域水文地理，顾名思义，就是以一条完整流域为研究对象，对其水文特征、空间布局及规律展开研究。它关注的不是不同区域之间水文的相似性与差异性，而是以河流为核心的流域水文的系统性特征，干支流、上中下游之间的“水文—地理—社会”互动特征、规律。

在自然地理要素中，水系是人类在社会生产和生活中最活跃的、最重要的因素之一，20世纪90年代初开始提出历史水文地理学概念，研究内容大致包括历史时期水系、水文、水资源、水环境变迁及历史水文地图

---

① 地面分水线与地下分水线重合的流域称为闭合流域，地面分水线与地下分水线不重合的流域称为非闭合流域。

等，“历史水文地理是研究历史时期水系分布、特点、发展变化过程、原因和规律，并总结历史时期改造、利用河流和湖泊经验教训的一门科学。研究历史水文地理的目的是为今天充分、合理地开发利用水资源以及水灾、旱灾的预防和治理提供科学依据”①。具体到流域历史水文地理，研究内容、目的与历史水文地理一致，但研究的重心在水文的“流域系统性”、“流域综合性”，或曰重在探究流域内部水文的系统新特征，流域内部干支流之间、上中下游之间水文与地理环境、人类活动的因果关联。

（2）流域土壤分布特征及历史变迁

《淮南子·说林训》：“土壤布在田，能者以为富”，土壤是农、林、牧业生产的自然基础。在自然、人为双重因素作用下，土壤肥力、特征及空间布局在历史时期是存在差异的。土壤地理学（soil geography）是土壤学和自然地理学之间的边缘学科，研究土壤的空间分布和组合及其与地理环境相互关系的学科。

土壤问题历史时期就不同程度地存在，主要表现为土壤肥力下降、耕地盐碱化、土壤荒漠化等。土壤肥力是土壤的本质特征，是指土壤能供应与协调植物正常生长发育所需的养分和水、气、热的能力；土地盐碱化是指土壤含盐量太高从而使农作物低产或不能生长；土壤荒漠化简单地说就是指土地退化，也叫沙漠化，其原因和河流搬运作用下的水土流失、人类弃耕等有关。

流域历史土壤学就是研究历史时期流域土壤的变化过程，分布的时、空规律，探讨自然因素之外人类生产活动对土壤变迁的影响，并对水土流失、土壤盐碱化、荒漠化等土壤问题的解决进行探讨。

从自然地域分析，流域单元之内的土壤在历史时期的变化较为显著，主要原因：一是河流侵蚀，一是人类干预。流域上中下游之间、干支流之间因为地貌、地理环境的不同，土壤从类型到肥力皆呈现不同特征。流域上游土壤一般垂直分异显著，土壤类型众多，大致以林地土壤为主，草地土壤居次，耕作土壤甚微，土壤质量差；中下游土壤多有河流从上游搬运而来，地利肥沃，大多以耕地土壤为主，因为地势低洼、水利发达，另有盐碱地存在。

历史时期河流对流域土壤的作用主要体现在三个方面：①侵蚀影响：流水不断冲击河床，河水中沙砾磨蚀河床破坏土地结构，容易导致河床土体、岩石破碎，减少土地面积；②搬运影响：特别是突发的洪水把大量泥

---

① 陈代光：《中国历史地理》，广州：广东高等教育出版社，1997年，第39页。

沙、岩石带入到水中，也把大量土壤表层带走了，降低了土壤肥力，破坏土地利用结构；③沉积影响：当大量泥沙沉在水底，会影响航运，当大沙土沉积到一处，形成堆积物，又可以形成新的土地，上游泥沙在下游沉积，形成土壤肥沃的冲积平原或冲击三角洲，成为重要的经济区。

（3）流域生物分布特征及历史变迁

地理环境各要素之间的相互联系、相互制约形成了地理环境的整体性和地域分异，加之各地所处的纬度位置、海陆位置不同，又形成了不同的热量和水分组合，于是会形成一定的植被和与之相关的动物群。历史时期生物地理分布一直发生着变化，影响因素有自然、人文两方面的因素，其中人类的影响不断增强，主要表现在人类过度干预使生态环境变迁甚至恶化，使植被覆盖率下降，一些珍稀动物的分布范围萎缩甚至灭迹。生物地理学（biogeography）是生物学和地理学间的边缘学科，是研究生物在时间和空间上分布的一门学科，“生物地理学是记录和解释生物多样性的空间格局的科学”①。“历史生物地理学家旨在记录生物在时、空的分布状况，重建分类群与分布区的历史并作出与地史记录相吻合的生物分布分局的解释”②。具体到历史时期流域范围内生物分布特征及变迁，则又具有显著的流域整体性、系统性特征。

水是万物之母，以水资源为核心的流域是适宜各种生物聚集的自然区域，物种多样性、生态系统性是流域生物地理最主要的特征。河流形态、流域内地貌的多样性是流域生物群落多样性的自然基础，流域内部上中下游之间、干支流之间空间分布的层级性、网络型特征又使流域生物呈现系统完整性。生物多样性是人类生存、发展的必要前提。在漫长的历史时期，从狩猎采集、畜牧业、传统农业到近现代产业结构，期间人类和其他生物之间在逐步磨合的过程中，大多形成了和谐的人地关系，但是流域内人类的活动对其他生物的影响不断加剧，甚至导致生态环境失衡和恶化。所以流域生物多样性既是自然环境的产物，也是人类文化塑造的结果。研究不同历史时期生物在某一流域范围内的地理空间分布状况，并探寻生物类群、分布区的历史变迁过程、原因及变迁的规律，特别是属于流域系统性、整体性的特征，对于今天流域生态恢复具有重大意义。

（4）流域地貌特征及历史变迁

地貌也叫地形，即地球表面各种形态的总称，如陆地上的山地、平

---

① Brown J H，Lomolino M V. *Biogeography*. 2nded . Mass：Sinauer Ass，1998，pp. 1-340.

② Glaubrecht M. A look back in time：toward an historical biogeography as a synthesis of systematic and geologic patterns outlined with limnic. *Zool Jena*，1999，102（2-3），pp. 127-147.

原、河谷、沙丘，海底的大陆架、大陆坡、深海平原、海底山脉等。在内、外力地质作用对地壳综合作用下，地表形态多种多样，其中流水、风力、太阳辐射能、生物等外营力（的生长和活动）地质作用，通过多种方式，对地壳表层物质不断进行风化、剥蚀、搬运和堆积，从而形成了现代地面的各种形态。

地貌的形成是地球内外力综合作用的结果。地貌形成后会受到流水、风、海浪、冰川等外力作用的影响，形式有风化、侵蚀、搬运、堆积等。地貌的改变有“牵一发而动全身”的作用，当地的其他地理要素会随之发生程度不同的改变，如气候、水文、生物、土壤等也会发生改变。以喜马拉雅山地区为例，原属古地中海，亚欧板块和印度洋板块相互挤压造成地表隆起抬升，地貌从海洋变为山脉气候，随之气温、水文、土壤都开始改变，气温随着山脉海拔变化，这里本是河流汇入的海洋，地形抬升后转变为许多大江大河的发源地，土壤也由海底的泥土随着海拔升高形成不同类型的土壤，在海拔 5000 米以上地区还形成了积雪冰川带。

由于河水机械搬运运动堆积的地貌称为流域地貌。河流一般可分为河源、上游、中游、下游及河口五段，河源可能是溪涧、泉水、冰川、湖泊或沼泽等；上游多位于深山峡谷，具有河槽窄深、流量小、落差大、水位变幅大、河谷下切强烈、多急流险滩、瀑布等特征；中游两岸多丘陵岗地，或部分平原地带、河谷较开阔、两岸见滩、河床纵坡降较平缓、流量较大、水位涨落幅度较小、河床善冲善淤；下游位于冲积平原，河槽宽浅，流量大，流速、比降小，水位涨落幅度小，洲滩众多，河床易冲易淤，河势易发生变化；河口是河流的终点，泥沙淤积严重。在漫长的历史时期，在自然力量和人类活动双重影响下，流域内部的地貌处于不断变化状态，特别是随着人口增加、技术提升，人类的作用力不断增强，耕地、水库、河渠、公路、铁路及城镇等人工地貌增加过程都会对地理环境产生影响。

（5）流域气候特征及历史变迁

气候是长时间内气象要素（温度、降水、风等）和天气现象（阴、晴、雨、雪等）的平均或统计状态，时间尺度为月、季、年、数年到数百年以上，常以冷、暖、干、湿这些特征来衡量。气候与人类社会有密切关系，是人类生活和生产活动的重要环境条件，中国早在春秋时代就用圭表测日影以确定季节，秦汉时期就有二十四节气、七十二候的完整记载。气候学既是自然地理学的一个分支，也是大气科学的一个分支，是研究气候特征、形成、分布和演变规律，以及气候与其他自然因子和人类活动的关系的学科。气候也是一个变量，主要受热量、降雨量、环流、地理位置等因素影响。历史时期全球气候一直处于波动变化之中，并呈现一定的变化周期。

人类活动在气候的演变过程中也具有明显作用和影响，主要是通过以下三条途径进行的：一是改变下垫面的性质，如下垫面的粗糙度、反射率和水热平衡等方面，从而引起局部地区气候的变化；二是改变大气中的某些成份，如二氧化碳和尘埃等，人类的生产和生活活动，增加了大气中的烟尘、微粒的数量，减弱了太阳辐射，导致地面气温降低，同时大气中的烟尘微粒又提供了相当丰富的凝结核，创造了降水形成的有利条件，增多了降水的机会。降水的增加，对地面的气温也起到了冷却作用；三是人为地释放热量。这些影响的效果又互有不同，有的增暖，有的冷却，有的增湿，有的变干。而这些影响又叠加在自然原因之上一起对气候产生影响，且各个因子之间又互相影响，互相制约。因此，人类活动影响气候变化的过程更加复杂化了。

气候因素是引起河流、流域生态等变迁的重要因素，主要表现在：①气候变迁影响河流水文特征。河流的水文特征，包括水源的补给形式及其比例、水位、流量及其季节变化、结冰与否及结冰期长短，等等，皆受气候条件制约。例如，降水量多寡决定着径流补给来源的丰缺，蒸发量大小反映着径流损耗的多少，降水的时空分布、降水强度、降水中心位置及其移动方向影响着径流过程和洪峰流量，气温、风和饱和差也因对降水、蒸发有影响而对径流间接起作用。②气候变迁会引起流域植被的变化。温度、湿度、阳光等气候因素的组合决定着植物的分布，植被类型同气候类型更呈现出鲜明的对应关系。当气候进入暖湿期，气温、降水均有升高，植被也显示出种类增多的变化趋势；当气候进入冷干期，则与之相反。流域两侧植被通过对降水的截留会影响径流量。③气候变化会引起含沙量的变化，从而影响到河流的侵蚀与堆积过程。当气候变得干旱时，河流水量减少，搬运能力就减弱，同时由于植被减少、物理风化增强，易于冲刷，从而增加了河流的流域来沙量，使河流产生大量堆积；当气候转为湿润时，河流水量增大，同时，流域内植物繁茂，含沙量相对降低，河流下蚀，形成阶地。这种由于气候变迁形成的阶地，称为气候阶地。

(6) 流域生态系统及历史变迁

从常用的概念分析，生态是指一切生物的生存状态，以及生物与环境、生命个体与整体间的一种相互作用关系；地理是指地球表面的地理环境中各种自然现象和人文现象，以及它们之间的相互关系。这里“生态”

一词的内涵似乎小于“地理”范畴，但概念的内涵、外延都非一成不变，而是随着社会发展不断调整。

近年有学者撰文，认为“生态”的内涵经历了由“关系论”到“和谐论”，“生态”主体经历了从生物有机体到人类的演变历程，并将之分为四个阶段①：①20 世纪 20 年代以前，生态内涵指“生物有机体与周围环境关系”，生态主体是生物有机体（不包含人类）；②20 世纪 20 年代至 60 年代，生态内涵指“人类与自然环境关系”，生态主体是人类；③20 世纪 60 年代至 80 年代末，生态内涵指“人类与自然环境以及人文环境关系”，生态主体是人类；④20 世纪 80 年代末至今，生态内涵指“人类环境中各种关系的和谐”，生态主体是人类。该学者认为这一变化是人类生存环境不断恶化的产物。从这一变化趋势，可以看出生态概念的内涵、外延不断扩展，它与地理概念之间的交叉部分越来越多。

从学科发展看，地理学也开始将生态学引入，创立了“生态地理学”分支，其任务在于运用生态学的观点和方法，特别是引入系统论、控制论、信息论的概念和方法，研究人地关系（即人类和地理环境的关系），认为地区开发等必须运用生态观点，从全局出发，实行综合治理，从而保护和改善自然环境，实现人地和谐。生态地理学的研究对象：①生物生态系统；②非生物生态系统；③人类生态系统，而生态学研究对象是不包括“非生物生态系统”的。此外，生态学作为一门独立学科，在生物技术领域，如分子生态学研究方向，和地理学就很难联系在一起。简而言之，生态是研究生物与生物环境的关系；地理是研究人类与地理环境的关系。地理环境的外延比较广，自然、人文因素的总体，但只有具有一定生态关系构成的系统整体才能称为生物环境。生物环境仅是地理环境的一种，二者具有包含关系。

1935 年，英国生态学家，亚瑟·乔治·坦斯利爵士（Sir Arthur George Tansley）受丹麦植物学家尤金纽斯·瓦尔明（Eugenius Warming）的影响，明确提出生态系统的概念。生态系统简称 ECO，是 ecosystem 的缩写，指在自然界的一定的空间内，生物与环境构成的统一整体。在这个统一整体中，生物与环境之间相互影响、相互制约，不断演变，并在一定时期内处于相对稳定的动态平衡状态。生态系统的范围可大可小，相互交错，如最大的生态系统是生物圈，最为复杂的生态系统是热带雨林生态系统等。流域生态系统则是与人类社会经济活动最为密切的生

① 宋言奇：《浅析生态内涵及主体的演变》，《自然辩证法研究》，2005 年第 6 期，第 103-106 页。

态系统。历史时期与人类活动的互动过程中，生物的生存、活动、繁殖需要一定的空间、物质与能量。由于人口的快速增长和人类活动干扰对环境与资源造成的极大压力，流域生态系统处于不断变迁、调整之中，随着人类活动范围的扩大与多样化，人类与生态系统的关系问题越来越突出。

2. 流域人文要素的特征及历史变迁

流域历史人文地理学是区域历史人文地理学的分支学科，主要研究历史时期人文地理现象分布、演变及其发展规律。按研究内容可分为：

（1）流域政治及历史变迁

政治指对社会治理的行为，也指维护统治的行为，是人类社会中存在的一种非常重要的社会现象，影响到人类生活的各个方面。政治作为一种社会现象十分复杂，因而在不同历史时期、不同区域、不同的民族会有不同的认知和表现形式。同样，中国的政治也具有中国特色。具体到历史政治地理学，主要研究探索历史时期疆域、行政区划形成、划分和发展变化的过程、原因和规律，及各级行政中心的位置及其迁移等。政治地理学是人文地理学及政治学的一个学科分支，是主要研究人类社会政治现象的空间分布与地理环境关系的一个学科，着重分析政治区域之结构及功能与政治区域之间的相互关系。

流域以其优越的地理条件、丰厚的自然禀赋，成为孕育人类文明的摇篮，古今中外重要的城市大都傍依河流，选址在河流拐弯处或两（多）条河流交汇处。城市作为周围地区的政治、经济、文化交流中心，聚集在流域之内，折射了流域内部政治活动的等级和流域政治影响力。此外，行政边界的划分无论是“山川形便”还是“犬牙交错”，依据的地理界限都是山脉、河流，所以流域不仅以辽阔的腹地培育了政治中心城市，其河道、分水岭还往往成为行政区划的边界。综上所述，流域政治主要研究历史时期具有显著自然边界的流域单元的政治现象，包括行政区域的形成、划分和发展变化的过程、原因和规律；流域内部城市的形成、布局及在国家、地区中各级行政中心的地位和变迁；流域单元内的政治区域结构、功能与流域自然、生态的关联。

（2）流域经济及历史变迁

经济指的是整个社会的物质资料的生产和再生产，指社会物质生产、流通、交换等活动。经济是人类社会的物质基础，与政治是人类社会的上层建筑一样，是构建人类社会并维系人类社会运行的必要条件。经济地理学是以人类经济活动的地域系统为中心内容的一门学科，研究内容包括经济活动的区位、空间组合类型和发展过程等内容。历史经济地理学的研究内容与经济地理学一致，主要研究历史时期某一地区（或国家）生产力的分布、变迁及其规律，包括农业、工业、手工业、矿业的区域分布、发展；水利工程建设；交通路线的改变及兴废；自然资源的利用；区域经济开发等。区域历史经济地理学，研究历史时期具体区域的生产布局、条件、生产部门与地域结构特点以及生产的地域体系，所研究的区域可大可小，可以是行政区、经济区，也可以是自然区，流域作为一个典型的“自然—社会—经济”复合区域，自然可以成为一个独立研究区域。

流域是以河流为中心的地域，鉴于河流的网状结构、层级结构等特征，流域内部的人类经济活动呈现出以河流为中心的聚集效应，这是流域地域与其他地域系统不同的特征。此外，流域内部上中下游、干支流之间，地理环境、生态结构存在很大差异，与均质地域存在天壤之别。所以，流域作为一个自然区域、一个地域系统，人类在其内部的经济活动具有显著的流域特征、流域规律性。

鉴于此，流域经济是以流域为独立地域单元，以人类经济活动的流域地域系统为中心内容的一门学科，研究内容包括历史时期某一流域生产力的分布、变迁及其规律，特别是以“城市—河流”为主干的“点—轴”聚集效应、规律。经济地理、区域经济学的理论体系是流域经济研究的重要理论基础，与此同时，流域经济又有着与流域自身系统性相一致的特殊性。

（3）流域军事及历史变迁

军事是指与军队或战争有关的事情，流域与古代战争之间存在密切关联。

流域作为古代经济相对发达、人口相对密集、城镇分布相对集中的区域，也成为战争双方主要攻守区域。加之河道、河谷的交通通道作用，所以流域也成为军队通行、特别是物资供给的主要通道。冷兵器时代的战争，动辄千军万马，军队前行及粮草供给数量庞大，所以交通是决定战争胜负的重要因素。远古时期人类便开始刳木为舟，使原本阻隔交通的河流，成为联系两岸和上下游地区的天然路线。先秦时期中国人学会挖掘人工运河来接通天然河道，以增加活动范围。史书记载的第一条运河——邗沟，就和军事活动有关，它是吴王夫差北上争霸的运输线、供给线。再如灵渠，也是秦始皇为运送征服岭南所需的军队和物资，下令开凿以沟通湘漓二水的。再如曹操时期，为北征乌桓，在华北平原开凿平虏渠、泉州渠、新河渠，将华北平原原本各自入海的河流汇合在一起，为后世海河水系的形成、京杭大运河的贯通创造了条件。冷兵器时代的关隘，是重要的战场。关隘需要有“一夫当关，万夫莫开”的军事作用，故选址大多在临河靠山的交通枢纽上，如著名的“太行八陉”。此外，争占经济富饶区域及经济文化中心城市是古代战争的主要目的，流域中下游的经济区、流域内孕育的富饶城镇，就成为战争争夺的对象。可见，河流及河谷往往是古代战争的重要交通线，控制山川孔道的关隘则是重要的战场，占领富饶的流域中下游经济区、流域城市则是战争的重要目的。

所以研究历史时期军事活动与不同流域之关系及其在自然、人文因素影响下之变化；流域作为重要对象，战争在其上中下游、干支流之间的分布特征、历史变迁及原因分析；以及流域内部重要战争、战争设施与流域地理环境之关系等，不仅可以更为深刻地理解流域文明变迁，且对后世军事理论具有显著战略意义和价值。

（4）流域人口及历史变迁

在一定地域内居住、聚集的人口数量、人口素质或与当地社会、经济、生态环境等存在密切关联。人口地理学，是研究在一定历史条件下人口数量与质量、人口分布、人口构成、人口变动和人口增长的时空差异及其与自然环境和社会环境之间关系的学科。具体到历史时期，主要研究居民的分布、变迁及其规律，包括：人口的分布与变迁；民族来源、分布地区、迁徙路线；移民地区和路线、地区开发和影响等。

流域是人口聚集区域，这是古今中外的共同特征。流域内部自然环境、生态资源等差异，使流域上下游之间、干支流之间的生产方式、人口承载力存在很大差异，如上游山地适宜林、木、采集，人口承载力较小；下游冲积平原适宜农耕，入海口城市为商业发展提供便利等，人口承载力皆较大。这就为不同民族的人口在流域和谐相处提供了自然基础。此外，河流及河谷的水陆交通畅达性，干支流交通的网络性，入海口交通的开放性等，又使流域往往成为古代不同民族人口迁徙的通道。所以流域不仅是历史时期人口聚集区，且是人口迁徙、民族融合的走廊、熔炉。

在以流域为单元的自然区域内，不同历史时期流域内人口的数量、质量、民族性，人口在流域内部的空间布局、变动，及与自然、生态、社会等因素的人口特征与流域开发发展的关系等，都需要开展深入研究。

（5）流域文化及历史变迁

文化内涵广泛，笼统地说，文化是一种社会现象，是人们长期创造形成的产物，同时又是一种历史现象，是社会历史的积淀物，包括物质文化、精神文化、制度文化等层面。地理环境是文化生成的重要物质基础，文化地理学既是人文地理学分支，也是文化学分支，主要研究文化的起源、传播及其与地理环境之关系，研究地表各种文化现象的分布、空间组合及发展演化规律。“历史文化地理学与现代文化地理学在时代界限上前后相继，在理论意义上现代文化地理的一切研究对象，都属于历史文化地理的研究范围；但历史文化地理毕竟研究的是现代以前历史时期的文化现象和文化环境，因而有其自身的特殊性，也必然存在差异性。现代文化地理虽然包括精神文化的内容，但更侧重于物质文化景观的研究，历史文化地理则由于古代文化事物及景观的变迁和湮没，大多已不易复原，而偏重于对大量保存于文献资料中的精神文化的地理研究”①，认为历史文化地理学研究的科学内容主要包括历史时期文化的源地、文化传播、文化区域、文化景观的空间分布以及文化与环境之间的相互关系等方面。

20 世纪 80 年代中期，在文化地理学传入中国初期，在谭其骧、周振鹤等先生的倡导下，区域历史文化地理得到了极大关注。“区域文化地理学是以一定的区域为研究范围，透视此一范围内文化空间组合状态及其形成背景的学科。区域文化地理学实质上是一门综合性极强的文化地理学的分支，它并不是研究单一的文化要素的空间分布，而是把多种文化因素综合起来研究，强调文化要素的空间组合态及其相互关系。”②

流域文化地理学属于区域文化地理，主要研究历史时期流域地理单元内，方言、宗教、风俗、艺术、思想等精神文化要素，及饮食、服饰、建筑、交通、聚落形式等物质文化要素方面在流域内部的形成、发展、传播，以及流域内部文化分区、文化特征与流域地理环境之间的关系。

“近来国内学术界已撰写出版了一些有关长江文化、黄河文化、珠江文化与运河文化等方面的论著，但大多是就这些流域文化的某些方面或是就整个流域按历史朝代逐一论述其各个方面文化的成就和发展历程。这样的研究成果当然也是有意义的，撰写方式也是可取的。然而，因江河流域范围，在区域分布因江河流域范围，在区域分布上有其特色，其上、中、下游往往会流经不同的自然地理区域与民族、文化区域，但就整个流域论，又具有明显的共同特点。所以要对流域文化进行全面而深入的研究，就需要对流域文化之整体性特征进行探讨与阐述，否则就会使流域文化研究等同于一般性的区域”③，可见，流域文化的生成、变迁的过程及特征具

① 雍际春：《论历史文化地理学的研究对象、科学内容及其任务》，《中国历史地理论丛》2004 年第 3 辑，第 211-228 页。

② 朱海滨：《近世浙江文化地理研究》，上海：复旦大学出版社，2011 年，第 2 页。

③ 朱士光：《论区域历史地理研究的一个重要领域——流域文化研究——以长江文化研究为例》，《历史地理》第 20 辑，第 309-313 页。

有不同于其他区划的特征。

（二）河流廊道与文明扩散

第二次世界大战以后，文化学、文化地理的研究除了对文化景观、区域文化的历史探讨之外，1953 年瑞典地理学家哈格斯特朗在发表的《作为一种空间过程的革新传播》中提出“革新波”的概念，把文化扩散过程比作海浪的运动，并引入数学方法定量研究文化扩散。文化扩散是指思想观念、经验技艺和其他文化特质的互传，是基本的文化过程之一，具有重要的地理意义。

1. 文化扩散的类型、路径

文化扩散的含义、类型大致如图 2-1：

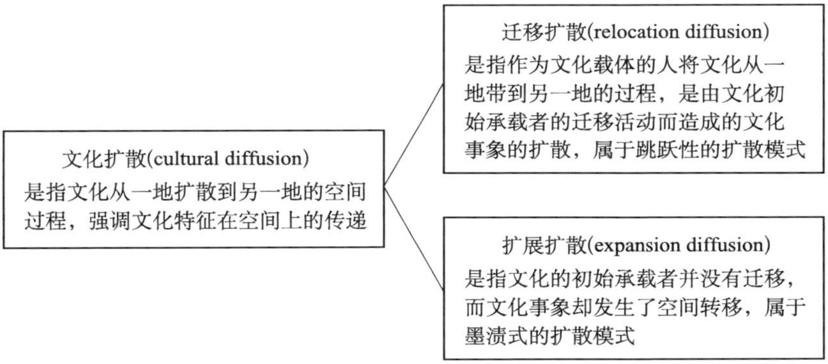

文化扩散(cultural diffusion)
是指文化从一地扩散到另一地的空间过程，强调文化特征在空间上的传递

迁移扩散(relocation diffusion)
是指作为文化载体的人将文化从一地带到另一地的过程，是由文化初始承载者的迁移活动而造成的文化事象的扩散，属于跳跃性的扩散模式

扩展扩散(expansion diffusion)
是指文化的初始承载者并没有迁移，而文化事象却发生了空间转移，属于墨渍式的扩散模式

图 2-1 文化扩散含义、主要类型

资料来源：依据周尚意等：《文化地理学》，北京：高等教育出版社，2004 年，第 6 章文化传播整理

文化扩散主要是指文化的空间扩散，如图 2-1 所示，主要类型有二：一是伴随着文化承载者——人口的迁徙而造成的文化扩散，文化传承者的原住地和迁徙地之间存在一定的空间距离，而文化只是从原住地传播到了迁入地，中间存在真空地带，所以呈现出跳跃式特征；另一个则是在一个核心地区发展起来的一种新观念或新创造等文化现象逐步向外扩散，使得接受这种文化的人越来越多，地区越来越大。扩展扩散又可进一步分为三种：①传染扩散。如同疾病传播那样不分等级地传播给每一个地区社会所有接触者，它是指一种文化现象通过已经接受它的人，传给正在考虑接受它的人的扩散过程。②等级扩散。等级扩散是从最先接受的某一阶层传播到另一社会阶层的人，或者通过中心地系统（见中心地学说）从某一级城

市向次一级城镇传播，或按相反的等级序列传播。它是指一种文化现象在不同划分标准的空间等级中，由高至低或者由低至高的扩散过程。③刺激扩散。它是指一种文化现象由一地传到它地后，保留了思想实质而摒弃了具体形式的扩散过程，是指接受者受新文化启发创造出新的文化。

2. 地理环境对文化扩散的影响

在传统时代，特别是历史早期，文化信息在空间上扩散时的主要载体是人，而人类早期的活动范围在很大程度上要受到自然地理环境的制约，特别是一些自然障区，比如崇山峻岭、沙漠戈壁等，多为无人区，人类既无法在其间生存，也无法穿越这些地区，于是便出现文化扩散的边界。

越是在人类早期文化扩散越是受制于地理环境。在旧石器时代，地球上的人类已经在不同地区相对独立地发展出了自己的文化，比如西方的“手斧文化圈”和东方的“砍砸器文化圈”。“手斧文化圈”主要包括非洲、欧洲、中东和印度次大陆，“砍砸器文化圈”则包括东亚、东南亚和南亚次大陆的北部。有学者认为，两个文化区之间的边界清晰，表明它们长期独立发展，彼此之间没有交流。而阻碍两个文化区之间交流的主要因素是地理因素。根据考古发现，在更新世期间，东亚、东南亚的气候、植被和动物群落少有变化，这里长期覆盖着茂密的森林，犹如一道天然的屏障，隔断了东亚、东南亚与南亚之间的联系，从而也隔断了与中东、欧洲地区的往来。

3. 河流的“文化廊道”功能

廊道本意是带顶子的通道，“廊道”作为景观生态学中的一个概念，指不同于两侧基质的线状或带状狭长地带的景观要素，具有通道和阻隔的双重作用，如城市中的道路、河流、各种绿化带、林荫带等都属于廊道。从景观生态学视角看河流本身就是一个廊道，具体到文化扩散路径，借用“廊道”一词，河流又是文化扩散的重要文化生态通道，或曰河流具有突出的“文化廊道”功能。概括而言，河流的文化廊道功能具体主要体现在以下方面。

（1）河流是人类最早的迁徙通道

交通是人类社会最基本的活动之一，“交相通达”是人类文明产生、发展的重要前提。在现代交通体系诞生之前，交通对自然地理的倚赖明显，利用河谷、山川作为交通通道，在世界交通史上具有普遍意义。以“刳木为舟”为起点，交通的开辟、发展促进了人类交往、国家产生、技术发展。流域依赖河流、以河流为中心构建的交通体系的便捷性、畅达性，是非流域自然区域难以相匹的。

（2）文化核心区多形成于流域

除了优越的自然资源禀赋，现在科学研究认为在流域内部，生产聚集效应十分突出，所以在历史时期流域多也成为开发较早的地域，形成不同的文化中心。在人类早期，一条江河的上中下游之间，可能会形成不同的文化核心区，但是在河流的通道作用下，流域内部的文化交流会很快发生，并逐步形成文化的流域整体性特征。

图 2-2 是中国新石器时代镶嵌工艺扩散示意图，从图中可以明显地看出，早期文化核心区的流域性特征及其河流的文化廊道作用。

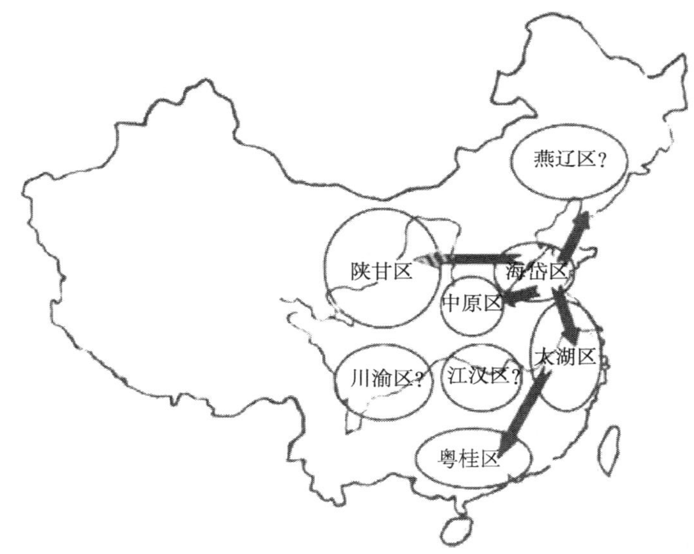

图 2-2　中国新石器时代镶嵌工艺扩散示意图

资料来源：王强：《试论史前玉石器镶嵌工艺》，《南方文物》2008 年第 3 期，第 85-91 页

（三）流域灾害链与古代减灾

自然灾害只有同人类发生冲突时才成为灾难。人类自诞生的那一刻起就注定与自然灾害共存，如何防御灾害、提升自身生存能力便成为人类的一个永恒的课题。

1. 天人感应：中国古代灾害论

与中国古代农业生产一致，中国先民十分关注自然灾害。

《管子》一书认为："善为国者，必先除其五害。""水一害也，旱一害也，风雾雹霜一害也，厉一害也，虫一害也。"把治理自然灾害的威胁看做治国的第一要务，是当时统治者的共识。《汉书·食货志》记载汉朝初期著名政治家晁错的一段话："夫腹饥不得食，肤寒不得衣，虽慈母不能保其子，君安能以有其民哉？明主知其然也，故务民于农桑。薄赋敛，广蓄积，以食仓廪，备水旱。故民可得而有也。"为了保国安民，必须防备自然灾害（备水旱）的思想，得到了统治者的普遍肯定和实施。

中国先民对于灾害成因的探索更是一直没有停止，其中虽不乏各种唯心主义的观点，但是对自然灾害原因客观性的认识也不断加深。如孔子认为，阴阳四时都是自然界的正常运行，灾难也是自然运行的一部分。"天何言哉？四时行焉，百物生焉。天何言哉。"强调人应该"畏天命"，顺从自然。《逸周书》里也有这样的话："天有四时，不时曰凶"，一年按照春夏秋冬四季顺序是客观规律，如果四季发生混乱就是灾难。《礼记》亦表述了类似的认识："天地之道，寒暑不时则疾，风雨不节则饥。"这些朴素认识看到了自然存在变化的秩序性、规律性，如果这些客观秩序以非常态出现，就预示着自然灾害的发生，但是对于自然灾害产生的根本原因，在那个时代不可能给予科学解释。

夏商时代的人们认为自然灾害的发生是鬼神对世人的惩罚，当时的天人关系表现为：王从天命，人从天命，万物从天命，天是世间的最高主宰，人类则需要顺从天命。其实质就是"神"与"人"的关系，所以人们希望通过敬拜鬼神以消弭灾祸。进入西周，大多数人们依然相信天降惩罚的观点，但经过商、周朝代更替，开始有人将灾祸与国家的命运连接起来，认为这是上天给人们的警示。《尚书·多士》记载周公"告商王士"，说："非我小国敢弋殷命，惟天不畀……惟帝不畀，惟我下民秉为，惟天明畏"，其意是说周人并不想取代殷商，真正的原因是因为殷商的无德，"天"不再支持殷人。

这一观点迄汉演变为"天人感应"学说，认为自然界的灾难都是上天对人类恶行的警告，只有改弦更辙才能够消弭灾难。天人感应思想源于《尚书·洪范》，孔子作《春秋》言灾异述天道，到西汉时董仲舒据《公羊传》集天道灾异说之大成。董仲舒认为，天和人同类相通，相互感应，天能干预人事，人亦能感应上天。董仲舒把天视为至上的人格神，认为天子违背了天意，不仁不义，天就会出现灾异进行谴责和警告；如果政通人和，天就会降下祥瑞以鼓励。所以历史时期每当灾难发生，统治阶层都要检讨自己，皇帝要发布罪己诏书，承认自己举措失当，才降临灾祸。自然灾害的发生与人类的行为或多或少都有联系，比如瘟疫的发生与战争有很大关系，水灾与水利失修也脱不开干系，沙尘暴则完全是因为过度开发，所以"天人感应"说反映出统治者在一定程度上看到了人类自身不当活动与自然灾害之间的关联，无疑是具有进步意义的。

2. 灾害是人类与自然的互动

2000 年 10 月 11 日联合国秘书长安南在国际减灾日文告中说："人们越来越多地意识到，所谓'自然灾害'并不完全是自然产生的，事实上学术界已经主张尽量减少'自然灾害'一词的使用，而只称作灾害。学术界的忠告是明确的：导致灾害损失上升的主要原因是人类活动。"从成因分析，灾害本质具有自然和社会双重属性，在灾害双重属性当中，自然属性和社会属性是相互渗透和加强的。在古代，自然变迁可能是惟一或主要的致灾因子，近代以降人类活动致灾的社会因子逐步成为灾害增加的主要因素。

具体到水灾，水利学界对其本质属性的认识也在变化："笼统地说，防洪的目的是防止洪水灾害。细致地分析，洪水灾害概念包括两个部分，一是洪水；二是灾害。洪水是一种自然现象。和洪水作斗争，控制洪水泛滥，主要是人和自然的关系。在这里，人所面对的主要是自然属性的洪水。……而洪水灾害则是超出工程控制能力的洪水作用于人类社会，因而造成对社会的损害，洪水灾害体现在人类社会本身。因此，为减轻洪水灾害，即要认识和驾驭洪水，更要调整社会以适应洪水，达到防止洪水泛滥，或在洪水泛滥时减轻损失的目的。……总之，所谓全社会的防洪减灾体制，应既要能够有效地承担向自然属性的洪水作斗争的任务，也要能够面对灾害的社会属性，担当起统一地、有权威地组织实施防洪减灾的任务。"① 这一概念被评价为："灾害的双重属性进一步阐明了灾害的本质属性，这是一种哲学思维方面的进步。"②

但是，灾害在人类与自然的互动中，不仅仅是成灾的、有害的，从长时段客观结果分析，灾害还是推进人类进步的动力。恩格斯说："没有哪一次巨大的历史灾难，不是以历史的进步作为补偿的。"这句话给了我们另一个视角去看待自然灾害：自然灾害对人类繁衍生息是灾难性的；与此同时，自然灾害又考验着人类应对灾害的能力系统，从而从技术、精神、社会组织等多领域推进了人类社会的进步。

汤因比的"挑战—应战"理论可以做充分解释："一个社会……在它的产生过程中要遇到一系列的问题……每一个问题的出现都要经过一次磨难的挑战。"汤因比认为，如果一个社会对挑战的应战成功，那么该社会

---

① 周魁一：《关于防洪减灾体制的思考》，《科技导报》1991 第 8 期，第 3-5 页。

② 汪恕诚：《中国防洪减灾新策略》，《中国水利报》2003-06-05。

就诞生其文明。文明产生后该社会能够战胜不断到来的挑战，它即进入成长阶段。但是任何一个文明都会被积累的挑战击败，面临衰落及灭亡的命运。“……优越的环境并非产生文明的根本，这种挑战的实质是对人类自身的生存威胁，人在忧患中才思进取图存，文明得以产生，这与中国传统所言‘生于忧患，死于安乐’的道理相似。”

3. 流域灾害链状的历史认识

自然灾害的灾难性后果必然指向人类，这是其社会属性决定的。自然灾害所产生的影响往往不是单一的，一种自然灾害的发生，常会造成多种不同的负面作用。

从20世纪二三十年代开始，随着中国学术界对自然灾害“自然—社会”双重属性的认知，自然科学、社会科学的学者都开始从相关领域关注灾害史研究①，开始运用气候学、地理学、生物学、社会学、经济学、心理学等现代自然科学和社会科学的理论方法，对历史上的气候变迁、地貌变迁、环境变化及自然灾害展开探讨，初步建立了灾害史研究的基本理论、框架。

灾害学研究灾害（包括自然灾害、人为灾害及环境灾害）的成因和时空分布规律，寻求减轻灾害损失的途径。灾害学涉及众多的自然因素和社会因素，是一门综合性强并不断扩展的科学，其中致灾的动力包括自然动力、人为动力、自然与人为综合动力：①自然动力因素主要包括内动力作用——地震、火山，及外动力作用——滑坡、泥石流；②人为动力因素主要包括土地开垦导致荒漠化等，大型水利工程导致泥石流、山体崩塌、地震、地面塌陷等，城镇建设导致地面下沉、地下水变质等；③自然与人为综合因素，主要表现在人类活动叠加在自然因素之上，加快了灾害的爆发，或加重了灾害的破坏力。此外，历史时期人类对灾害感知、减灾的意识，及由之形成的具有鲜明地域文化特色的灾害文化需要格外关注。

所谓的历史灾害学，就是从历史学的角度对历史上发生的灾害进行研究，并以此为基点，研究历史时期灾害空间的分布特征、成因、变迁规律，以及灾害对人类社会、生态环境所产生的影响。流域历史灾害学属于区域灾害学，主要研究流域单元在历史时期灾害的空间分布演变过程、原因及演变规律，特别是流域内部“灾害链”的成因、特征。

---

① 张其昀：《近二十年来中国地理学之进步》（上），《地理学报》1935年第3期，第91-132页；竺藕舫：《直隶地理的环境和水灾》，《史学和地学》1927年第3期，第17-31页；邓拓：《中国救荒史》，上海：商务印书馆，1937年。

研究历史时期的灾害，从成因分析也包括自然灾害、人为灾害及环境灾害三大类，无论哪种灾害，都必须包括两大方面："成灾体"和"承灾体"，前者可能是自然力量、人为力量、环境力量，后者则必然是人类社会，一切灾害之所以成为灾害，主要是因为它危害到了人类的安康。以自然灾害为例，自然灾害是指因为自然力量的异常变化给人类社会带来的危害，同样它必须包括"成灾"的自然力量和"承灾"的人类社会。此外，自然力量的异常变化，一方面可能源于自然界本身的运动、演变过程，另一方面人类的活动往往叠加其上，加剧其变化的速度、程度，人类对自然的影响与人类的技术进步呈正相关。所以，历史灾害学是人地关系研究的重要领域。

流域历史灾害学是历史灾害学的重要分支，它主要研究历史时期以流域为地域单元的灾害问题。因为流域是以河流为中心的地域，上中下游之间，干支流之间存在密切的系统关联，这种关联性不仅体现在自然系统、生态系统中，更体现在"人—地"系统、"自然—社会—经济"复合系统中，这就形成流域灾害不同于一般地域的特征——"流域灾害链"。流域内部的灾害很少会单独发生，一般都是在空间前后相连、在不同灾害间互为因果，形成流域性的一系列灾害。

（四）水利工程与流域承载力

承载力本意是指地基的强度对建筑物负重的能力，现已演变为对发展的限制程度进行描述的最常用概念之一。具体到流域承载力是一个系统概念，它包括在特定时期，在确保流域内部资源的合理开发利用和流域生态环境良性循环发展的条件下，可持续承载的人口数量、经济强度及社会总量的能力。

1. 技术是人类与自然关系的中介

技术一词在中国出现很早，指技艺、法术等，如《史记·货殖列传》记载："医方诸食技术之人，焦神极能，为重糈也。"医生、方士等职业是靠"技术"谋生的，为了得到更多的报酬，不得不劳神过度、极尽所能。现代技术一词主要指在劳动生产方面的经验、知识和技巧，也泛指其他操作方面的技巧，指人们从现实到达（或者说实现）理想目的的操作方法，包括相关的理论知识、操作经验及技巧。

社会生产力是人们改造自然的能力，技术（特别是生产技术）则是社会生产力的重要构成。马克思曾经说："社会劳动生产力，首先是科学的力量。"1988 年 9 月邓小平从当时社会经济发展的实际出发，提出了"科学技术是第一生产力”的论断。科学技术在人类社会作为一个族群在自然界繁衍、发展过程中所产生的巨大推动作用，无论怎样强调都不过分。人类社会的发展进程在某种程度上就是科学技术的进步史，它不仅使人类与低级动物渐行渐远，且使人类在自然界的地位不断上升。

技术作为人类与自然关系的中介，从自然界视角甚至从人对自然依存视角看，技术的作用显然具有两重性：一方面技术是造福人类的法宝，是人类在自然界生存、发展的重要手段；另一方面技术的发展，特别是历史时期的加速发展也对大自然产生了一系列负面效应，并反作用于人类。

2. 水利工程是人类最早掌握的技术

人类与河流的关系，就像婴儿与母亲，所以我们常把孕育一方文明的河流比喻为“母亲河”。事物发展是辩证的，河流作为在自然界孕育人类的自然母亲，自然而然也就成为人类成长过程中最先挑战的自然客体。人类从婴儿期到少年期，再到进一步强壮，与河流母亲的关系也渐渐从“屈服”、“敬畏”走向“改造”甚至梦想“征服”。所以，水利工程可以说是人类最早掌握的技术。

人类文明起源于河流，或者说起源于傍依河流的农业。水源是农业的命脉，所以农田水利技术的进步就成为衡量农业发展程度的重要标尺。早在7000多年前，古埃及人就开始人工灌溉农田。当时为使莫瑞斯湖能像水库一样蓄存尼罗河的季节性洪水，古埃及人开挖了一条长达19km的水道，这是人类最早的灌溉工程。古巴比伦的繁荣昌盛，也主要得益于人工灌溉，如修建于幼发拉第河上的纳尔—汗谟拉比渠，公元前714年建设的阿基拉大坝，至今在伊拉克还有一条宽120m、深10m、长达数千米的古巴比伦大型渠道遗址。公元前700年至公元前250年，西亚的古代巴比伦人、亚述人、波斯人修建了多座水利工程，筑坝凿渠，防洪灌溉。中国在距今4000多年前的夏禹治水时代已开掘排灌渠道，到西周时，与井田制相适应，排灌渠道已相当普遍。

3. 人类对流域资源利用的反思

流域是一个自然区域，它具有明显的边界，同时在人地互动作用影响下，流域又是一个“自然—社会—经济”复合区域，区域的三大性质在流域内部有明显的体现：如区域整体性特征，如果在流域上游地区修建一座大型水利工程，整个下游地区都将受到影响；再如区域结构特性，流域内部干支流之间、上中下游之间，构成一个完整的空间结构，同时又存在差异性和层级性；再如区域的自组织性特征，这一点在流域系统内部尤为突出，如流域上游林草覆被率发生变化时，流域生态系统会随之调整整个流域结构，并建立起新的相对稳定的结构。

2003 年 2 月 21 日《光明日报》刊载了著名水利电力工程师、两院院士潘家铮反思水利工程的讲话——《水利工程不能只言利不言弊》。他讲道："人类和水打交道的历史，大致可分为三个阶段。首先是'无能为力'和'力不从心'的阶段，面对滔滔洪水或赤地千里的大灾难，只能逃荒或死亡。随着生产力和科技的发展，人们兴修水利工程，要管住水、利用水，进入到'改革自然'的阶段。人们修堤筑坝建库、修渠道、开运河、建电厂，发挥防洪、灌溉、供水、通航、发电等效益，这阶段还没有结束。但在取得巨大成绩的同时，也有失误，受到大自然的报复，甚至留下不可弥补的遗憾。第三阶段应该是，人们在总结正反经验的基础上，对水进行更科学、合理的治理开发利用，做到可持续发展，做到与大自然协调共处。以上三个阶段没有明确的界线，是逐渐过渡的，但我们必须尽快地走上第三阶段，否则会出意外，水利会变成水害，工程师会变成罪人。……大自然经过千百年的磨合，已形成一个平衡的系统。修建水利工程，必然扰动这个平衡。在新的平衡状态下，可能出现弊。我们一定要重视它、认识它、解决它。所以我建议在水利学科下搞个二级学科——'水害学'，或更全面些——'人类活动引起的水害学'。能正确认识这个问题，才能正确解决问题。"

潘家铮院士这段话，反映了近年国人对流域资源利用的反思。

(五) 流域管理的历史镜鉴

河流是我们生命的一部分，是人类文明的基质。

1. 中国传统"水文化"的光芒

甲骨文"水"字中间像水脉，两旁似流水，反映了先民对水自然禀性的最早认知。中国传统水文化主要有以下特征。

(1) 水是万物之源

中国古代对世界物质构成的最普通的认识是五行说。《尚书·洪范》篇是商代贵族政权总结出来的统治经验，"洪"的意思是"大"，"范"的意思是"法"，"洪范"意即统治大法，它提出五行说"水、火、木、金、土"5 种物质的排列顺序是"定序"。在这个顺序中，水被列为"五行"之首，可见古人对水的推崇。《管子·水地》进一步提出水是"万物之本原，诸生之宗室也"，把水看成了世界万物构成的惟一元素，被当作万物的起源、创世的圣物。

(2)“水神”崇拜与“水系统”敬畏

中华传统水文化是以“水有灵异”以及水的人格化和神灵化为基本认识前提的，认为水也具有与人相同或相似的思想、感情、意欲、行为等，使水神灵化，并赋予水超自然力量——水灵、水神。先民视水为灵异，在“天人感应”哲学思想的影响下，认为风调雨顺、河川无恙，是水神的奖励；而河水泛滥、赤地千里就是水神的惩罚。水神是一条河流的神祇，古代人受活动范围及认识水平局限，不可能认识到河流的整体性特征，但是对于一条河流之神的崇拜，会使其朦胧中感受到河流是一个整体，每条河流都有其独特的秉性、特征，敬畏河流之神就是对河流秉性的敬畏。

(3)“以水为师”与流域管理的“人水合一”理念

随着自身的成长，人类开始有意识地对河流水系自身的规律进行探索，以求趋利避害。在人类早期最好的老师就是自然界，通过有意识地师法自然、模仿自然，人类开始创造原始文明，中国道家学派将此升华为“人法地，地法天，天法道，道法自然”。《淮南子·原道训》记载:“禹之决渎也，因水以为师”，夏禹疏通江河的基本思路是顺随水流低处的自然特性，并以河流为师，通过学习、模仿其特性来疏浚河道解决水患。在科学不发达的古代，先民与水灾抗争，恪守的最基本的行为准则是人水合一，让人的行为遵从、符合水的自然属性。

2. 历史是值得借鉴的故事

人类生息离不开水，洪水则是水的另一种态势，先民要利用水能肥地之便，就不得不直面洪水之害，由之洪水神话和治水传说是世界各古老民族共有的主题。中国古代神话故事，散见于《山海经》、《楚辞》、《吕氏春秋》、《淮南子》、《列子》、《庄子》等古籍中，这些古籍中很多是关于治水的故事，多载有上古之时洪水成灾和鲧、禹等英雄治水的事迹。在安阳殷墟出土的甲骨文中，往昔的“昔”字写法完全是一幅洪水滔天的图画——，可见上古洪水留给人们的印象是何等深刻。

从传说中夏朝的创立者、治水英雄大禹开始，彪炳青史的水工不胜枚举：如秦国蜀郡太守李冰、东汉著名的水利专家王景、明代著名的治水专家潘季驯、清代治水名家靳辅等，他们不仅留下了功在千秋的水利工程，更留下了含有科学、理性成分的治水思维。

历史在英文中写作“history”，History is his story——历史就是他的故事，“他”便是我们的祖先。历史是关于祖先故事的记载、流传。由于人类文明是一个以千年为单位的不断地沉积、发展的过程，所以历史便不仅仅是祖先的故事，更是对人类文明在漫长历史岁月中叠加过程的记录。

人类文明既非一蹴而就，更非一帆风顺，而是在不断地探索、失败，再探索、再失败，在对先人成败经验不断地总结、积累过程中，一代更比一代聪睿、健硕。以治水为例，大禹治水的“高高下下，疏川导滞，钟水丰物”的功绩，就是在总结其父鲧“壅防百川，堕高堙庳，以害天下”失败教训的基础上产生的。借鉴先人经验是人类进步的一个重要基础，正如宋神宗所言：“鉴于往事，有资于治道。”

历史不仅仅是祖先故事，它让我们明白人类从哪里来，经历了什么，又终将归至哪里。

三、主要研究方法

构建历史流域学的主旨就在于寻求解决流域问题的科学路径，所以历史流域学的主要研究对象是从流域生态系统角度，解读历史时期流域范围内的人地关系及其演变规律，确保流域生态安全，服务人类社会的可持续发展。

任何学科的构建，都必须有赖以建立的理论基础、科学研究方法。科学方法可分为三个层次：①全学科方法，是具有最普遍方法论意义的哲学方法；②多学科方法，也称一般科学方法，是适用于自然科学和社会科学的一般方式、手段和原则；③单学科方法，也称专门科学方法。

具体到历史流域学，其研究理论、方法如下：①哲学原理、方法；②一般科学研究原理、方法，譬如学界常常提及的“老三论”、“新三论”就是具有代表意义的一般科学方法；③具体学科研究原理、方法，譬如历史学的方法，区域地理学方法、生态学的理论方法等。

1. 历史学方法

无论怎样界定历史地理学的学科属性，毋庸置疑的是，它的研究时段是历史时期，所以必须采纳历史学的一些方法。

（1）历史文献法

历史文献法，顾名思义就是搜集和分析研究各种现存的有关文献资料，从中遴选出和历史流域学相关分支研究内容有关联的信息，并利用相关方法、理论对这些资料做出恰当分析、利用，以达到对历史时期对以流域为地域单元的、在生态学视野下人地关系的特征及演变规律的解读。

鉴于流域的“自然—社会—经济”复合特征，对历史时期流域问题的解读，就要涉及历史学、地理学、生态学、人类学等诸多学科领域，所以历史流域学比其他历史学分支所需文献更广泛。需要学习、利用正史、会典、会要、实录、明清档案等史籍，需要披览野史笔记、诗文集子、类书、游记、谱牒、地方志等各类杂著，还需要关注地图、绘画、碑刻等材料隐含的信息。

除了传统文献之外，还必须重视考古材料、口述史料。近代考古学的兴起，发掘出了十分丰富的实物遗存，包括遗物、遗址、建筑、碑刻、雕塑和绘画等，不仅形象、直观地反映了历史，而且可信度较高，在很大程度上可以弥补历史文献之不足。口述史在国际上是一门专门学科，即以搜集和使用口头史料来研究历史的一种方法。它涉及的内容十分丰富，可以弥补、纠正一些史料之不足，只是它具有时限性，只能用于较近的历史时期；实际工作中，可以将回忆录、回忆文集、书信、日记、笔记等私人化文本类史料视为口述史料。

（2）计量史学方法

计量史学，也称历史计量研究或者历史数量研究，其主要内容通过运用一整套数理统计方法，把数据或可以计算的其他史料用作分析和解释历史的主要证据。伴随计算机和统计学软件的出现，计量史学逐步发展起来，成为现代历史学的一个重要分支。

其实历代文献中都包含着大量的数据，如何把这些数据从资料中梳理出来，并选择适宜的计量方法，通过现代计算方法、计算工具，将其量化成能体现特征、说明问题的有效数据。具体到历史流域学，如历史时期流域面积、河流径流量、气候的温度波动、植被覆盖率、流域内人口数量及密度、城镇数量、粮食产量、垦殖指数、土地承载力、生态承载力等都是十分重要的数字统计。

由于古今关注问题的角度、统计方法、统计技术的不同，这些数据大多不会直接记录在文献中，除了直接数据外，文献更多是定性判断，如“很多”、“很大”、“很少”、“很小”、“大多数”、“极少数”等一类用语和判断，所以需要借助数理统计方法，借助计量模型推演、推导出这些数据①。计量史学的方法在某些领域可以将历史时期流域内部的生态问题、人地关系量化，这必然大大提高研究解决问题的科学性、实践性。

（3）环境考古学方法

环境考古学是环境科学与考古学相结合的产物，是揭示人类及其文化形成的环境和人类与自然界相互影响的考古学分支学科。环境考古的概念于 20 世纪 30 年代提出，60 年代成为一门学科。该学科与第四纪地质学、古动物学、古植物学、物候学、土壤学、古气候学等关系密切。

环境考古的对象包括古遗址、古城址、古河道等。通过对古文化地层

---

① 徐浩、侯建新：《当代西方史学流派》，北京：中国人民大学出版社，2009 年，第 167 页。

堆积物的分析，能够判明当时人类是怎样一种生活环境；通过对早期村落建造木屋树木种类的分析与现代林木分布的对比，能够判定早期人类砍伐树木的区域和搬运能力；通过分析古人类遗址的排泄物与垃圾堆积，可以掌握当时人类的生活方式与活动范围的大小以及对气候的适应能力。对古城址环境考古，可以了解建城时代城址所在地区的形条件、环境资源特征，城市的功能、性质、规模等。古河道考古可以帮助判断历史时期河道变迁、径流量的变化、泥沙淤积频率等。

2. 区域地理学方法

（1）区域地理要素分析法

区域地理因素，指促使区域地理特性、功能的形成或变化的原因或条件。根据区域地理因素本身的性质和状态，可分为自然因素、社会因素和空间因素、时间因素。太阳辐射、地壳运动、地表组成物质与形态、气候、地表水与地下水、生物、土壤等属于自然因素；人口、民族、宗教、文化、经济、政治等属于社会因素；位置、区域形状等属于空间因素，还有时间因素①。

现代地理学对于区域地理要素分析方法，对于流域历史学研究具有启发、借鉴作用，如地理相关或统计方法中的“同地同要素的不同时间叠置图或类似叠置统计”，用于寻找时间上的变化，竺可桢（1973 年）、张家诚（1974、1976 年）等用不同历史时期大象在我国分布的北界逐渐南移的事实，来说明气候逐渐变冷。这种分析方法，也可理解为用不同历史时期我国大象分布图叠置审察而得出②。

（2）地理比较法

区域地理学最根本的特性就是找出区域间的根本差异，而差异的确定通常要靠比较得出。“至今仍有些地理学家认为区域比较所揭示的区域差异是地理学研究基础。因此比较方法是传统综合方法中最基本、用得最多、最广的方法”③。

地理比较法从时间尺度和空间差异可分为纵向比较和横向比较，“前者指沿着时间顺序、发生发展程序上进行地理环境或事物演化比较，其动态性、预测性较强。……后者（横向比较）指特定同一时段地理环境或事物的异同性比较，以揭示比较对象间的空间分异”④。前者如区域开发规

① 韩渊丰等：《区域地理理论与方法》，西安：陕西师范大学出版社，1993 年，第 63 页。
② 韩渊丰等：《区域地理理论与方法》，西安：陕西师范大学出版社，1993 年，第 99-100 页。
③ 韩渊丰等：《区域地理理论与方法》，西安：陕西师范大学出版社，1993 年，第 113 页。
④ 韩渊丰等：《区域地理理论与方法》，西安：陕西师范大学出版社，1993 年，第 113 页。

模、聚落布局、人口分布、气候变迁、洪水、森林覆盖率、土壤侵蚀等因素的变化研究；后者用得更为广泛，不同区域之间差异性分析常用此法。

3. 生态学的理论方法

19 世纪 60 年代末生态学诞生以来，随着全球人口、资源、环境问题的不断出现，在研究层次、时空尺度、内容和技术方法上均有较大发展。指导现代生态学研究的主要理论观点有①：

（1）层次观

生命物质有从大分子到细胞、器官、机体、种群、群落等不同的结构层次，每一生命层次都有各自的结构和功能特征，但高级层次的结构和功能是由构成它的低级层次发展而来的。

（2）整体论

每一高级层次都具有其下级层次所不具有的某些整体特征，这些特征是由低层次单元以特定方式组建在一起时产生的新特征。整体论要求始终把不同层次的研究对象作为一个生态整体来对待，注意其整体的生态特征。

（3）系统学说

系统是指具有特定功能的、相互间具有有机联系的许多要素所构成的一个整体，一般所说的生态系统是指生物群落与环境组成的动态平衡体系。系统分析的方法既区分出系统的各要素，研究它们的相互关系和动态变化，同时又综合各要素的行为，探讨系统的整体表现。

（4）协同进化

协同进化是普遍存在的现象，各种生命层次及各层次的整体特性和系统功能都是生物与环境长期协同进化的产物。如植物、高等动物被动与主动对环境的改造，就属于“生物—环境”的协同进化。

囿于史料，现代生态学的具体技术方法，可能无法借鉴到历史流域学研究中，但上述生态学研究的指导理论，却具有方法论层面的指导意义。

4. 田野调查方法

是否重视野外考察是区别中国旧式传统的沿革地理与现代历史地理学的标志。“读万卷书，行万里路”，研究历史时期流域生态系统的人地关系，更需要通过田野实地考察，一则可以获取第一手资料，二则可以对文献所记与今日的地理景观进行对比，以便直观地了解地理环境的变迁、地理位置的特征等。

① 周东兴：《生态学研究方法及应用》，哈尔滨：黑龙江人民出版社，2009 年，第 62 页。

野外调查的方法，需要借助于其他有关学科的协作，如考古学、地貌学、气象气候学、水文地质学以及动物学、植物学等。譬如，竺可桢先生《中国近五千年来气候变迁的初步研究》一文，就利用了西安半坡、日照两城镇及安阳殷墟等遗址出土的动物骨骼、植物残块等，这就需要动物学、植物学等相关学科的知识。谭其骧先生《何以黄河在东汉以后会出现长期安流的局面》一文，就利用了历史时期黄河中游地区农牧业的交替发展、植被状况与水土流失的关系，这就需要气象气候学、水文地质学等学科的知识。

5. 现代技术方法

随着科学技术的发展，历史时期人地关系的复原研究，愈来愈多地开始采纳现代科学技术，如孢粉分析法、C^{14}测年、树木年轮判读、远红外线航拍、HGIS（Hybrid Gas Insulated Switchgear）技术等，在历史、生物、地理等分支学科中，还用到了专业性极强的技术研究手段①。

具体到历史流域学研究，除了上述技术手段外，还需要用到水文学、灾害学、工程学等相关学科的现代研究手段。

第三节　构建历史流域学的实践意义

“社会科学”顾名思义，是指用科学的方法，研究人类社会的各种现象的学科体系，“它的任务在于研究并阐述这些现象及其发展规律”②。近现代以来随着科学技术迅速发展，各个领域之间出现高度综合的趋势，新的交叉性学科不断出现，这一切就使得社会科学与自然科学之间的渗透不断加强，特别在以地域空间为研究单元的学术领域，社会科学与自然科学之间的界限正日渐模糊，社会科学的应用价值正得到前所未有的重视。

一、“应用性”、“实践性”是社会科学发展的根本动力

社会科学的根本任务是要“改变世界”，因之除了要解决人类世界观、人生观、价值观、思维方式、方法论等之外，还要对政治、经济、文化等人类社会发展的规律进行探索，并将取得的研究成果通过政府、社会组

---

① 赵铁桥：《历史生物地理学进展》，《昆虫分类学报》，1992 年第 1 期，第 35-47 页；张明理：《历史生物地理学的理论和方法》，《地学前缘》2000 年第 S2 期，第 33-44 页等。

② 方宝璋：《社会科学应用方法论》，北京：经济日报出版社，2008 年，第 3 页。

织、企业等中介应用于社会实践，推动人类社会的进步、发展，实践社会科学研究“有用于世”、“经世致用”的学术宗旨。

重视社会科学的经世作用是中国学界的优良传统。在中国古代学术系统构建过程中，一直有着文史不分、史地不分的传统，因之很早就开始关注社会现象与自然生态之间的关系，并形成了以“天人合一”为至高境界的“人、地”思维理念，这一理念经过历史时期不断发展已上升到哲学高度，成为东方生态文明的代表性思维。如果中国传统生态文明中具有东方特质的思维精髓，可以被扬弃地、有效地传承，不仅会有效避免西方工业革命在人地关系上的弯路，而且势必推进社会科学学科体系的创新发展。

如战国时期假托大禹之名撰成的《禹贡》一文，设想了在诸侯称雄的局面统一之后治理国家政治、经济、社会，乃至外交等各个领域的管理方案。“《禹贡》是中国第一个奴隶制国家的国土综合整治开发建设总体规划，内分分区国土整治开发，分系统国土整治开发和国土整治开发战略。战略的最终目标是建立以华夏族为主的多民族统一国家。五服说在理论、内容、方法上，都显示了超前水平，具有一定学术价值和现实意义。……是世界上最早的区域人文地理学著作”[①]。《禹贡》以地理为经，分当时天下为九州，体现了作者理想中的行政区划，同时详列各州山脉、河流、土壤、田地、物产、道路以及各地的部落人口特征，体现了作者理想中国家“自然—经济—社会”综合治理的社会管理理念；提出的“五服制”可谓中国最早的外交模式，同时也是处理边疆问题的富有中国特色的理论模式，后世的民族问题管理实践中卓有成效的“羁縻制”便溯源于此，成为华夏民族统一体形成的理论精髓。与其说《禹贡》是中国最早的地理学著作，不如说这是中国最早的多学科交叉的综合性著作，正因为其蕴含着后世多学科“综合性”特征，所以在古代社会管理具有广阔的“应用性”，从而影响着中国的文明进程及特征。

以《禹贡》等先秦著作所蕴含的经世思想为开端，“经世致用”成为中国古代知识阶层中居主导地位的文化价值观，在这种价值观指导下，他们努力学习对现实社会有用的东西，将学问研究和社会实际结合，避免空谈、僵化，追求文化学术活学活用的实用性价值，并身体力行努力将文化学术价值转化为政治伦理价值，通过建构一种合理化的社会秩序和政治形式，实现读书人“修身、齐家、治国、平天下”的社会抱负、理想人生。

古代读书人“经世致用”的治学目的，关注社会问题的现实情怀，以

---

① 刘盛佳：《〈禹贡〉——世界上最早的区域人文地理学著作》，《地理学报》1990年第4期，第421-429页。

及由此形成的"应用性"、"实践性"、"综合性"、"系统性"等学术研究方法论层面的理论，值得且必须给予应有关注。同时，由于人类社会是处于一个不断发展变化的过程中，因此社会科学研究的对象、手段等也必须与时俱进。惟其如此，方能推动目前社会科学的飞跃发展。

人类文明的演进过程就是人类与大自然相互依存、发展的过程。回顾人类社会的发展历程，人类与自然万物的关系，用唇齿相依形容似乎已远远不够，于是诞生了历史地理学、环境史学等交叉性学科。这些学科创立的宗旨就是要重新审视人类与人类所属自然环境之间的关系，构建具有时代特征的、和谐的、可持续发展的人地系统观念。近年学界研究成果更倾向于将人类纳入所在自然体系，构建新的"物我一体"的生态系统，工业文明进程形成的人与自然的"二元结构"理念将被摒弃，人类正在从生态哲学的高度重新定位自己在所属生态系统中的地位。这些势必影响到社会科学的研究领域及研究思路。

二、"关注现实问题"是构建"历史流域学"的缘起

马克思也十分关注学术研究的实践性、现实性，并对笛卡儿、斯宾诺莎、康德、黑格尔等将"思想的客观性"的基础理解为超验的、永恒的、抽象的存在的错误哲学进行了批判改造。在《关于费尔巴哈的提纲》一文的第二条，马克思写道："人的思维是否具有客观的真理性，这并不是一个理论问题，而是一个实践的问题。人应该在实践中证明自己思维的真理性……"① 在第八条写道："社会生活在本质上是实践的，凡是把理论导致神秘主义的神秘东西，都能在人的现实生活中以及对这个实践的理解中得到合理的解决"②。在最后一条写道："哲学家们只是用不同的方式解释世界，而问题在于改变世界。"③ 马克思不仅指出了社会"实践"在哲学发展中的重要意义，而且指出哲学家们的根本任务是要"改变世界"。哲学体现着世界观和方法论的统一，马克思主义的实践观的提出对于社会科学体系的发展具有重要的理论指导意义。

社会科学的根本任务也是要"改变世界"，因之必须关注现实问题，

① 中共中央马克思恩格斯列宁斯大林著作编译局编：《马克思恩格斯选集》（第1卷），北京：人民出版社，1995年，第55页。

② 中共中央马克思恩格斯列宁斯大林著作编译局编：《马克思恩格斯选集》（第1卷），北京：人民出版社，1995年，第56页。

③ 马克思：《关于费尔巴哈的提纲》，见：中共中央马克思恩格斯列宁斯大林著作编译局编：《马克思恩格斯全集》（第三卷），北京：人民出版社，1975年，第6-8页。

并以解决现实问题的社会实践为推动学科发展的动力源泉。

依据中华人民共和国水利部发布的《2008年中国水资源公报》，该年度黄河遭遇了40年来最严重的凌汛，出现重大险情；珠江流域发生了流域性较大洪水；长江流域发生了罕见晚秋汛；东北、华北、西北和黄淮等部分地区发生了近5年来最严重的干旱，部分地区因干旱发生饮水困难。依据《2010年中国环境状况公报》，该年度“长江、黄河、珠江、松花江、淮河、海河和辽河七大水系总体为轻度污染。204条河流409个地表水国控监测断面中，Ⅰ～Ⅲ类、Ⅳ～Ⅴ类和劣Ⅴ类水质的断面比例分别为59.9％、23.7％和16.4％。主要污染指标为高锰酸盐指数、五日生化需氧量和氨氮。其中，长江、珠江水质良好，松花江、淮河为轻度污染，黄河、辽河为中度污染，海河为重度污染。”这些统计数据，直观地反映着我国目前日趋严重的水资源问题、流域问题。

为解决以流域为中心的水资源问题，许多流域所在行政区的政府也借鉴国际经验进行了宝贵探索。如2007年江苏无锡市推行了水功能区达标的“河长制”，这是以流域为管理对象的崭新制度。全市各部门的党政“一把手”分别担任64条河流的“河长”，各区、县乃至乡镇，大大小小的河汊也都指派“河长”负责，一河一策，逐条治理。期间旨在修复流域生态的一些河流管理法案也逐步出台，为了获取流域综合管理的实践经验，学者也提及在长江流域率先推进流域综合管理。为从根本上解决我国水资源问题，2008年胡锦涛总书记发出“让江河湖泊休养生息”的号召，从生态文明的高度为我国解决水资源问题、流域问题指明了方向。

流域是一个以水资源为核心的自然区域，流域问题是一个复杂的系统问题，其内容及产生、发展、演变的过程，涉及地貌学、水文学、生态学等自然科学领域，同时还与政治军事、社会经济、历史文化等社会科学关系密切。为了科学解决流域问题，就需要建立一个多学科交叉的、文理综合的、具有“自然—社会”复合特征的学科体系——历史流域学。

早在1988年，中国社科院的王守春先生在《论历史流域系统学》一文中[①]，就针对历史时期河流演变原因研究之不足提出：“今后的研究侧重点应当放在把河流与流域作为一个整体或一个系统进行研究”；并提出应创建“历史流域系统学”。他强调流域治理应注重流域系统性，认为“对于河流这样一个复杂的对象，不仅应当把河流的水文要素和流水地貌看成

① 王守春：《论历史流域系统学》，《中国历史地理论丛》1988年第3期，第33-45页。

是一个整体的不同方面，把河流的上、中、下游及支流、干流看成是一个整体的不同部分，而且还要把河流所在流域的自然要素和人文要素，即环境要素，看成一个整体的组成部分。因此要从整体角度，即把它们作为系统来研究，才能对河流有更深刻的认识。”嗣后，侯仁之院士在 1994 年出版的《历史地理学四论》一书中，进一步提出为进行流域系统研究，应选择“区域链”作为研究对象，即以河流为轴线，将沿途区域视为子系统，进行深入研究，并提出了“潮河链”、“滦河链”等具体研究设想①。

鉴于流域问题的因果性、综合性、系统性等特征，只有从学科交叉性、系统性研究的视角出发，才有望找寻出科学的解决途径。这也正是构建“历史流域学”的现实价值。

三、研究“手段技术化”、“结论定量化”是“历史流域学”的特征

现实社会的需求是社会科学研究发展的根本动力，而社会科学能否得到有效的发展，很大程度上又取决于研究理论、研究方法的创新。近年来随着社会问题日渐综合、复杂，“边缘科学、综合科学、横断科学的交叉发展”正成为一种常态，由之也形成了一系列新的综合性交叉学科，这些学科不仅涉及社会科学各学科之间的融合交叉，且包括社会科学与自然科学之间的综合交叉。与之相应，社会科学研究的理论系统、方法论及研究手段等也正发生着质的变化，如系统论、信息论、控制论、统计法、计量法、HGIS 技术等。

为了科学解决日渐严重的流域问题，学界提出了构建“历史流域学”的设想，从学科性质分析，这是一门以自然区域——流域为研究单元的，研究内容包括影响流域问题形成、变迁的“自然—人类”复合系统的各个子系统，研究对象决定了“历史流域学”是一门综合性的、包括社会科学、自然科学两大领域多个学科体系的大交叉学科。这就决定了“历史流域学”的研究理论、方法必须超越传统社会科学、自然科学之分，进行多学科研究手段大交叉。此外，由于“流域问题”的解决策略，不仅需要定性的结论来指导政府流域宏观管理策略，更需要具有很强操作性、量化的甚至是模型化的结论，来为流域范围内的政府、机构、企业等提供行为依据。所以，研究“手段技术化”、“结论定量化”便成为“历史流域学”的重要特征。

由之，HGIS 技术、生态安全“状态—压力—响应”评价的指标体

---

① 侯仁之：《历史地理学四论》，北京：中国科技出版社，1994 年，第 6-7 页。

系、生态安全预警模式及实证研究等是“历史流域学”最基本的研究手段，应用这些自然—社会交叉学科研究所得的研究结论，所获取的量化的结论、模型化的结论等，很好地实现了社会科学研究结论的可操作性、实践性的目的。包括借助地理信息体统（GIS）技术，建立历史时期不同流域的“HGIS”系统，将不同历史时期流域内行政边界的变化，人口数量、密度空间空间分布变化，人口迁徙、技术传播的路线的动态变化，自然灾害时空分布的变化，林草覆被的变化，经济产业的分布及变化等纳入地理信息系统。借鉴联合国经济合作开发署（DECD）提出的生态安全“状态—压力—响应”评价的指标体系[①]，通过复原流域生态安全的动态演变过程，对指标的无量化处理，得到不同历史时期流域生态安全综合评价值，并依据评价结果，进行流域生态安全预警，包括不良趋势预警，临界状态预警和恶化趋势预警等，指导流域采取不同的预警模式和恰当的生态恢复措施，从而维护流域生态安全，提高流域生态质量。总之，将现代自然科学的研究方法、技术借鉴应用到“历史流域学”，对目前的流域问题形成的原因，建立起长时段的、系统性的、整体性的过程“监控”，结合社会科学研究“定性”研究方法，通过对演变过程中“规律性”机理的探究，以便用接近科学的理论指导现实、预测掌控未来。

“社会科学研究特征之一是对‘事物的定性分析’，不过我们必须注意的是，‘定性分析’往往是研究的结论，而不是研究的出发点：而在社会科学研究中的‘定性分析’一般要以‘定量研究’为基础，从这个意义上讲，自然科学方法用于社会科学研究非但不会与‘定性分析’发生矛盾，反而因其‘量化’特点而有助于‘定性分析’，有助于社会科学研究，是对社会科学研究方法的重要补充”[②]。与此同时，值得注意的是社会科学研究对象的普遍特征之一便是时代性、历史性特征，所以在应用自然科学研究方法时，必须关注被研究对象所处的不同历史时段性、时代性等社会性特征。所以在将自然科学研究手段引入“历史流域学”时，还必须通过依据历史时期流域内部“人地”关系的特征，选建不同的历史横剖面，并应用德尔菲法等给予影响因子赋予不同的权数值等手段，加以调整、修整，使其更符合历史时段特征[③]。

---

① Peter C. Schnlze，Frosch R A. *Overmew*：*Measures of Environmental Performance and Ecosystem Condition*. Washington. DC：National Academy Press，1999.

② 李承贵：《自然科学方法在社会科学研究中的应用及其限度》，《江西行政学院学报》2002 年第 1 期，第 57-60 页。

③ 王尚义、张慧芝等：《历史时期汾河流域生态安全探研》，《地理研究》2008 年第 3 期，第 556-565 页。

四、繁荣社会科学服务政治、经济体制深度改革

社会科学研究的宗旨是“经世致用”，如何将研究成果转化为社会文化力、生产力，是学界一直关注的问题。鉴于政府在国家组织、管理中的核心作用，社会科学研究如何影响政府政策过程便成为20世纪末西方社会科学领域中出现的一个多学科交叉的前沿课题，一些学者通过对西方发达国家成功经验的理论与实证的研究，总结、提出了一些具有代表性的影响力模式，如布尔默通过对英美两国的社会科学研究影响政策制定的过程实证研究，提出了社会科学研究影响政策的两大模式——工程模式和石灰岩模式①；韦斯等人从探寻社会科学研究影响政策的内在机制出发，归纳出了七种经典模式——渐进模式、问题导向模式、互动模式、政治模式、启发模式、策略模式、产业模式②；瑞杰·兰德为等学者从社会科学研究影响政策的动力机制出发，提出了四种主要模式——科学驱动模式、需求拉动模式、传播模式和互动模式③。

基于目前中国的政治体制与学术制度背景，有学者归纳了中国社会科学研究影响政策的六种主要模式——双向吸纳模式及其创新、政策咨询模式及其创新、政策建言模式及其创新、工程招标模式及其创新、学者上书模式及其创新、大众传播模式及其创新④，基本涵盖了目前社会科学学术研究成果的社会去向。“历史流域学”在构建过程中，也十分关注研究成果的社会转换。在以汾河流域为研究区域的实证研究中，针对汾河上游煤炭资源开采严重影响其水源地保护和生态功能区安全的问题，项目负责人在山西省第十一次人民代表大会上提出“建议山西省人民政府尽早出台煤炭资源开发和环境损耗的经济补偿机制”的提案。以该成果为依托，成果负责人在2007年第十届人民代表大会上提出《汾河流水哗啦啦》的议案。省人民政府发展研究中心在开展和制定有关汾河流域生态修复工程方案时多次与项目组人员交流，并参考有关前期研究成果。项目提出的采取不同的预警模式和恰当的生态恢复措施，维护流域生态安全，提高流域生态质

---

① Martin Bulmer. *Social Science Research and Goverrnent*: *Comparative Essays on British and the United States*. New York: Cambridge University Press, 1987.

② Weiss C H. *Using Social Research in Public Policy Making* . Lexington Mass, D. C. Heath, 1977, pp. 67-83.

③ Landry, Rejean N, Amara M Lamari. Utilization of social science research knowledge in Canada. *Research Policy*, 2001 (30), pp. 334-336.

④ 张云昊：《中国社会科学研究影响政策的主要模式及其创新路径》，《中国科技论坛》2011年第10期，第11-16页。

量的观点已被忻州市政府在汾河流域（忻州段）生态环境治理修复与保护工程实践中借鉴。省发改委在编制《山西省主体功能区划》过程中，在水源地生态补偿制度及生态安全法律问题、流域生态安全管理的基本模式等为主体功能区配套的生态补偿机制政策制定等方面参考了相关研究成果。《汾河流域生态环境治理修复与保护工程方案》（2006 年 6 月）编制过程中，采纳了研究成果中关于流域生态环境建设模式的研究结论，明确提出汾河流域生态环境治理修复与保护工程应按照流域自身生态功能与水功能区划的要求进行。

2014 年 6 月 10 日国家发展和改革委员会副秘书长范恒山在国新办举办的中国区域发展与区域政策基本情况发布会上提出，新一轮的区域规划中，侧重于大江大河的比较多，更加注重沿大江大河和陆路交通干线的引领发展，积极培育新的区域经济带和增长极。比如长江经济带包括十多个省份，珠江—西江经济带也涉及广东、广西、云南、贵州等省区，这都是跨省区跨流域的。用大江大河引领新经济带的区域发展新思路，凸显了流域在区域发展中的主干作用。

“历史流域学”在构建过程中部分研究成果被各级政府采纳便是一个积极、有效的尝试。随着学科的逐步成熟，必将有越来越多的研究成果通过政府、社会组织、企业等中介转化为社会生产力，服务于政治、经济体制的深化改革。

第三章 流域资源禀赋与人类的空间选择

流域是以河流为中心的区域，河流作为人地系统最重要的自然资源之一，使流域成为自然地理单元中自然资源禀赋优越的区域。不仅在历史早期，人类聚集于此；而且现代社会，世界上许多国家都在沿河地区建立了工业走廊，形成了沿河产业带。

第一节 流域资源、结构特征与人类社会

流域是一个自然资源禀赋优越的地理单元，与此同时，河流的上中游、干支流之间明显的结构特征使得流域呈现出显著的结构性特征。这些对人类社会发展皆具有重大影响。

一、自然资源禀赋与人类流域聚集

和其他生物一样，人类须臾难离的是大自然赐予的环境、资源，不同之处在于人类主观能动的空间选择——在渔猎时代，逐水草而居；在农耕时代，择肥沃之阶地安家；在工业时代，毗邻矿产设立工厂，凡此诸种催生了空间、区位等系列理论，代表性的如古代中国的风水论、近代西方的区位论等①，皆为人类空间选择的经验总结。分析上述理论，可以看出水资源、以及以河流为中心的流域在人类文明进程中起着举足轻重作用。人类主观能动的空间选择，最直接的目的就是要减少必要劳动时间，因此自

① 包括杜能农业区位论、韦伯工业区位论、克里斯泰勒城市区位论等。

然资源的丰饶度、区域交往的便利性就成为首先关注的要素，以河流为中心的流域以其得天独厚的自然资源聚集性特征、水陆交通畅达性特征等资源优势，成为古往今来人类活动首选的自然区域。

（一）流域的自然禀赋特征

流域“自然资源聚集性特征”集中表现在以下四方面：

1. 水资源丰沛

水作为一种自然资源，其使用价值表现为水量、水质和水能三个方面。水量是最基本的价值，它由多年平均径流量体现，影响水资源数量和特征的因子是年降雨量、年径流量。水质就是水资源的质量，工业、农业、渔业、生活、娱乐等用水，都有一定的水质要求。水能是指水体的动能、势能和压力能等能量资源，有着悠久的开发历史，是一种可再生能源。水资源是一切生物生存的基本资源，是生态系统正常循环的物质前提。此外，在人类文明进程中，以河流为中心的水资源还肩负了更重要的政治、经济、军事乃至文化职能——在很长的历史时期内它一直是人类主要的交通通道、动能来源、军事天堑及政治制度、文化思想传播渠道。其他自然区域的水资源，都不像流域这样兼具诸种功能，可以满足社会生产的多种需求。

2. 土地资源肥沃

土地资源指可供农、林、牧业或其他经济活动利用的土地，是人类生存的基本资料和劳动对象，亦具有质和量两个特征。土地资源具有一定的时空性，即在不同地区和不同历史时期的经济技术条件下，所包含的内容可能不一致。

在河流的搬移作用下，流域内部除在山谷形成小型的盆地外，更在中、下游地区形成了辽阔丰腴的冲积平原（或三角洲），河流塑造的这些盆地、平原、三角洲汇聚了农业生产必需的水土风热等资源，不仅成就了四大文明古国，且一直是重要的农业生产区。此外，流域系统内部山地、丘陵、平原、盆地等主要地貌形态都有较好地发育，为农、林、牧、渔等“大农业”多种经济活动的开展提供了自然物质基础。

3. 生物资源多样

生物资源是在社会经济技术条件下人类可以利用与可能利用的生物，包括动植物资源和微生物资源等，这是人类生存必需的资源。此外，生物多样性是生态平衡的基础，只有生态系统可持续发展，人类社会才能可持续发展。

河流干支流组成的网络体系，为流域内部不同物种的洄游、迁徙提供通道。此外，流域干支流源头的山地具有明显的纬度地带性，大中型流域地域跨度很大，又构成横向纬度带或纵向经度带，这就为流域内部生物资源的多样化提供了自然基础。生物多样性在生态系统中具有核心价值，满足人类形形色色的需求是其低层次的功能，更为关键的是它关系到人类的永续发展——生物多样性不仅是生态系统良性循环的必要条件，也是人类可持续发展的物质基础。

4. 动力资源易取

动力作为力量的来源，是制约人类发展进程的重要能源。人类可以利用的动力资源的类型、范围也是一个动态过程，譬如从畜力、水力、风力、电力、热力再到原子能等，同时还具有地域差异。

流域内部落差赐予河流巨大的水能，人类文明早期便开始将水能转化为机械能，作为航运、水磨、灌溉等动力来源。近代高压输电技术、水力交流发电机的发明，水能开发利用的规模不断扩大。此外，流域两侧山地育成了大面积的森林、煤炭资源，满足着人类不同时期、不同层面的热量需求。水能源随着自然界的水文循环而重复再生，可谓“取之不尽、用之不竭”，其对文明的意义不言而喻。

（二）人类社会活动的流域性聚集

从世界范围来看，文明多起源于大江大河是不争的事实，四大文明古国就是明证。在整个文明演进过程中，流域一直是人类聚集之地。譬如黄河流域、长江流域在中华文明中的作用。

1. 经济的河流聚集

流域内丰饶的自然禀赋、高素质的人口群里、低成本的交通网络等皆为流域经济发展提供了必要的前提。此外，流域自然资源、人口、生产活动等以河流为轴心的聚集优势，及交通区位优势，就为流域经济空间聚集提供了前提。所以，在经济区划中，流域特征性多是自然特征完整性考虑的主要因素。在近年生态经济区域的划分中，流域生态系统更成为不得不考虑的要素。

流域是带状的区域，有上中下游之分，人类对水资源、生物资源、土地资源、矿产资源等综合利用也沿河流延展，呈现带状空间格局。流域“自然—社会—经济”各个子系统在不同区段之间既相互联系又相互区别，但都统一于一个完整的流域系统中。经济中心、经济腹地和经济网络纵横交错，共同构成了一个多维度流域的经济区域。

2. 人口的流域聚集

人的要素是生产力中的核心要素，区域生产力水平和人口数量、人口质量关系密切。人类社会迄今已存在三代生产力：手工生产力、机器生产力和信息生产力。在古代社会一直以第一代生产力为主：以简陋的手工工具为生产力基础，人的体力成为主要动力，在这种情况下，劳动者的数量对于社会生产力、社会经济具有至关重要的意义。这也是中国古代多采取鼓励人口增殖政策的基础，人口增长被当作发展社会经济的先决条件，且是社会繁荣和国力强大的象征。

古代生产力水平低下，人口增长在更大程度上要受到自然条件的制约，那些自然禀赋优越、便于开发的区域就成为人类聚集的地域。所以，古今中外，流域一直是人口密度相对较大的自然区域，丰饶的资源禀赋，特别是水资源，使流域人口承载力较大，与之相应，流域成为历史时期人类相对聚集的空间。此外，流域内部地貌、生物等资源多样，适宜农林牧渔多民族共生；河流、河谷作为古代重要的交通通道，又是民族迁徙、人口迁徙的通道，多民族、多区域人口流动、聚集，进一步提升了流域的人口数字、生产潜力。

3. 城镇沿河流聚集

流域地域内资源禀赋与经济空间集聚交织在一起，共同促进了区域中心——城镇的成长、增长。城市作为人类文明的标志，农业剩余的出现是城镇出现的必要前提，流域内部充裕的腹地经济就成为城镇发展的物质基础，特别是山地盆地及中下游冲积平原；此外，便利的交通是城镇成为地域文明中心的前提条件，流域内部的河流、河谷作为最早形成的水陆交通线为之提供了交通基础；再则，军事防御既是城镇重要功能，也是城镇发展的保证，城镇多选址于河流与流域两侧山地之间的阶地，表里山河成为防护天堑。流域经济所具有聚集和辐射等经济空间组织功能，使其成为区域社会经济的主要生长点，聚落、城镇、都市的形成、发展便是流域聚集经济发展的表现。

总之，在流域拐弯处、干支流交汇处等资源禀赋聚集特征尤为突出的地方，河流对城市选址有深刻影响，特别是在河流大转弯地方，常常是该流域最便于和其他邻接地域进行物质中转和交流的地方，吸引范围相对较大，有利于城镇的形成和发展。[①] 经济要素的空间聚集性也会突出，由之

① 纪立虎：《古代水陆交通与城镇演变》（上），《交通与运输》2002 年第 1 期，第 44-46 页。

便会产生经济聚集效应，在经济聚集效应下，更多的要素又被进一步吸引，于是资源更加丰富。伴随着这个不断自我强化的过程，城镇的中心作用不断成长。随之这些流域中心逐步壮大成为某个国家、地区的中心。

（三）生物多样性与文化多元化

人类之所以在生物界与其他动物相分离，是因为劳动，劳动既把人从自然界中提升出来，同时又将人与人类社会同自然界紧密地联系起来。人作为劳动主体，自身就是一种自然存在，不仅以土地、森林、河流为劳动对象，且劳动活动要受到他所处的自然环境的制约。

1. 生物多样性决定了流域多元文化

生物在自然界的主要功能是不断进行物质循环和能量交换，所以生物多样性就成为人类赖以生存的自然环境、社会环境千姿百态的物质基础。生物多样性是生物界的基本规律，指生命有机体及赖以生存的生态综合体之间的多样性和变异性，包括遗传多样性，物种多样性，群落、生态系统的多样性等。生物多样性是地球上所有生物都必须受其支配的进化规律，是地球生命的保障。人类作为一种“社会化的动物”，不仅受到社会发展规律的支配，也要受生物界基本规律的制约，如生物多样性就是人类生存、发展的重要制约因素。

生物多样性决定了民族差异性和文化多元性。在人类社会早期，生活在不同区域的人类在自然影响下形成了各具特性的文化形态，文化作为人类社会通过长期体力和脑力劳动所取得的物质的、精神的全部成就，只有具有多元性特征并不断融合发展，才会被赋予不断的创新力、生命力，从而推动人类社会的不断进步。多元文化既是生物多样性的体现，又受到生物多样性的支配。从人类学角度分析，文化与环境之间存在一种动态关系：一方面强调特定文化是适应环境的产物，另一方面也强调象征体系对环境的能动作用，一种具体的社会文化体系对人与环境适应选择的不同方式构成文化多样性的基础，而对文化多样性的维护是人类可持续发展的关键①。

2. 多元文化提升了流域生产力

文化不仅是一种软实力，还是一种社会生产力、创新力。文化生产力

① 胡鸿保、黄娟：《文化多样性与可持续发展——理解环境问题的人类学视角》，《甘肃社会科学》2007年第1期，第16-20页。

既指渗透于物质生产力中的知识、科技等文化因子，也指与物质生产力相对应的、具有相对独立形态的观念生产力①。社会生产力的发展离不开文化创新力的推进，同时社会生产力的创新也多通过文化体现。从人类文明由低级向高级的演进历程分析，多元文化交融碰撞所展现的无限创造力的意义非凡。所以有人提出，在有人类活动的地方，人地系统的变化应该是：生物类群＋地理环境＋民族文化（人为活动）。

不同民族利用生物多样性这一自然基础，用劳动塑造了流域文化的多元性特征，而文化的多元性反过来又进一步促进了流域的创新力、社会生产力的发展。如中国古代“四大发明”都出现在黄河流域。

二、流域空间结构特征与社会发展

流域是一个以河流为中心，由分水线包围的、特殊的自然区域，同时它又是组织和管理国民经济的特殊的经济社会系统，是经济区域系统的重要组成和表现形式。从经济学角度看，流域是以水资源系统开发和综合利用为中心，组织和管理地区经济和国民经济的重要地域单元。

（一）流域空间结构特征

流域作为一个独立的地域系统单元，内部具有明显的结构性特征，主要表现在地域内组成地理系统的各要素在数量上的比例、空间格局以及时间上的联系方式。

1. 整体性和关联性②

所有的系统都具有整体性、关联性、等级结构性、动态平衡性、自组织性等基本特征，组成流域地理系统的各要素之间也存在相互联系、相互制约和相互渗透的整体性特征。德国著名物理学家普朗克认为：“科学是内在的整体，它被分解为单独的整体不是取决于事物本身，而是取决于人类认识能力的局限性。实际上存在着从物理到化学，通过生物学和人类学的连续的链条。这是任何一处都不能被打断的链条。”系统的整体性就决定了它的另一个特性——关联性，即各要素之间，既具独立性，又具相关性，而各要素和系统之间同样存在这种“相互关联或相互作用”的关系。流域问题的形成、解决过程中失误的思想根源，很大程度在于人类不能从整体性、关联性视角关注系统内“自然—社会—经济”各要素之间的

① 金元浦：《文化生产力与文化产业》，《求是》2002年第20期，第38-41页。

② 张道军等：《流域生态环境可持续发展论》，郑州：黄河水利出版社，2002年，第12-13页。

关系。

流域是整体性极强、关联度很高的区域。流域内不仅气候、地形、水文、生物、土壤等各种自然要素之间联系极为密切，而且和人类社会经济活动也存在密切关联。“自然—社会—经济”复合系统各要素在上中下游、干支流各地区间的相互制约、相互影响，存在“牵一发而动全身”的联系。譬如，上游过度开垦土地、坡地，乱砍滥伐草木，所造成的水土流失，不仅使上游农林牧业和生态环境遭到破坏，泥沙会被洪水携带到中下游，随着河床变宽、流速减缓，淤积、抬高河道，给中下游带来河道迁徙、洪水泛滥，威胁中下游地区居民安全、社会经济。

2. 区段性和差异性

区段本意是指在一个环形地区或一条单一线范围以内的距离，在某一自然区域内依据不同的目的可以划分出不同的区段，譬如一般河流河源、上游、中游、下游、河口 5 个区段的划分。差异性就是事物之间存在的不相同的特点、性质，不同地区的地理环境差异性被称为“地域分异规律”，它是地球圈层间相互作用的结果，是地理环境结构和特征的具体体现：①从赤道到两极的地域分异（纬度地带性），这种分异是以热量为基础的；②从沿海向内陆的地域分异（经度地带性），这种分异是以水分为基础的；③山地的垂直地域分异，这种分异是以海拔为基础的。

流域特别是大流域，往往地域跨度大，构成巨大横向纬度带或纵向经度带。上中下游和干支流在自然条件、自然资源、地理位置、经济技术基础和历史背景等方面均有较大不同，表现出流域的区段性、差异性和复杂性。

我国长江和黄河两大流域横贯东西，不仅和一般河流一样存在河源、上游、中游、下游、河口 5 大区段，且跨越东、中、西三大地带，存在着两个互为逆向的梯度差：一是资源占有量或枯竭程度的梯度系列，包括矿藏、水能、森林、土地资源等；二是经济实力和经济发展水平的梯度，包括资金、技术、劳动力素质、产业结构层次等。这些就决定了流域内部自然—社会—经济诸方面的差异性。

3. 层次性和网络性

层次性和网络性也是系统的重要特征。所谓系统的层次结构，是指系统中横向具有相干性关系的要素所构成的等级，并经纵向新的相干性关系而逐级构成具有构成性关系的结构系统，是纵向等级性和横向多元性的对立统一；网络是一个十分形象的概念，是指由节点和连线构成，表示诸对象及其相互联系的系统结构，河流干支流之间、流域内部河流湖之间，是一种典型的网络结构。

以河流为中心的流域是一个多层次的网络系统，由多级干支流组成。一个流域可以划分为许多小流域，小流域还可以划分成更小的流域，直到最小的支流或小溪为止。由此形成小流域生态经济系统，各支流生态经济系统，上游、中游、下游各区段生态经济系统，全流域生态经济系统等。此外，流域的灾害的发展过程等也具有层次性特征，如台风引发暴雨，暴雨引发洪水，洪水再引发泥石流和滑坡，滑坡和泥石流可能阻塞河道、冲溃堤坝，于是洪水冲入农田、聚落，造成灾害。

4. 开放性和耗散性

流域内各自然地理要素在特定地理边界约束下，通过能量流、物质流和信息流的交换和传输，形成具有一定有序结构、在空间分布上相互联系、可完成一定功能的多等级动态开放系统。耗散结构是指在一个开放系统中，通过与外界的能量和物质交换，可以使系统从原来的非平衡状态、无序状态演变到一种平衡、有序结构。耗散结构被引用到地理学后，形成“地理耗散结构”，开放的地理系统内各要素相互作用而不断消耗负熵，输入并发散熵输出而形成的一种有序、稳定、远离平衡态的组织。

在人类社会早期，流域系统呈现封闭状态，与其他流域之间的物质交换、信息交流较少，水资源的开发利用基本上都是在流域内进行，人类的交通工具也以水系交通为主，因此人类的流域概念是非常牢固的，沿江沿河的交流较多。工业革命以来，随着现代交通工具的开发，现代流域系统开放性不断增强。流域是一种开放型的耗散结构系统，内部子系统间协同配合，同时系统内外进行大量的人、财、物、信息交换，具有很大的协同力，形成一个“活”的、有生命力的、越来越高级和越来越兴旺发达的耗散型结构经济系统。

（二）人类社会结构的流域性特征

社会结构是反映社会构成要素及其相互关系的概念。人类社会的结构可分成三个要素：即经济结构、政治结构、意识结构。在人类文明进程中，特别在传统社会，人类社会活动结构带有明显的流域性特征。

1. 经济结构的流域性特征

社会的经济结构即一定社会的物质资料生产方式，包括生产力和生产关系两个方面。“君住长江头，我住长江尾”，无论是否熟知，共饮一江水的事实是毋庸置疑的。多民族利用大流域地形地貌、资源、生态的不同，在大流域内不同地区的和睦相处，产生了民族及其文化的融会、交流与相互影响，多种文化影响之下产生的多种生产生活方式得以在此区域共生共存，包括狩猎采集、游牧、农耕、手工制造业、矿业开采、商业等传统方式。这种集合了游牧文化、农耕文化、狩猎采集等方式为一体的生产生活方式，也在更广的范围内影响和改变着大河流域的生物多样性。

（1）上游的畜牧业和刀耕火种

按照自然生态条件，流域上游多属宜农宜牧区，或者说农牧交错地带，如中国三江源地区，历史早期这一区域的居民多为游牧民族，产业结构多以狩猎采集为主。随着与流域中下游文化交流的增强，开始出现农业，但在很长时间内以刀耕火种粗放式经营为主。随着生产技术的提升，与流域腹地经济联系加强，农、林、牧兼有，至于各产业具体所占比例，则处于动态变化之中。近代以来，牧、林业不断减少，农业、工业不断扩展，这也正是流域生态问题的根源之一。

农、林、牧业作为土地利用的不同方式，它们之间是存在矛盾的，至于哪一个产业将取得主导地位，除自然制约、政策引导等因素外，根源还应在人口数量上。由于这三种土地利用方式的人口承载力存在较大差异，其中农业土地人口承载力最大，所以当人口发展至一定阈限时，为了养活庞大的人口，就不得不推广农业生产。从区域开发角度分析，农业、工业扩展是提升生产力的，具有一定的历史进步性的；但从流域经济地域系统角度分析，则存在较大的弊端，主要表现在因上游植被破坏，水土流失加剧，一方面河源水量减少，另一方面直接导致中下游严重的水环境问题，使历史时期原本富庶的经济区，不得不与日趋严重的洪涝旱蝗等灾害进行抗争，从而制约了整个流域经济发展。

（2）中下游的农业和工商业

流域中下游多为流域文明的策源地，这是为考古所证实的事实，也是为史籍所详载的事实。流域开发一般从自然禀赋最为优越的中下游河谷平原开始，然后逐步向上游、河口推进，这一区段的经济文化对于整个河流开发愈发影响深远。流域内部上中下游之间虽有明显的自然地理差异，甚至迥异，但流域内部社会经济文化所具有的整体性特征依然是这一特殊区域的主导属性。对此，朱士光曾指出："江河流域范围，在区域分布上有其特色，其上、中、下游往往会流经不同的自然地理区域与民族、文化区域，然而就整个流域论，又具有明显的共同特点。"①

中下游相对流域上游而言，一般气候温暖，水源充足，土地肥沃，物

① 朱士光：《论区域历史地理研究的一个重要领域——流域文化研究——以长江文化研究为例》，《历史地理》第20辑，第309-313页。

产丰富。由于河流的侵蚀、堆积作用，在河床两侧形成了多级台地，一般有一级堆积阶地和二三级高阶地。自然地理环境决定了下游的生产、生活方式等各方面都明显地具有农耕文明的浓厚色彩。中下游的商业也多具有悠久的历史，一则上游以畜牧业为主的生产，需要交换农业产品，二则交通便利，三则中下游人口增加迅速，工商业是解决农业剩余人口的重要途径。

传统农耕文化对流域生态系统也有影响，主要表现在土地开垦改变了地貌，原生植被被人工植被取代，积肥和灌溉对土壤性质的改变，建材与薪柴对林木的消耗等方面。

（3）河口三角洲的外向型经济

三角洲又称河口平原，是指河口段的扇状冲积平原，从平面上看，像三角形，顶部指向上游，底边为其外缘，所以叫三角洲。河流入海时，因流速减低，所挟带的大量泥沙，在河口段淤积延伸，填海造陆，逐渐形成扇面状的堆积体。河流一般注入更高一级的江河或者是大海，适宜发展外向型经济。

河口地带也是流域内洪涝灾害易发区域之一。如果河流直接注入大海，那么河口地带会受到海平面上升、风暴潮增多、海水入侵加剧、沿江环境污染加重等灾害，特别是气候暖湿期，上述灾害更为突出。如果河流注入更高一级江河，那么尾闾地带泥沙淤积、河床抬高，加之干流河道摆动，河口一带会受到干流水流的顶托、倒灌。

三角洲一般面积较大，土层深厚、河水网密布，农业基础较好，多为鱼米之乡，可以为大型港口城市的发展提供辽阔的腹地。在以舟楫、畜力为主要交通工具的农耕时代，口岸在很大程度上是流域与外部信息传输的门户，加之水、陆、海三位一体的交通枢纽地位，往往既是流域内的经济中心，也是更大区域范围内的经济中心。

2. 政治结构的流域性特征

政治结构是指建立在经济结构之上的政治法律设施、政治法律制度及其相互关联的方式，又称政治的上层建筑。政治活动作为人类文化的一个有机组成部分，同地理环境之间的关系十分密切。一方面，地理环境为人类政治活动提供活动空间与各种各样的资源；另一方面，自然的和人文的各种地理因素，也必然通过影响人类的政治和经济行为，从而对政治结构产生不可忽视的影响。

（1）中国古代政治结构的流域成因

中国古代政治结构最大的特点有二：一是以血缘关系为纽带的宗法制

度；二是以专制主义为核心的统治理念。二者的形成皆和中国古代文明生成以及流域性关系密切。

政治现象的存在、发展也具有一定的时、空性，其中，政治地理区域被称为政治地理单元，简称为政治区。每个政治区都有一定的政治地理结构，它包括政治空间结构和政治实力结构。政治的空间结构由政治地理单元中领土范围、边界、位置、形状和中心性区域等空间要素组成，政治实力结构由领土、自然条件、人口、军事、经济、科学技术、国民士气及政府能力等实力要素组成。政治现象在一地出现后，通过各种方式向其他地区传播，形成政治现象的扩散，再经过政治整合形成更大的政治地理单元。

中央集权化的组织出现和灌溉事业的发展之间可能存在某种联系，利用河流水源灌溉是一个庞大的系统工程，需要一个中央集权体制的有力保证；与此同时，大河谷地中的灌溉农业也成为国家的经济基础。中国古代政治文明、政治结构都形成于黄河流域，黄河在给人类带来肥沃的耕地、便利的交通的同时，雨季的洪水灾害也给人类社会带来灾难。人类在趋利避灾的开发过程中，传统的农业生产方式及与之适应的上层建筑也逐步形成。流域是以河流为中心、由分水岭包围的区域，分水岭是指分隔相邻两个流域的山岭或高地，河水从这里流向两个相反的方向。具体到黄河流域，巴颜喀拉山、秦岭都是它和长江的分界线，都是早期人类难以逾越的地带。所以，分水岭的阻隔使流域相对封闭，这一特性对于形成于其内部的中国文化来讲主要影响有二：一是有很强的延续性，二是具有较少的开放性。流域内以土地、温度、水资源等为核心农业资源，以及生物、矿产等其他资源，不仅丰饶且可以相对轻松地获取，这就为中国古代自给自足的生产方式提供了物质基础，农民被固定在土地上，且身份已被固化，于是在此经济基础上，以血缘关系为纽带的宗法制度，以专制主义为核心的统治理念逐步形成。

（2）国家政治中心的流域性特征

世界文明史具有明显的流域性特征，愈在早期，这一特征愈发明显，如众所周知的四大古国流域文明。先秦时期，在中华文明滥觞之地——黄河、长江等流域内，人类文明活动，诸如部落迁徙、技术传播、聚落分布等方面，同样呈现出了显著的流域性特征。以人类早期文明的聚集地——都城为例，它的分布、迁徙呈现出沿着河流“行走”的特征。

秦始皇统一中国之前，诸侯割据，方国林立，先秦时期都城的空间扩展一个显著特征就是沿着河流“行走”。如夏时期的都城主要在黄河中游汾、涑、渭、洛流域，商时期的都城沿着黄河中下游干支流，通过分水岭地带向与其毗邻的淮河流域、滏阳河流域（海河支流）、汉水流域（长江流支流）扩张，东南至钱塘江流域的越国，东北有滦河流域。西周时期都城进一步沿着黄河支流渭水、泾水溯源西行，南向、西南向通过黄河、长江分水岭秦岭，进一步向汉水、嘉陵江、岷江等长江流域深入。春秋时期都城分布东北方向开始深入到辽河流域，西向沿着渭水、泾水继续溯源扩张。战国时期的都城西南向已经发展到珠江流域。河流廊道功能尽显。

秦始皇统一全国之后，作为全国政治中心的京师基本位于黄河中游地区，如渭水流域的西安、伊洛流域的开封、海河流域的邯郸等。随着华北平原海河流域的形成，金元以降、直到今天，都城一直位于海河流域的北京。

与西方不同，中国古代城市的功能主要是政治性的，作为各级政治中心，依赖政治性资源得到了聚集资源、优先发展的政策倾斜，呈现出明显的消费性特征的繁华，这一点在国家政治中心——都城发展历程中尤为明显，所以交通便利可以确保物质运输畅达就成为都城选址的重要条件。与此同时，都城作为全国政治中心，具体选址依据经历了经济腹地、天下之中再到地缘政治安全等变迁，但皆没有离开某一流域腹地，彰显了流域禀赋对于都城至关重要的地理意义。

3. 观念结构的流域性特征

观念结构又称思想的上层建筑，是社会意识形态组成的有机整体，与经济基础以及政治的上层建筑相对应，它同政治结构一起构成了社会上层建筑的整体。社会的观念结构是社会经济结构的反映，它耸立在经济结构之上，为经济结构服务。按反映社会生活的侧重面和方式的不同，观念结构分为哲学、艺术、宗教、道德、政治法律思想等不同形式。

黄河、长江是中国两大母亲河，共同构成华夏文明。但是两大流域内部自然环境的不同，历史时期两大流域之间的山川阻隔，因此形成差异性显著的“黄河流域观念结构”和“长江流域观念结构”。

（1）长江、黄河自然环境的不同

首先，地理位置导致的自然差异。黄河流域处于北方，大部为温带季风气候，流域内气候大致可分为干旱、半干旱和半湿润气候，水量贫乏，且降水集中，分布不均、年际变化大；黄河自然环境突出一个“黄”字，中上游水土流失严重，河道泥沙含量过高，没有疏松的迁徙，就没有早期黄河文明，但是极易发生的水土流失也是黄河流域最主要的问题。

长江流域处于南方，大部属亚热带季风气候，气候温和，降水丰富，中下游河网密布，湖泊众多。长江自然环境突出一个“长”字，长江流域从西到东约3219km，由北至南约966km，是亚洲第一大河，世界第三大河。与黄河不同，在“长江”这一总名称下，有些江段又有它自己的名称，如自长江源头至长江南源当曲河口，通称为长江正源沱沱河；自当曲河口至青海省玉树县巴塘河口，通称为通天河；自巴塘河口至四川省宜宾市岷江河口，通称为金沙江等。各个区段之间存在显著的差异性：一方面形成了长江文化的多元；另一方面也使长江流域的系统性开发、管理十分困难。

其次，自然禀赋引致的物产不同。人类学家、考古学家总结认为，古代文明多是在谷物农业发展到一定阶段的基础上发生的。例如西亚地区的古代文明是建立在小麦、大麦种植的经济基础上，埃及文明和印度河文明也是建立在以小麦为主的旱地农业基础上。具体到中国，黄河流域的文明，是在以粟类（包括粟和黍）的种植为主的旱地农业的基础上发生起来的，长江流域则是在水稻种植基础上发展起来的。简而言之，黄河流域文明的基础是土地、粟，长江流域文明的基础是水、水稻。

（2）长江、黄河居民思维方式的不同

黄河、长江流域在文明早期驯化、培育、食用农作物的不同，对两大流域居民思维方式的影响重大。种植之前，对所种植植物的习性、生产周期，以及流域的土壤要有认识，对土壤的肥力、水温、季节特征都要有所认识；种植时，需要制造相应的农具，包括种植的农具、收获的农具、加工果实的农具等；收获之后，将之烹饪为食物，还需要制作炊具等。于是围绕一种农作物的种植利用，就构成了一个完整的文化系统。

与此同时，整个生产、食用过程不可能是一种短期行为，这就必须有一定的计划，需要一个生产集体；为了生产实施，人们还需要定居；为了更好吸取教训、借鉴经验，人们相互之间还需要交流……所以不同的农作物培育种植的过程，不仅是人类单个个体思维锻炼过程的不同，期间还需要人与人、人与社会、不同社会组织之间分工协作，这一切就使文化系统进一步复杂化、系统化，以不同农作物为主的地域文明之间差异性也逐步形成。

经过漫长的岁月，目前所言黄河流域文化圈大致北起长城，南至秦岭、淮河，西抵青海湖东，东及黄海。宋代以前中央政权的更替，都出现在黄河流域，因此黄河文明就成为我国传统文化的代表，体现着儒道互补、外圆内方、刚柔相济的民族性格；长江流域文化圈位于秦岭、淮河以南，西藏至青海高原东侧，除了多层次、多维度复合特征比黄河流域更为丰富之外，作为中央王朝的粮仓，其特点是开放、不拘泥，追求物质、精神的秀美精巧。

第二节　历史时期人类空间选择的流域性

人类文明，源于水系，盛于流域。河流湖泊作为人类须臾难离的资源，与人类的关系自是密切。古代四大文明直观地解释了文明与流域密不可分的关系—— 华夏文明源于黄河流域，古埃及文明源于尼罗河流域，古巴比伦文明源于两河流域，古印度文明源于恒河流域。

一、“中国”与黄河中下游的早期文明

上古时代，先民一方面离不开河流湖泊，同时又多被水灾，特别是雨季的洪水泛滥，于是形成了“择丘陵而处之”的居住文化，多选择流域内二、三级阶地构建聚落。与此同时，洪水携带的泥沙在冲积平原、河流谷地等地淤积，极大地改善了土壤质量，提高了粮食产量，这些平原、河谷便成为早期农耕区。人们离不开水源，农业离不开灌溉，于是人类大量聚居在流域内，即所谓的“逐水而居”。纵览中外，早期的文明多是以河谷为基础，以河流网络为廊道，扩展到全流域，再穿越分水岭、延伸到其他流域，而逐步形成大范围的区域文明。

（一）黄河流域与华夏文明滥觞

黄河中游是指从内蒙古托克托县河口镇至河南郑州桃花峪之间的区段，本区段最大的特点就是流经黄土高原，因土质疏松，水土流失严重，支流带入大量泥沙，使黄河成为世界上含沙量最多的河流——年平均16亿t的泥沙，如果筑成宽1m，高1m的城墙，长度相当于地球与月球之间的距离的1倍，相当于赤道长度的2 700 000倍。

1. “中国”概念溯源

“中国”一词最早出现是在《诗经》中，如《大雅·民劳》中“惠此中国”，但其含义并不是指后世作为国家名称的“中国”，它是“国中”的意思，是一个空间概念。作为国家称谓，“中国”一词，战国时期被普遍使用，如《孟子·滕文公上》云：“陈良产地，悦周公仲尼之道，北学于中国”；《庄子·田子方》：“中国之君子，明乎礼义而陋于知人心”等。“中国”一词指古时华夏民族聚居的区域，其空间所指大致与中原相当，

核心地区位于晋西南、陕关中、豫西北，以为居天下之中，故称中国。

人类所推行的制度文化与其对地理空间及其存在形式的认识有着密切的关联，中国的文明进程就与历史时期中国人的“天下观”密切相关。先秦时期，中国人形成了天下由“九州”组成，而中国居“天下之中”的地理认识，这一认识与按照空间距离以“五服”为等级划分的社会空间秩序相结合，就形成了以“畿服”理论为核心的地理认识。“畿服”结构是历史时期支配中国人对世界地理空间结构的主导理论。与之相应，中国历代王朝在处理外交关系时，一直带有“以天下为一家”的浓烈主观色彩。其直接后果是，19世纪中期西方列强用枪炮打开了中国的大门，“九州”、“畿服”等地理空间认识上的错误，成为清政府抗拒西方民族国家体系的重要依据，严重阻碍了中国传统社会的近代化进程。这也是黄河文明对于中华民族的影响。

今天，“中国”的概念非常明确，但是历史上，它的含义是逐步变化的。从字意溯源，“中”是中间、中心、中央的意思，在邦国林立的先秦时代，“中国”就是在万国中处于中间的国、中央的国、最重要的国。经过后世的逐步发展，在中国历史上，“中国”一词，从政治上讲多同于中原王朝或者中央王朝；从民族上讲，则往往等同于华夏诸族或者汉族；从文化上讲，则往往只是华夏族或汉族的文化才被当作中国文化；从地理上讲，在很长的历史时期主要是指黄河中下游地区。

2. 黄河流域与华夏文明滥觞

黄河是中华民族的发源地，这是考古学、人类学早已证明了的事实。中国地大物博，河流纵横，为什么黄河流域可以成为华夏文化的策源地？究其原因，还在于地理条件——黄土成就了黄河文明，孕育了华夏民族。

（1）黄土与黄河

土壤是陆地上能够生长植物的疏松表层，它是在气候、地形、母质、生物等成土因素综合作用下形成的，是农业生产的基础条件。流域内部的土壤在河流的搬移作用下，除在山谷形成小型的盆地外，更在中、下游地区形成了辽阔丰腴的冲积平原。由于冲积地带的土壤从上、中游携带来大量有机物质，因此相对肥沃，成为传统农业经济的重要分布区。不同流域从上游搬运的土壤会有不同的特性，流经黄土高原的黄河搬运到中下游的是早期人类开发的重要资源——黄土。

黄土是在干旱气候条件下形成的特种土，黄土在中国的分布面积，比世界上任何一个国家都大，而且黄土地形发育得最为完善。中国西北的黄土高原是世界上规模最大的黄土高原；华北的黄土平原也是世界上规模最大的黄土平原，将二者紧密结合在一起的就是中华民族的母亲河——黄河。

黄土是最新的地质时期（距今约 200 万年左右的第四纪时期）形成的土状堆积物，所以其性质比较疏松、特殊。典型的黄土由黄灰色或棕黄色的尘土和粉沙细粒组成，质地均一，含大量钙质或黄土结核，多孔隙，有显著的垂直节理，无层理，在干燥时较坚硬，一被流水浸湿，通常容易剥落和遭受侵蚀，甚至发生坍陷。正是黄土的这些特性，才有了黄河。

黄土、黄河共同作用，便为华夏文明的形成提供了地理基础。事物总是辩证的，黄土的疏松便于人类早期农耕开发利用，与此同时也极易被外力冲刷，造成水土流失；黄土的垂直节理发育为早期人类穴居、洞居提供了自然便利，而黄土透水性较强又使农业离不开灌溉。总之，黄河与黄土的关系是自然界的地球化学过程，对于人类来讲难言功过——孕育了璀璨的文明，也不时用灾害磨练着人类。

（2）黄河流域与华夏文明

黄土只有经过灌溉才能成为沃土，这是为现代科学研究所证明的。鉴于此，灌溉对于当地农业生产更具有不同一般的意义，即水资源是黄土高原生产须臾难离的资源。黄土与灌溉之间的密切关系，很早就受到了关注。按照 V. K. Ting 博士的说法："早期中国文明最重要的发祥地"，是在北纬 31°/40°与东经 111°/118°的范围内①，亦即山西、河南、河北南部、山东西部以及江苏与安徽北部所属范围。这一范围之内，比起冲积地带来说，拥有较多的黄土，他认为注意到这一点是很重要的。大约半个世纪以前，E. F. 里奇索芬（Richthofen）教授的研究曾经揭示过黄土与水分结合之前后所呈现的特殊性质②。根据他的观察，黄土之吸水犹如海绵，黄土的高孔隙性和强毛细管吸收力，就使得蕴藏在深层土壤中的无机质能上升到顶层，从而为农作物的根部摄取，黄土由此也就具有了"自行肥效"的能力。因此，黄土只有在有充分的水分时，才能产生这种独特的作用。这就是为什么莱昂（Lyon）、菲平（Fippin）与巴克曼（Buchman）在他们的权威著作《土壤：它们的性质与处理》中作如下总结的原因："由于黄土中含有丰富的苛性钾、磷与石灰，一旦加入适当的水分，它就成了极

① 丁文江：《格兰特教授的"中国文化"》，《中国社会与政治科学评论》，1931 年第 2 期，第 268 页。

② Richthofen E F：(China)，转引自冀朝鼎著：《中国历史上的基本经济区与水利事业的发展》，朱诗鳌译，北京：中国社会科学出版社，1981 年，第 17 页。

其肥沃的土壤。”[①] 由此，中国北平燕京大学前地质学教授 C.B 巴伯（Barbour）曾断言：“因为中国的黄土有着很高的石灰成分，而且其肥效是绝然无疑的，所以，水分的供应就成了必不可少的因素了。”[②]

黄土高原湖泊较少，所以水资源的主要表现形式就是河流，因此，流域经济区就具有非同寻常的重要意义。

据文献记载，三皇五帝传说时代，他们的族团主要在黄河中下游地区繁衍、生息、发展，这是黄河文明处于大交融的形成时期，也是华夏文明的初级阶段。夏商周三代，黄河文明主要凝聚在黄河中下游的大中原地区，这是黄河文明的中心，黄河文明的核心则是河洛地区文化。河洛文化圈通过黄河干支流，西向入关中，东向达豫东，北向入汾涑，是当时真正的天下之中，夏商周三代的都邑均在此，所以河洛文化不仅是一个地区性文化，而且是延续约两千年的王都文化，是黄河文明最核心的载体。家天下的政权体制，维持社会秩序的礼乐制度，影响中国几千年的诸子百家，都在这一历史阶段中形成。

封建帝国时期是黄河文明的兴盛期。自秦汉至北宋，河洛地区依然处于全国核心地位，这一时期都城依然在西安、开封之间迁徙，天象历法、农学、地学、医学、水利、机械、建筑、冶炼、陶瓷、酿造、纺织、造纸、活字印刷等科学技术；汉赋、唐诗、宋词以及书法、绘画、雕塑等艺术作品得到了前所未有的发展。汉唐时期，以西安、洛阳为起点的丝绸之路，标志着黄河文明发展到一个新的历史阶段，逐步被世界认同。南宋都城南迁离开了黄河流域。与此同时，经济中心也首次离开黄河流域南移至长江流域。金元以降，都城北归，但随着华北平原河系的改变，进入了海河流域都城时代。以河洛文化圈为中心的黄河流域文明开始出现嬗变。

（二）渭河流域是中华文明之原点

渭河和汾河是黄河流域第一、二大支流，均位于中游河段。在地理学上，汾河、渭河常连在一起使用，如“汾渭断裂带”、“汾渭谷底”、“汾渭平原”等。历史时期渭河所塑造的关中平原、汾河塑造的晋西南地区都是中华文明的策源地。

---

① Tyon T L，Fippion E O，Buchman H O：Soil：Their Propertyand Management。转引自冀朝鼎著：《中国历史上的基本经济区与水利事业的发展》，朱诗鳌译，北京：中国社会科学出版社，1981 年，第 17 页。

② Barbour G B：《中国的黄土》，G. B. 巴伯：《中国的黄土》，《中国科学与艺术》1925 年第 8 期，第 517-519 页。

1. 渭水流域的自然基础

中国古代文明、社会经济、社会管理的雏形等大都发源于渭河。包括周代的礼乐制度，秦代政治体制、社会文化、经济管理制度，汉唐时期形成的包容、多元的文化和思维格局等一直影响到今天。

（1）地理位置

渭河是黄河右岸第一大支流，发源于甘肃省渭源县西南的鸟鼠山，源头海拔 1383 m，干流自西向东流经甘肃、宁夏入陕西省，干流全长 818km。渭河流域位于我国西北黄土高原东南地区，北为黄土高原，南为秦岭山区，地理位置在东经 106°18′—110°37′，北纬 33°42′—37°20′之间。

渭河流域地形为西高东低，西部最高处海拔 3495m，自西向东地势逐渐变缓，河谷变宽，汇入黄河口的高程与最高处高程相差 3000 多米。主要山脉北有六盘山、陇山、子午岭、黄龙山；南有秦岭，最高峰太白山，海拔 3767 m。地貌主要有黄土丘陵区、黄土塬区、土石山区、黄土阶地区、河谷冲积平原区等。

渭河上游主要为黄土丘陵区，面积占该区面积的 70% 以上，海拔 1200—2400m；河谷川道地区面积约占 10%，海拔 900—1700m。渭河中下游北部为陕北黄土高原，海拔 900—2000m；中部为经黄土沉积和渭河干支流冲积而成的河谷冲积平原区——关中盆地；南部为秦岭土石山区，多为海拔 2000m 以上高山。其间北岸加入泾河和北洛河两大渭河支流。其中，泾河北部为黄土丘陵沟壑区，中部为黄土高塬沟壑区。东部子午岭是泾河和北洛河的分水岭，有茂密的次生天然林；西部和西南部为六盘山、关山地区，植被良好；北洛河上游为黄土丘陵沟壑区，中游两侧分水岭为子午岭林区和黄龙山林区，中部为黄土塬区，下游进入关中地区，为黄土阶地与冲积平原区。

（2）资源特征

首先是水资源。渭河支流众多，呈不对称羽状分布，右岸支流较多，较大支流集中在左岸。流域面积在 1000 km^2以上的支流有 14 条，100km^2以上的支流有 176 条。其中 500km^2 以上的一级支流，左岸有秦祁河、咸河、散渡河、葫芦河、牛头河、通关河、千河、漆水河、石川河、泾河、北洛河；右岸有榜沙河、大南河、石头河、黑河、涝峪河、沣河、灞河等。左岸支流发源于黄土丘陵和黄土高原，源远流长，比降较小，含沙量大，干流长多在百公里以上。泾河是渭河最大的支流，河长 455.1km，流域面积 45 421 km^2，占渭河流域面积的 33.7%；北洛河为渭河第二大支流，河长 680km，流域面积 26 985 km^2，占渭河流域面积的 20%。右岸支流均发源于秦岭山区，大都水清、源短、流急，较长的黑河长 125km，灞河长 104km，其余皆不足百公里。

其次是土地资源。渭河流域范围内大部分为深厚的黄土覆盖，质地疏松，且多孔隙，垂直节理发育，富含碳酸钙，易被水蚀；加之历史上长期滥垦乱伐，植被遭到破坏，以及广种薄收、单一经营的农业生产方式，因而水土流失严重，使渭河成为一条多泥沙河流。

2. 渭水流域的都城时代

渭河，古称渭水，是黄河最大的支流，发源于今甘肃省定西市渭源县鸟鼠山。渭河流域可分为东西二部：西为黄土丘陵沟壑区，适宜狩猎、采集；东为关中平原区，沃野千里，素有“天府”之称。渭河南有东西走向的秦岭横亘，北有六盘山屏障，西有潼关与中原阻隔，地理环境封闭性突出。

关中平原是中国水利事业发展最早的地区。公元前 246 年秦开郑国渠，引泾水注入洛河；西汉武帝时漕渠引渭入黄，兼有灌溉、航运之利，又开白公渠引泾水入渭，后经历代扩建，使渭河中下游渠道纵横，有泾惠渠、中惠渠、渭惠渠、洛惠渠等灌溉工程，是历史上著名的产粮区。

(1) 渭水流域的周文化

渭水流域的早期文明也存在一个迁徙过程，主要表现为周人、秦人从流域与上游逐步往中游地区的迁徙。迁徙过程中，随着自然环境的变化，生产方式从狩猎采集走向农业定居，政治模式也走向国家，国力强盛之后，东向问鼎中原，建立起了强大的统一政权。

据《史记·周本纪》记载，周人的始祖是帝喾元妃姜嫄所生之后稷，自后稷传至文王共十五世，这一段时间一般被称为先周时期。

《诗经·大雅·生民》等文献，叙述了后稷发明农业的经过，说明周人很早就是以农业生产为主的民族。但到了不窋时代，不得已“窜于戎狄之间”，至于原因，莫衷一是：可能是政权衰落，夏后氏政衰；可能是技术问题，耕地板结，谷物难以生长；抑或是因为气候转寒。总之，周人经历了一段游牧生活阶段。期间，公刘曾率领周人举族迁徙“豳”，即今陕西彬县及旬邑一带，进入渭河支流泾河流域，开始逐步恢复农业和定居状态。直到古公亶父时，周人继续沿着渭水东迁，居渭水流域岐山之下的“周原”，才彻底“贬戎狄之俗”、“复修后稷之业”，复兴农业。周原包括今陕西岐山、扶风两县部分，古公亶父曾在此修筑周人的早期都邑，周文王、武王迁都丰、镐之后，周原一带仍是一处重要的政治中心。“周原”北依岐山，南临渭河，被誉为“青铜器之乡”，出土青铜器历史之长、数量之多，为世界所仅见。

《史记·周本纪》云："明年，伐崇侯虎，而作丰邑。自岐下而徙都丰。"可见文王初期依然居于岐邑，而伐崇侯虎之后，始营丰邑，周之国都从岐迁丰。丰邑在今天陕西西安南沣河中游西岸，地处渭水中游，比较岐邑，丰邑显然更适合作为国都。

武王时迁都于镐邑，从此镐邑长期成为西周的首都。镐京在今天沣河中游的东岸，与丰邑隔沣河相望，两邑之间的距离很近，"相去不过二十五里"①。武王之所以营建镐邑，杨宽等人认为，是因为武王在克商后感到原来的丰邑不敷应用，所以才向东扩展，另外建立了镐邑。直到公元前771年，周平王迁都于雒，周的政治中心才离开了渭水流域。

（2）渭水流域的秦文化

根据目前的考古资料，在殷周之际，秦人已活动于今渭水上游一带，并从西周一直延续到战国中晚期，期间秦文化的特征也开始显现，已经有别于周文化，形成自己独特的文化特征②。

通过考古发掘与文献记载，可以推知，殷商末期，秦部族还活动在潏水流域，属于在西戎地区，为殷商保卫西陲；迄至西周，秦人已开始相对定居，生产形式以半农半牧为主，随之生活方式也开始发生改变，如饮食生活已以粮食作为其重要的食物来源之一。到西周中叶，"非子居犬丘，好马及畜，善养息之。犬丘人言之周孝王，孝王召使主马汧渭之间，马大蕃息。"③ 因为擅长养马，被西周内迁到汧、渭之间，开始进入渭水上游。

从西周时期出土的陶器分析，秦文化与周文化同类器物的器形相似，反映出秦人对周文化的学习、吸纳，极大地丰富、提升了原有的秦文化内涵。当秦仲封为大夫之后，秦人开始改变"父子无别，同室而居"的习俗，"始有车马、礼乐、侍御之好。国人美之，秦之变风始作"④。与此同时，秦人在与戎狄杂居长期的战争环境及半农半牧生产方式下，孕育的尚武精神等依然存在。总之，西周时期秦人在渭水上游与各族人民的交往、融合，奠定了秦人崛起的文化基础。

周平王都城东迁黄河下游，放弃渭水流域的镐京，意味着周王朝已经对西方游牧民族开始采取防御策略。迁都过程中，原先替周天子牧马于渭水流域的秦人由于护送平王迁都有功，得到了周天子的封赏，开始进入到

---

① 杨宽：《西周史》，上海：上海人民出版社，1995年，第115页。

② 张天恩：《甘肃礼县秦文化调查的一些认识》，《考古与文物》2004第6期。

③ （汉）司马迁：《史记》卷5《秦本纪》。

④ （汉）扬雄：《扬子法言》，《重黎卷》第10。

渭水中下游、关中地区，从此在远离周室的渭水流域建立起了秦国，先后建都于“汧”（故城在今陇县南汧右岸的磨儿塬上）、“汧渭之会”（城邑在今宝鸡市东部的千河东岸与渭河交汇处）、平阳（今宝鸡县之太公庙）、雍城（今凤翔县城南）等地，后又迁都栎阳（今临潼县的武家屯附近）、咸阳（故址在今咸阳市东20华里的窑店镇）等地。

秦人在渭水流域经过春秋战国500余年的发展，终于兼并六国，建立了我国历史上第一个统一的多民族封建国家。渭水文化随着秦的统一，也开始由区域性文化一跃成为全国性文化。

（3）封建时期的都城

郑樵《通志略·都邑略第一·都邑序》云：“建邦设都，皆凭险阻。山川者，天之险也。城池者，人之险阻也。城池必以山川为固。……所以设险之大者莫如大河……故中原依大河为固。”① 指出了高山、河流等自然屏障在都城防御上的重要性。利用自然形成的高山、大河、湖泊等构建自然防御体系，愈在人类文明早期其作用愈是明显。

中国从传说时代算起至清代，共建立了大小王朝八十三个，其中有周、秦、汉、西晋、隋、唐、元、明、清九个朝代为全国统一政权，这九个政权中政治中心位于渭河流域的西安的就有周、秦、汉、隋、唐五个朝代。西安的都城时代长达1100多年，与罗马、开罗、雅典同称为世界四大古都。由此可见，渭河文明在中国历史上的地位。

秦帝国统一中国后，建立了第一个封建王朝，依然定都咸阳。中国封建社会的第一个全国性政治中心位于渭河流域。西汉初始，因刘邦的追随者多是江苏人，多主张建都洛阳，惟娄敬和张良主张建都关中。张良从地理位置、资源、交通等视角力陈建都渭水的必要性：“夫关中左崤函，右陇蜀，沃野千里；南有巴蜀之绕，北有胡苑之利，阻三面而守，独以一面东制诸侯。诸侯安定，河渭漕挽天下，西给京师；诸侯有变，顺流而下，足以委输。此所谓金城千里，天府之国也。”② 用渭河流域山川险固、水运发达、物产丰饶、战略地位重要等说服了刘邦。历史也证明了这一选择的正确。到汉武帝时代，“关中之地，于天下三分之一，而人众不过什三，然量其富，什居其六”③。

隋唐两代，依然建都于长安，只是放弃了屡受战火焚噬的西汉长安故城，另择新址于灞、沣之间的平原上，实现了“八水绕长安”的水系布局。

① （宋）郑樵：《通志二十略》，北京：中华书局，1995年，第561页。

② （汉）司马迁：《史记》卷55《留侯世家》。

③ （汉）司马迁：《史记》卷129《货殖列传》。

唐朝盛世，长安城不仅是中国的政治中心，且成为世界上最大的国际都会。

都城时代的渭水流域，经历了中国奴隶社会、封建社会，包括西周、汉唐盛世。其间，渭水流域成为中国的宗教策源地 、水陆交通的枢纽地、国际商贸的中心地，孕育了盛大的华夏文明；其间，都城作为中华文明的中心，沿着渭水廊道、黄河廊道四向散播，与其他地域文化彼此交融，育成了中华文明，与欧亚其他文明碰撞，孕育了世界文化的东方中心。

3. 泾渭清浊的变换与环境变迁

渭水是黄河最大的支流，发源于甘肃渭源，经陕西而入黄河；泾水又是渭河的支流，发源于宁夏。二水在西安市高陵县船张村相汇。“泾渭分明”这一家喻户晓的成语即源出泾渭两河交汇处，说的是在泾水、渭水相汇合处，清浊分明，分界清楚而不混，用以比喻界限清楚。水沙异源是这一情形的主要成因。

从流经的地域分析，渭水源自甘肃鸟鼠山，流经陕西，注入黄河，流经的主要区域是号称八百里秦川的关中平原；而泾水发源于宁夏六盘山，流经区域全部是水土流失严重的。所以，从常规分析，泾水含沙量应该是大于渭水的。据近年统计，泾河平均每年向渭河输送泥沙 3.04 亿 t，平均含沙量为 196kg/m^3；在未纳入泾河之前，渭河平均每年输送泥沙 1.78 亿 t，平均含沙量 26.8kg/m^3，泾浊渭清从泥沙含量分析也十分明显。

依据文献分析，唐代之前泾渭清浊也不是一成不变的：

(1) 春秋时期，大概是泾清渭浊

依据主要是《诗·谷风》中“泾以渭浊，湜湜其沚”。当时周的都城由渭水河畔丰京、镐京迁往洛邑。随着秦族的壮大，秦国逐渐越过陇山向东迁徙，后渐定居在渭河以北的周原一带。广义上的周原东起武功县，西至凤翔县，北至北山，南到渭河，方圆数百平方公里，适宜农业发展。秦部族定居周原之后，适应当地环境，开始以农业生产为主，畜牧规模缩小，于是渭河两岸原本茂密的森林，随着农垦面积的扩大而缩小。地表覆被减少，加之黄土的易侵蚀性，特别在雨季，地表径流的浑浊会使流入渭水的泥沙含量增加，于是较之前变浊。同一时期，泾河上游的居民主要是戎族，他们还过着原始的游牧生活，对地表覆被破坏轻微，土壤侵蚀率较低，由之使泾河泥沙含量低于渭河。

(2) 战国后期至魏晋时期，大致呈现泾浊渭清

秦、汉两代，为抵御匈奴入侵，推行“移民实边”和“屯田戍边”政策，大举向西北地区移民。从行政建制分析，渭水属陇西郡、内郡，泾水属北地郡、内郡，但泾、渭上游地区的县级建制，泾水明显多于渭河，这

在一定程度上反映出当时泾水上游地区的农耕人数、农业程度。这些原是从事农耕的中原人口迁到泾河上游后，继续延续了农业生产方式，大量开垦农田，必然加剧泾水的浑浊，《汉书·沟洫志》记载泾河成为“泥水”，“泾水一石，其泥数斗”。

（3）南北朝时期，又转变为泾清渭浊

《梁书·元帝纪》有“清泾浊渭”的记载，究其因，和这一时期气候干旱、北方游牧民族南下、泾水流域居民身份变化有关。从东汉末到十六国时期，游牧部落大规模向内地迁徙，泾河流域的农业区又渐复变为畜牧区。随着覆被恢复，水土流失开始减轻。

（4）隋唐时期泾浊渭清

秦代在今陕西省境内共设置了 49 个县，西汉在今陕西省境内设置了 93 个县，东汉在今陕西省境内设置了 61 个县，南北朝时期北魏在今陕西省境内设置了 106 个县，首次超过了西汉时期。后来的西魏、北周、隋、唐都是以关中为基地而发展起来的王朝，县的设置多因袭北魏。郡县设置增加，反映了农业开发程度的加深。在唐代，渭河流域由于吐蕃的不断骚乱，汉民族农业人口内迁，垦荒面积减少，渭河上游的森林地区得到一定程度的恢复，这些有助于渭河泥沙量的减少。对此，杜甫《秦州见敕》诗云：“旅泊穷清渭，长吟望浊泾。”从中可窥一斑。

（5）唐代以后泾清渭浊

据史书记载，从北宋初年到清代末年，泾河上游大雨暴雨只有 14 次，而渭河上游则有 38 次，这在一定程度上改变了隋唐时期泾浊渭清的状态，开始向另一个方向转变。苏辙《次韵子瞻见寄》：“滚滚河渭浊，皎皎江汉清。”元代曹伯启《泾阳述怀》：“泾清渭浊源何异，物换星移志未酬。”皆可佐证。

渭河上游原本森林茂密，魏晋以后便少见于记载，但渭河源头一带森林一直保留较好。唐安史之乱以后，吐蕃乘机占领渭水上游，此后唐和吐蕃为争夺这一地区多次发生战争；到北宋初年，陇山西麓至于今甘谷县一带，已无森林可言；随着渭水上游地区成为宋夏、宋金对峙的前沿，也是双方重点争夺的地区，频繁的战争对森林破坏极大。

乾隆曾质疑“泾清渭浊”之说，责令陕西巡抚查清，《崆峒山志》中平凉知府胡纪谟《泾源记》记叙了这次勘察的原因与经过：“《谷风》：‘泾以渭浊’，自来笺释家咸谓泾浊渭清，承袭不易。我皇上万机余暇，披阅苏辙诗有‘滚滚河渭浊’，洎元人曹伯启诗‘泾清渭浊源何异’之句，以传注未足为据，命西省大臣察视泾渭二源，何清何浊。”庚戌三月平凉知府胡纪谟率人亲到泾水之源，笄头山百泉（俗称老龙潭）去踏勘。结果是

“水自峡中出，流入大川，晶莹明净，沙石可数。……循流而下，百十五里至白岩河。又二十里，自朱家峡东折三十里，历崆峒山；又三十里，由平凉郡西门外与大河合流。距笄头山九十余里。凡泾源所注之区，无论土壤石山，具见清浅涟漪，毫无泥滓。惟入平凉，河至泾州泾汭合流处，此百四十里中，因南北西三面山水所归，其色与泾源少异然。不过微杂尘沙，须眉难鉴而已，迥非咸阳渭河之黄流耀日者。”最后感慨：“仰见圣天子明烛万里，不待玉步遥临，而真源早供，御览足征。泾水有灵，不甘久匿其面目，俾数千年清浊混淆，一旦蒙污尽洗，亦从来未有之遭逢矣。”

清人俞正燮在《诗泾见渭浊申笺义》一文中解释是：“泾出今平凉笄头山，经长武，至高陵入渭。泾渠石地，入夏则浊，春秋冬皆清。……《陕西通志》有明季《修广惠渠议》，引古碑云：‘四月闭泾口，防浊水污渠。七月启泾口，引泾水灌地。’则春秋冬皆清。祁君韵士《万里行程记》云：‘泾州城西有泾汭二水，清流映带。忆《诗》言‘泾以渭浊’，是泾水本清，因渭而浊。注家误说。今观泾水清甚。足以明之。’是泾清也。渭则出今渭原鸟鼠山，经陇州，至高陵纳泾。渭渠沙地，四时皆浊，无清时也。其异说者，晋潘岳《西征赋》云：‘清渭浊泾。’宋范蔚宗《后汉书·党锢传》赞云：‘渭以泾清。’唐太子贤注云：‘渭以泾浊，乃显其清真。’各有所闻。《梁书·元帝纪》云：‘浊河清渭，佳气犹存。’渭固清于河耳。”这段话中对泾渠石地、渭渠沙地的描述是与实际不符合的，至于春秋冬枯水季节皆清，则是所有河流的共同特征。

现代的情形依然是泾水清、渭水浊。《现代汉语词典》因此将这一成语解释为：“泾河水清，渭河水浑，泾河流入渭河时，清浊不混。”

二、四大文明古国的流域性特征

四大文明古国的说法来源于梁启超提出的“地球上古文明国家有四”，但与其原意并不相同，因为这个说法只能代表文明发源地的文明中心，并不规范，所以只在中国流行，并没有得到世界范围的历史学界的公认。

在中国流行的“四大文明古国”说法，分别是古埃及、古巴比伦、古印度和中国。

（一）世界范围内文明的流域性特征

空气、水资源与人类是须臾难离的，特别是仰赖自然供给的早期人类，无论是畜牧业，还是原始农业，都离不开水源。随着人类文明的进步，水资源的重要性愈发突出：农业，需要灌溉，傍依河流是最容易发展农田灌溉的；工业需要水源动力，同样亦离不开河流；商业贸易，需要运输，河流航运又是最便于直接获取的水源。

（二）四大文明古国与流域

1. 两河流域与古巴比伦文明

两河是指底格里斯河和幼发拉底河，两河之间是美索不达米亚平原，希腊语“美索不达米亚”（Mesopotamia），意为“河流之间的土地”，在这一区域（大部位于今伊拉克境内）发展起来的文明是西亚最早的文明，主要由苏美尔、阿卡德、巴比伦、亚述等文明组成。

公元前 4000 年，苏美尔人和阿卡德人在肥沃的两河流域发展灌溉农业，并取得了成功，依靠灌溉农业提供的物质基础，在两河流域建立了宏伟的城邦，发展了高度发达的古代文明。到公元前 20 世纪，阿摩利人征服了两河流域，建立起古巴比伦王国，继续依赖先进的灌溉农业，发展创造了灿烂的巴比伦文明。约公元前 540 年波斯人入侵，取而代之，但仅仅两个世纪之后，公元前 323 年它又被马其顿征服。嗣后，巴比伦文明毁灭，并被埋藏在沙漠下将近两千年，直到近现代考古发掘发现这一文明遗迹。

（1）两河流域特征自然特征

幼发拉底河（全长 2600km）和底格里斯河（全长1850km）皆发源于土耳其境内的亚美尼亚高原，由西北流向东南的波斯湾（古时分别流入海，现汇合为阿拉伯河入海）。在两河流域北部，幼发拉底河东岸有两条大支流：巴里赫河和哈布尔河，巴里赫河和哈布尔河上游众多的小支流，形成了一个三角形的河网地区，加之冬季降雨量较丰沛，就成为两河流域北部两个无需人工灌溉的农业地区。此外，两河流域北部底格里斯河东岸至库尔迪斯坦山脉之间的丘陵地带，地形垂直分布特征明显，支流众多、降雨丰饶，是另一重要文明地区。

两河流域的中下游是平坦的冲积土地，地势平缓，巴格达到波斯湾边的两河入海口的高度仅相差 10m，河流缓慢就使河水从上游山地携带的物质大量地沉淀，一则使土壤肥沃，二则使河床升高，易发水灾。此外，由于巴格达一带夏季气温较高，年降雨量较少，用河水灌溉就成为发展农牧业生产的关键，人类就在和大自然的斗争中，培育出了世界上最早的古代文明。

两河流域一方面有着丰富的农业和畜牧产品，另一方面自然资源相对贫乏（古代无法利用石油），所以许多原材料需要贸易进口，如铜、锡、白银、黄金、木材等。两河流域内部运输的主要途径是内河航行，幼发拉底河和底格里斯河形成两条南北大动脉，加上它们之间的支流、灌渠网络，就将各个城市连接在了一起。

两河尾闾注入波斯湾，而波斯湾又是一条重要的海上道路，可见两河流域文明的兴盛还和便利的内河航运、海河联运紧密结合，成为近东地区各部分贸易网络的中心地带。

（2）流域生态问题与古巴比伦文明的衰落

古巴比伦文明兴衰皆系于两河自然生态，具体说就是水资源、水环境与灌溉农业。建立在单一的灌溉农业基础上的文明，一旦失去灌溉条件，文明衰败也就成为必然。

依据地理学、生态学的解读，古巴比伦文明衰落的根本原因是不合理的灌溉。因为发展农垦，必然使流域林草覆被减少、水土流失加剧，加之地中海气候夏季炎热干燥的特点，日渐增大的泥沙含量使河道、灌溉沟渠渐渐淤塞。为了保证农业供给，古巴比伦人不得不重新开挖新的灌溉渠道，再堰塞、再开挖，如此不断地恶性循环，使得灌溉越来越困难。更严重的是，古巴比伦人只掌握了引水灌溉，却没有掌握排水洗田；缺乏排水，就使美索不达米亚平原的地下水位不断上升，于是土地开始盐渍化，渐渐难以耕种。灌溉引水困难、土地盐渍化，古巴比伦文明失去了赖以存在的农业基础，文明的衰败也就不可避免了。

此外还有政治原因的雪上加霜。波斯帝国灭亡后，两河流域的政治动乱频繁，希腊、罗马、伊斯兰教文化不断渗透，逐步取代了美索不达米亚文明，水利灌输系统在战争中受到严重破坏，土地沙漠化、盐碱化的现象更加严重，加剧了文明的衰落。

2. 尼罗河流域与古埃及文明的守成

古埃及文明，是指在非洲东北部尼罗河中下游地区的一段时间跨度近三千年的古代文明，约开始于公元前 32 世纪美尼斯统一上下埃及建立第一王朝，终止于前 343 年波斯再次征服埃及。因尼罗河从南向北横穿古埃及全境，所以又叫尼罗河流域文明。

（1）尼罗河流域自然特征

尼罗河流经非洲东部、北部，与中非地区的刚果河、西非地区的尼日尔河并列为非洲最大的三个河流系统。尼罗河长 6 853km，是世界上最长的河流，自南向北，流经布隆迪、卢旺达、坦桑尼亚、乌干达、南苏丹、苏丹和埃及等国，最后注入地中海。尼罗河有两条主要的支流，青尼罗河发源于埃塞俄比亚高原，尼罗河下游 90％的水和 96％的悬浮物来源于埃塞俄比亚，白尼罗河源于非洲中部的大湖地区，两河相汇，形成尼罗河。

尼罗河有定期泛滥的特点。白尼罗河发源于赤道多雨区，水量丰富而又稳定。但在流出高原进入盆地后，由于地势极其平坦，水流异常缓慢，水中茂密的植物也延滞了水流前进，在低纬干燥地区的阳光照射下蒸发强烈，从而损耗了巨额水量，能流到下游的水很少。白尼罗河在与青尼罗河汇合处的年平均流量为 890m^3/s，大约是青尼罗河的一半。尼罗河下游水量主要来源于埃塞俄比亚高原，青尼罗河及其支流，几千年来，尼罗河每年 6—10 月定期泛滥，8 月份河水上涨最高时，会淹没河岸两旁的农田，10 月以后，洪水消退，又会留下一层厚厚的淤泥，形成肥沃的土壤。尼罗河最下游分成许多汊河流注入地中海，在入海口附近形成了一个巨大的三角洲，这些汊河流都分布在三角洲平原上，三角洲面积约24 000km^2，地势平坦，河渠交织，成为古埃及文明的摇篮。

虽然尼罗河洪水是有规律发生的，但由于青尼罗河发源地及上游处于热带山地多雨区，水源丰富，有强烈鲜明的季节性，所以一年之内，河水流量及涨潮的时间变化很大。

（2）流域生态特征与古埃及文明的“守成”

较之两河流域相对单一的灌溉农业，古埃及人在尼罗河沿岸平原和三角洲地区肥沃的土壤上，不仅发展灌溉农业，栽培了棉花、小麦、水稻、椰枣等农作物，在干旱的沙漠地区上形成了一条“绿色走廊”，而且还在尼罗河谷东西两侧开阔的草原地带发展畜牧业，特别是在上埃及沙漠边缘和三角洲地区饲养绵羊、山羊、公牛、猪、驴等，使尼罗河流域在史前时代就已形成一个农牧业中心。

得益于尼罗河优越的地理环境，公元前 3500 年古代埃及进入文明时代，大致与两河流域南部苏美尔奴隶制城邦同步，早于中国的夏王朝，早于印度河流域的奴隶制国家，早于希腊、罗马奴隶制城邦。与此同时，“埃及周围的地理环境险峻复杂，形成一个强韧的保护带，使埃及较少受到外族的入侵。”① 尼罗河流域与两河流域不同，它的西面是利比亚沙漠，东面是阿拉伯沙漠，南面是努比亚沙漠和飞流直泻的大瀑布，北面是三角洲地区没有港湾的海岸，这些自然屏障极好地保护了古埃及人免受蛮族入侵。这就为古埃及文明的连续、繁盛提供了保障。

但是，古埃及文明还是不可避免地逐步衰落了，究其因，大致有自然原因、社会原因两种说法。

持自然原因说的学者认为是全球范围的气候转寒所致：“2200～

---

① 庄锡昌：《世界文化史通论》，杭州：浙江人民出版社，1988 年，第 58 页。

2000BC在尼罗河流域、两河流域、印度河流域及黄河流域均发生了向干旱转变的气候突变。这次突变以中纬度普遍的变冷为背景，是全新世进入大暖期以来的一次强冷事件。尼罗河文明的衰落发生于第一中间期(2181—2040BC)，两河流域文明的衰落从阿卡德王国解体开始，到古巴比伦王国建立为止，约2200—1900BC。印度河文明于1800BC突然衰落。2000BC前后中华文明在中原以外有广泛的交替，而中原龙山文化演变为二里头文化。2070BC建立了夏朝，揭开了中华文明的纪元。”①

持社会原因说的学者的主要观点就是尼罗河流域丰饶、易取的自然资源禀赋，经过数千年的发展，在古埃及人精神文化层面逐步形成了贪图安逸、不思进取、传统守旧的人格特质，最终导致了古埃及文明由强大到衰落的渐变。

3. 印度河与古印度文明

古印度文明的遗址先在印度哈拉巴地区发掘出来，所以通常称为“哈拉巴文化”，又因它主要集中在印度河流域，所以也称为“印度河文明”。印度学专家称之为印度文明的“第一道曙光”。依据考古学材料，哈拉巴文化大致分布在以印度河流域为中心、方圆50万km^2的土地上，时间约在公元前3000年到公元前1750年，鼎盛时期约为公元前2300年到公元前2000年。印度河流域文明发生晚于两河流域文明、尼罗河流域文明，但早于商朝，是世界上最早进入农业文明和定居社会的主要文明之一。

(1) 印度河流域自然特征

古印度文明的发端与所依赖的印度河流域的自然环境关系密切。

印度河发源于中国境内的冈底斯山西侧，入印度后先向西北流经克什米尔，再向西南纵贯今巴基斯坦，最后注入阿拉伯海。印度河全长3180km，流域面积96万km^2，流域属于亚热带气候，具有明显的季风气候特点，但由于东北部高山山脉的影响，使气候通常介于干燥与半干燥、热带与亚热带之间，年平均降水量约300mm。流域山区降水形式主要是雪，流域地表径流一部分来自高山融雪，一部分来自季风降雨。印度河流域大部是次大陆最干燥的地区，西风冬季扫过上印度河流域，带来102—204cm的降雨量，这是小麦和大麦生长极为重要的条件。哈拉巴文明的主要经济部门是农业，栽种的主要作物便是大麦、小麦等。

除了大麦、小麦等田间作物外，还有椰枣、果品，此外还有畜牧业。当时人们已经能够驯养牛、山羊和各种家禽。遗址中出土了大量铜器，表

---

① 王绍武：《2200—2000BC的气候突变与古文明的衰落》，《自然科学进展》2005年第9期，第1094-1099页。

明古印度人已经掌握了对金银等金属的加工技术，制陶业、纺织业与车船制造业等也高度发达。因为城市的繁荣，商业盛极一时，不仅国内贸易活跃，国际贸易也达到很远的区域——与伊朗、中亚、两河流域、阿富汗，甚至缅甸和中国都有贸易往来。

（2）流域问题的复合性与古印度文明消失

印度河文明持续了 800 年，它是如何结束的、因为何种原因结束，至今尚无定论。印度的史学家根据遗址和遗物从中提出了诸种假说：①河水泛滥；②瘟疫；③贸易或经济或国内秩序崩溃；④外族入侵等。较有影响的是“外族入侵说”、“洪水说”。但是，这两种说法，也存在很大争议。

首先，质疑“外族入侵”的人提出，那些入侵者并没有在入侵之后长期占据该地区，如果说入侵者就是后来创造吠陀时代文明的雅利安人，那是哈拉巴文化衰落几个世纪之后的事情了，这个假设显然与事实不符。其次，关于“洪水说”，《百道梵书》所记载的当洪水毁灭世界之时，只有人类的始祖摩奴一人在神鱼的启示和帮助下造船得救。洪水毁灭说法在许多地区都有流传，这可能是早期人类对文明毁灭的一个带有共性的回忆。对于破坏力如此巨大的自然灾害，不一定是虚构的，但是需要考古学进一步证实。所以目前人们多愿意将哈拉巴文化的消失原因列入未知的神秘。

是否由于一场洪水为诱因的印度河流域的生态灾害导致了文明的消失？譬如人类的灌溉等生产活动对改变印度河的泥沙含量、河床水位的影响；再如地震等自然灾害也会诱发大规模河道迁徙；再如海啸之类的自然灾害等，这一切都会给流域城市文化带来巨大的破坏。此外，从干旱气候分析，还可能有土壤沙漠化灾害等，导致当地农业生产力逐步下降。随着社会生产力的下降，往往会导致阶级矛盾加剧，阶级压迫、阶级反抗剧烈，社会灾害又反过来进一步加剧自然灾害、生态灾害，在“自然—社会”复合作用之下，印度河流域的最早的文明便无声无息地湮没在历史的风尘中。

4. 文明中心从黄河流域向长江流域的转移

按照梁启超先生的观点，在远古的四大文明古国中，只有中国文明保持了延续性。但近年有学者提出中国黄河流域文明并不是没有出现中断的危机，而是在黄河流域生态环境出现问题时，中华文明中心转移到了长江流域。此外，还有学者提出在早期黄河流域内部，也存在生态环境变迁与文明中心的转移①。

① 张纯成：《生态环境变迁与早期黄河文明中心转移》，《自然辩证法研究》2007 年第 10 期，第 76-81 页。

（1）生态环境变迁与早期黄河文明中心转移

20世纪中期，美国环境史学者弗·卡特和汤姆·戴尔在《表土与人类文明》一书中指出："除了很少例外情况，文明人从未能在一个地区内持续文明达30—60代人以上（即800—2000年）"，"他们的文明在一个相当优越的环境中经过几个世纪的成长与进步之后就迅速地衰落、覆灭下去，不得不转向新的土地"。至于发生这种转移的原因，他们认为是："文明之所以会在孕育了这些文明的故乡衰落，主要是由于人们糟蹋或者毁坏了帮助人类发展文明的环境。"[①] 从这段话中看出：①文明与地理环境休戚相关，人类一般选择自然资源禀赋优越的区域；②人类在利用自然资源、自然环境的同时，必然对它们造成影响，并终至破坏；③所以一个地区内持续的文明大多是有期限的，一般在800—2000年之间，之后就会因为遭到破坏的自然环境的反作用力，人类文明中心不得不转移到其他地区。

具体到中国早期文明与环境的关系，张纯成通过对早期黄河文明和生态环境关系分析，提出了如下主要观点[②]：

第一，黄河成为中华文明之源，得益于其优越的自然条件，新石器至商朝末期："这一时期黄河流域气候温暖湿润，环境条件优越。黄河中下游地区在全新世既有土壤形成又有黄土的堆积，距今8500年至3100年温暖湿润，生物成壤作用旺盛。"[③]

第二，中华文明之源的黄河文明是不断转移的；

第三，具体转移过程：晋南地区的陶寺遗址是第一个中心；洛阳盆地的二里头文化是第二个中心；安阳殷墟是第三个中心；西安是第四个中心，都没有超出黄河中游地区；

第四，一个文明中心的持续时间一般在300年左右，其间间隔大约200年，共同形成了黄河文明的演进；

第五，文明转移的重要因素是温度的上下波动和生态环境的变化，"每发生一次文明中心转移，都与生态环境的恶化有着重要联系"；

第六，生态环境的恶化，既有人为的因素，又有自然的原因。

（2）黄河流域生态趋恶与文明中心转移

北宋末年，华夏文明中心离开了黄河流域，转移到了长江中下游地

---

① 〔美〕弗·卡特、汤姆·戴尔：《表土与人类文明》，庄崚、鱼姗玲译，北京：中国环境科学出版社，1987年，第4-16页。

② 张纯成：《生态环境变迁与早期黄河文明中心转移》，《自然辩证法研究》2007年第10期，第76-81页。

③ 王晖、黄春长：《商末黄河中游气候环境的变化与社会变迁》，《史学月刊》2002年第1期，第13-19页。

区。文明中心的这次转移，除了西晋以来频繁的战争破坏，及战争导致的人口大规模南迁之外，还有生态环境的原因，而且生态环境的变化是引起这次黄河文明中心转移的重要原因之一。

从汉代起，黄河在几次比较大的泛滥和改道后，经过王景的治理，在以后近 800 多年的时间里，出现了相对安流的局面；而到了北宋，据不完全统计，黄河及其支流共泛溢 154 次，平均每年约 0.92 次。且呈现出①受灾面积广，水灾爆发次数频繁；②灾情严重，造成黄河多次改道和分流；③受灾地点集中，河北地区尤罹重患等特征[①]，昭示着黄河流域生态环境问题在北宋已经开始趋重。

北宋时期黄河流域，特别是中下游生态问题日渐严重，就使这一原本为华夏文明的核心区域，大自然的供给力、社会生产能力等趋弱，社会物质供给不足，区域综合实力降低，往往会导致外族入侵。与此同时，还会激发国内动荡，譬如农民起义，二者反过来又进一步造成社会秩序、自然环境的破坏。

世界著名历史学家阿诺德·汤因比认为，人类文明的发展是挑战和反应产生的结果。黄河是华夏文明滥觞之地，华夏文明的形成是从史前时代先民不断与环境博弈后、与自然抗争的过程中的选择，随着流域生态环境的变化，自然禀赋优势不再时，先民们也必然对自己生存的区域作出反应，进行文明中心的转移。黄河流域文明的发展、转移，与汤因比的这一推测是基本符合的。从汤因比的“挑战与反应”论出发，就不难理解黄河文明中心为什么在北宋末年发生东移南迁，可以说它是黄河文明对生态环境变化作出的反应。

自然禀赋的差异，导致了人类活动的空间差异，最终表现为早期文明中心的不同。但随着人类活动叠加在自然环境变迁基础之上导致的环境变迁、乃至恶化，又导致了一个文明中心的兴起和另一个文明中心的衰落。“客观世界是人的改造对象，运用客观规律对客观世界进行改造，人才能更好地生存，人类社会才能持续发展”[②]。“关爱自然，保护环境最终还是为了人自己”[③]。

---

① 石涛：《黄河水患与北宋对外军事》，《晋阳学刊》2006 年第 2 期，第 79-82 页。

② 张纯成：《天人关系与人的生存》，《河南大学学报》（社会科学版）2004 年 04 期，第 11-13 页，第 19 页。

③ 张纯成：《为自然抑或为人?》，《自然辩证法研究》2006 年第 12 期，第 1 页。

第四章
流域廊道与人类文明扩展

第一节　流域的廊道与阻隔功能

人类文明交往的方式主要有暴力冲突与和平交流两种，前者如希波战争、亚历山大东征等，后者如马可·波罗的传奇游历及阿拉伯数字的发明与传播等，无论哪一种都需要交通通道的保障。鉴于河道、河谷在历史时期天然交通动脉的作用，流域在人类文明扩展过程中的廊道作用就不容小觑。

一、河流、河谷与古代交通体系

流域成为人类首选的聚集区域还和其沿干支流的河道、河谷形成的浑然天成的交通网络体系直接相关。交通是人类社会最基本的活动之一，“交相通达”是人类文明产生、发展的又一重要前提。在现代交通体系诞生之前，交通对自然地理的倚赖明显，利用河谷、山川作为交通通道，在世界交通史上具有普遍意义。以“刳木为舟”为起点，交通的开辟、发展促进了人类交往、国家产生、技术发展。流域依赖河流、以河流为中心构建的交通体系的便捷性、畅达性，是非流域自然区域难以匹敌的。依据英国学者E. G. 拉文斯坦提出的“人口迁移法则（the Laws of Migration)”，以河流为中心的流域所具有的、一般自然区域无法相媲的自然资源聚集性、水陆交通畅达性等资源优势，使其成为人类文明进程中首选的自然区域，因之也就成为人口密度较大的聚集区。

（一）河流、河谷水陆交通的便宜性

现代区位论学者和地域生产综合体的学者，从成本—效益角度论述和证明：在均质和未开发的地域内，任何一个经济客体要存在和运行，就必须有其他的客体与之发生联系；由于人们对社会交往的需要和对基础设施的共享，社会经济客体必然要在一个地域或点上集中起来。这就是集聚产生效益，关联产生效益①。在流域内部，聚集效应首先体现在作为内部经济中心的各级城镇上，这些沿河流分布的城镇可以近似地理解为流域内的中心经济“点”，它们以河流干、支流为“轴”分布其间，并沿着轴线的方向形成产业聚集带向外延伸，逐次形成层次分明的各级经济区，这些子系统，进一步形成流域经济系统。由于“点—轴系统”模式发展和开发，顺应了社会经济发展及其客体必须在空间上集聚成点、发挥集聚效果的客观要求，充分发挥了各级中心城市在区域发展中的核心和统率作用，实现了生产布局与线状基础设施之间最佳的空间结合等诸多优势，所以在现代社会备受青睐。在农业时代，虽然流域经济结构的“点—轴系统”特征远不如工业时代明显，但较之非流域区域，从“集聚产生效益，关联产生效益”这一点分析，它们内部联系又要显著许多，所以，在历史时期大多流域也往往成为开发较早的经济地域。

流域内部的交通网络既是流域诸网络系统的中枢，也是其经济地域布局的主要经济轴带，换言之，流域内部的交通网络是流域地域布局的基础骨架，这一特征在古代尤为显著。因为，在农业社会时期的空间结构属典型的原生空间形态，其通道主要以河道、山峪等自然通道为主②。再者，区位交通条件的区域性差异对于农业经济发展的影响是显而易见的，在历史的长时段变迁中，汾河流域交通路线的空间分布及运输效率变化，是影响这一地区社会经济发展的重要因素之一。在汾河流域各地理单元中，临汾盆地、太原盆地开发较早，与它们处在南北交通要道的地理位置不无关系，流域内重要的政治、经济中心，诸如太原、临汾、曲沃等皆分布在交通网络之结点上。就整个流域而言，早在春秋、战国时期，这里就成为中国南北交通，特别是连接华北平原与西南地区的枢纽，在中国长达两千年的南北纵向型交通与经济发展格局中，穿过汾河谷地的交通走廊在区域交

① 陆大道：《论区域的最佳结构与最佳发展——提出“点—轴系统”和“T”型结构以来的回顾与正分析》，《地理学报》2001年第2期，第127-136页。

② 陈休颖：《区域空间结构重组：理论基础、动力机制及其实现》，《经济地理》2003年第7期，第445-450页。

通系统中一直占有一席之地，而流域的经济发展与之一致。

（二）古代交通体系对河流的依赖

早在殷商时期，我国就已形成以殷墟安阳（洹水①环绕）为中心向四方辐射的交通网络。到周武王克商之后，“观于殷政”，接受周公建议，“相土地之宜，水土之便，营邑制命之曰：大聚先诱之以四郊，王亲在之。……辟开修道，五里有郊，十里有井，二十里有舍，远旅来至关，人易资，舍有委”②。在殷商交通网络的基础上，扩建“周道”，以洛邑（伊、洛二水环绕）为中心，向东、南、北三个方向辐射，至此先秦时期的陆上交通已初具规模，水陆交通体系不仅利用黄河、长江干支流天然水道，且相继开凿了胥河、邗沟、鸿沟等人工运河。

秦统一中国后，颁布“车同轨”的法令，并建成遍及全国的驰道。在秦汉时期，遍及全国的水陆交通网络格局逐步形成。秦代挖掘灵渠，把长江水系和珠江水系连接起来；汉朝先后开辟了三条重要的海上航线：①北起辽宁丹东，南至广西白仑河口南北沿海航线；②从山东沿岸经黄海通向朝鲜、日本海上航线；③海上丝绸之路，由徐闻、合浦港口起航，连通罗马帝国。

隋唐两代，国内外商业贸易经济的发展，也把中国古代交通体系推入了高峰时期，不仅构成了以长安为中心的遍及全国的驿路系统，而且位于渭水流域的唐都长安还是当时国内外的交通中心。隋代因政治中心在黄河流域，一则在统一南北过程中，需要运兵南下；二则统一南北之后，为了将江南的物质运送到北方，开始修造运河，最终形成以洛阳为中心，北到涿郡，西到大兴城，南到余杭，全长约 2700km、世界史上最长的运河。唐代诗人皮日休《汴河怀古二首》写道：“万艘龙舸绿丛间，载到扬州尽不还。应是天教开汴水，一千余里地无山。尽道隋亡为此河，至今千里赖通波。若无水殿龙舟事，共禹论功不较多。”隋唐大运河通达黄河、淮河、长江、钱塘江、海河五大水系，修筑成后的五百余年内，一直是中国古代南北交通的大动脉。

宋元两代古代交通进入鼎盛时期。宋朝将指南针应用到海船上，航海技术大大提高。元朝定都北京后，因为经济中心的南移，运输南方物质北上就成为一种必需，于是继续开挖运河，在利用隋唐大运河基础上，取直疏浚，减少了逾 900km 的航程，全长缩短为 1794km，京杭运河全线通航，大都成为中国乃至世界交通中心。

---

① 海河支流。

② 黄怀信：《逸周书校补注译》，西安：西北大学出版社，1996 年，第 200-201 页。

明清时期，是中国古代交通的鼎盛时期，也是向近代交通过渡的转折期。明代造船技术达到高峰，郑和七下西洋，标志着中国古代航海活动达到顶峰。迄清，水路交通体系已经达到了封建时代可能达到的最为完美的状态，随着沿海运路的开辟、发展，与内地江河、陆路相联系，使原本的交通体系更完善①。

二、“山川形便”与古代政治区划

著名历史地理学家谭其骧先生曾说：“一地方至于创建县治，大致即可以表示该地开发已臻成熟。”② “所以，知道了一个地方是什么时间开始设县的，就大致可以断定在那个时候该地区的开发程度已经达到了一定的标准。弄清了一个新县是从哪一个或哪几个老县分出来的，也就大致可以肯定开发该县的动力，即最早来这里开垦的人民是从哪里来的。”③

（一）以“山”、“川”为军事防御要塞

文献记载夏启时期政治中心位于颍水上游地区，考古发掘的新砦遗址与此是一致的。从新砦遗址可以得知，夏朝在重要地区构筑有较为复杂的军事防御设施，“该遗址南以双洎河为自然屏障，西临武定河，东有圣寿溪河，只有北边与陆地相通，其位置和周围环境十分利于军事防御。”据文献记载，少康之后，直至夏桀亡国，夏王朝主要以斟寻为都，伊洛地区为王朝的政治中心所在。期间逐渐构建起了“以都城防御为中心，都城外围自然山河关隘为屏障，周边地区军事防御为重点，多重防御设施和手段相互结合的夏国家军事防御体系。”④

《国语·周语上》有“昔伊洛竭而夏亡，河竭而商亡”的记载。从字面上解释，伊洛河和黄河的干涸与夏、商王朝的灭亡有着直接关系。有学者据此认为，夏代末年发生了大规模的干旱，致使伊洛河流干涸，从而成为夏王朝灭亡的主要原因⑤。从这一记载，可窥见自然河流在先秦防御体系中的重要地位和作用。

《国语·郑语》记载史伯对郑桓公云：“若克二邑，邬、弊、舟、依、

---

① 邓亦兵：《清代前期全国商贸网络形成》，《浙江学刊》2010年第4期，第15-25页。

② 谭其骧：《长水集》（上），北京：人民出版社，1987年版，第404页。

③ 谭其骧：《浙江各地区的开发过程与省界、地区界的形成》，《历史地理研究》第1辑，第2页。

④ 张国硕：《夏国家军事防御体系研究》，《中原文物》2008年第4期，第40-49页。

⑤ 王星光：《生态环境变迁与夏代的兴起探索》，北京：科学出版社，2004年，第140页。

黑柔、历、华，君之土也。若前华后河，右洛左济，主芣、騩而食溱、洧，修典刑以守之，是可以少固。”[①] 郑桓公强占了虢、郐二国十邑之地后，就可以前临华山、后依黄河，位居洛水与济水之间，统治溱、洧流域。史伯认为这样郑国军事防御体系就基本建立了。春秋、战国时期，战争频仍，以山、川为自然防御更是十分重要。

（二）“山川形便”与行政区划

先秦时期，各方国、侯国之间，多遵循“山川形便”原则，粗略地确定边界。明确而具体的边界出现得很晚。西周时期，各封国之间存在大片无主的旷野，故无明显的边界。如郑国在东西周之际迁到今郑州一带，据《左传·昭公十六年》所记，当时“斩之蓬蒿藜藿而共处之”。而宋、郑之间直到春秋末期，还有隙地六邑，两国为势力平衡之故，相约不准占有。迄至战国，边境概念形成，城邦国家逐步转化为领土国家，各国之间开始有较为明确的边界划分。但由于战争频仍，国界善变，所以国与国之间，多以便于识别的山、川为界。如《史记·河渠书》说齐、赵之间“以大河为境”，《禹贡》关于九州的划分，也是以山、川为界。

山川形便的意思是以天然山川作为行政区划的边界，使行政区划与自然地理区划相一致[②]。这个原则是划界中最自然、最直观的原则。依据这一原则，边界浑然天成。高山大川除了造成地域上的差异，因地貌、气候和土壤不同，而形成不同的农业区外，在交通不发达的古代，又成为文化传播的天然障碍，因此以山川为界来划分政区是世界各文明古国的通行原则。如《礼记·王制》所云：“广谷大川异制，民生其间者异俗。”可见“山川形便”的划界原则，较好地实现了政区和文化区的统一。

先秦时期，方国、侯国之间，以“山川形便”原则粗定边界，一方面遵从了不同地域文化的独立性，另一方面也进一步固化了不同地域文化的独特性。这正是河流廊道功能中阻碍功能的体现。不同时期，都城相对聚集在某一或某些相邻流域；同一时期，不同文化体系的都城，聚集在不同流域，正是河流廊道阻碍功能的具体体现。

事物的作用总是辩证的。作为行政区划边界的山川，除了具有保证边界内部区域完整性的作用，也是不同区域之间的交流通道。金沙江上游干流作为西藏和四川的分界，流域区属康巴藏区（我国三大藏区之一），在

---

① （三国·吴）韦昭注：《国语》卷16《郑语》，重刊明道二年本，北京：商务印书馆，1957年，第183-184页。

② 周振鹤：《犬牙相入还是山川形便》，《中国方域》1996年第5期，第8-11页。

历史上素有“稳藏必先安康”之说，和“藏汉走廊”、“治藏依托”、“控驭青藏钥匙”之称，对民族地区的稳定和发展具有十分重要的战略意义。

三、分水岭与古代文化交流

分水岭，即河流的分界线，因多以山脉为界，故名。河水从这里流向两个相反的方向，所以它是相邻流域的界线。它不但是自然地理上的界线，而且也常是政治地理上的分界，往往用来划分国界、省界，或者县界、村界等。

(一) 分水岭的自然、社会特征

关于分水岭的定义，北魏郦道元《水经注・漾水》篇的解释：“嶓冢以东，水皆东流；嶓冢以西，水皆西流。即其地势源流所归。故俗以嶓冢为分水岭。”分水岭，从地貌分析，以山地为主，如长江水系和黄河水系的分水岭是秦岭，长江水系和淮河水系的分水岭是大别山，长江水系与珠江水系的分水岭是南岭等。

这些作为分水岭的山岭、山脉在历史时期的作用，显然不同于一般山脉，它们一方面既和非重大河流水系分水岭的山脉（如太行山）一样，对人口迁徙、技术文化传播起到了阻碍作用；另一方面，作为连接两个不同流域的地带，它们又起到了一种“枢纽”、“节点”作用。所谓“枢纽”意思是指事物的关键部位、事物之间联系的中心环节等；“节点”概念被广泛应用于许多领域，简而言之，有事物不同部分之间汇合点、公共点等含义。

(二) 分水岭在古代文化交流中的枢纽、节点作用

分水岭在社会经济文化中的“枢纽”、“节点”作用，与古代交通线路的开辟关系密切。古代主要通过两种手段解决分水岭的问题，一是需要通过陆上运输接驳，二是通过运河连接。对于河道水运来说，分水岭显然是阻隔、障碍，但是从整个交通体系分析，这种不得已的水陆联运又是相对便捷的。

首先，陆路接驳分水岭。在两侧河流的冲刷下，“分水岭”往往成为人类最便于穿越的山地，由之也成为人类文明扩张进程中最早利用的“枢纽”。如黄河与长江的分水岭秦岭，平均海拔2000—3000m，北侧断层陷落，势如绝壁，《史记》称之：“秦岭天下之大阻也。”尽管如此，作为分水岭，穿越其间的河流依然是连结两个流域的通道。据文献资料记载，穿越秦岭，连接汉江、渭河的古道约有七条：即蓝武道、镇柞道、子午道、黑水浦河道、傥骆道、褒斜道和北栈道。褒斜道的开创据推测应始于战国，《战国策・秦策》

里有“栈道千里，通于蜀汉”的记载，被认为是世界最早的人工交通隧道之一。这些古道基本上都是沿着南北奔流的河流通行的；迄今，翻越秦岭沟通南北的铁路和公路，也多是沿着这些河谷修筑。

其次，运河穿越分水岭。中国利用运河解决交通问题历史悠久，灵渠就是世界上最古老的运河之一，位于今广西壮族自治区兴安县境内。秦始皇为开拓岭南，统一中国，派大军南下。为解决军饷转运，公元前219年—公元前214年间，由掌管军需供应的监御史禄负责，在今广西兴安境内修建了一条人工运河——灵渠（古称秦凿渠、零渠、陡河、兴安运河、湘桂运河），仰赖它的运输能力迅速统一了岭南。灵渠的流向由东向西（图4-1），将流向由南向北的两条河流——湘江源头和漓江源头连接在一起，连接了长江和珠江两大水系，解决了穿越五岭的交通难题，构成了遍布华东华南的水运网。此后经东汉、唐、宋、明、清历代扩建完善，迄今依然发挥着重要作用。

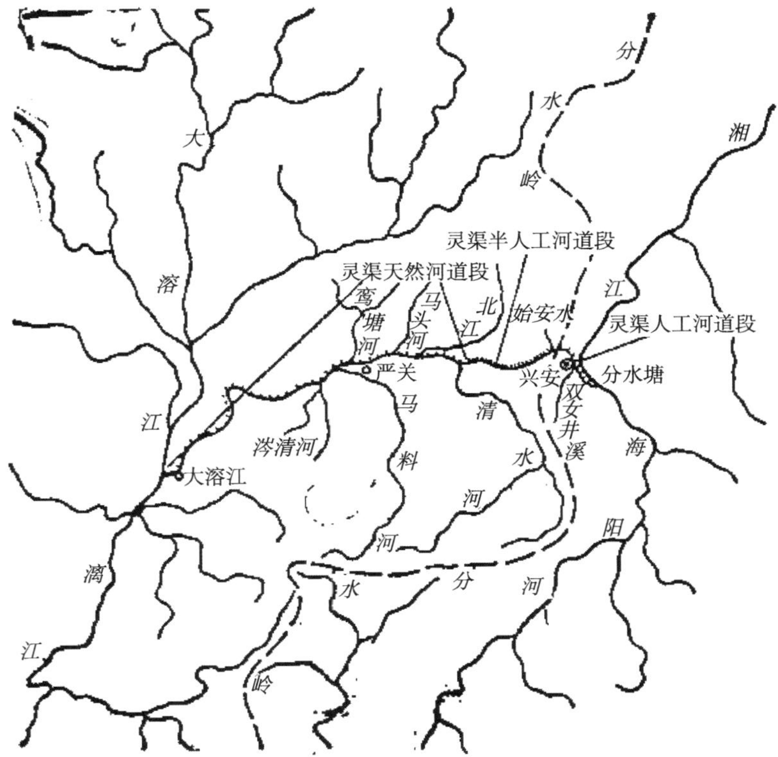

图4-1　灵渠连接分水岭示意图

资料来源：郑连第：《灵渠水利工程史述略》，北京：水利电力出版社，1986年，图4《灵渠水源图》，第9页。

第二节　流域廊道与文明传播

一、文明沿着河流移动

流域是一种开放型的耗散结构系统，内部子系统间协同配合，同时系统内外进行大量的人、财、物、信息交换，具有很大的协同力，形成一个“活”的、有生命力的、越来越高级和越来越兴旺发达的耗散型结构经济系统。

（一）古代人口迁徙的流域性特征

从狭义上讲，移民是指“一定数量人口出于各种目的离开原居住地到另外一个距离较远的地方定居谋生，并不再返回原地居住的人”①。一定规模的移民汇聚到某一个流域，不仅为流域经济发展提供了人力资源，从而促进了流域内部农商工各业及流域城镇的发展；而且这些移民带来的异域文化与流域内部本土文化结合，还会催生新的文化模式的形成。此外，为了管理这些移民，还会推进流域内部政治制度文明的发展。

1. 先秦时期：黄河中游向黄河中下游扩展

因自然条件优越，位于黄河中下游接壤地带的陕关中、豫西北、晋西南平原被称为中华文明滥觞之地。它们位于黄土高原东南，彼此接壤，地理环境、自然禀赋相类：原隰开阔、土壤肥沃、河湖纵横，由之成为中国境内原始农牧业最为发达之区，成为早期人类聚集、开发较早的区域，成为先秦時期人口密度最大、文明程度较高的地区。

商、周時期，黄河中下游地区中心区域分布着以农业为主的华夏族，在周边与他们毗邻甚至交错分布的还有以游牧、渔猎为主的戎、狄、夷等少数民族。随着人口的增加，华夏族便开始向周边扩展，如西周封国晋就越过灵霍峡谷，由汾河下游地区进入中游。在春秋后期及战国时期，随着黄河下游开始筑坝拦水，关中等地水利工程扩展，人口进一步增加。与此同时，诸侯国之间的兼并战争，也使得它们不断寻求领土扩展以增强实力，于是以黄河中下游为核心，开始四向扩展，华夏农耕文明也随之向黄河下游、上游及中游南北地区扩展。

---

① 《中国百科大辞典》，北京：华夏出版社，1990年，第9页。

2. 秦至宋末：黄河向淮河、长江、珠江流域迁徙

秦始皇统一全国的过程，也是一个汉民族人口扩展的过程，譬如与匈奴人征战夺回了黄河上游河套地区，并移汉民垦田实边；南向越过五岭，进入了珠江流域，迁罪犯 50 万守五岭与越族杂居。

（1）永嘉之乱：黄河流域⇨江淮流域

西晋永嘉年间，黄河流域广大人民流离失所，“由冀、豫、青、并、兖五州及徐州淮北流人，相率过江淮”，“及胡寇南侵，淮南百姓皆渡江。”[①]被迫大规模迁移到淮河、长江流域，主要流入江苏、安徽、湖北、四川等地[②]，约 90 万之众从黄河流域转移到长江流域，极大地改变了中国人口分布格局。

从永嘉乱发到刘宋泰始年间（311—471），大规模移民持续了一个多世纪。北方人口南下的路线，谭其骧先生指出：“中原人民南迁，其所由之途径，颇多可寻。如汉水为陕甘东南下之通途，故南郑、襄阳为汉域二大都会，同时亦为陕甘移民之二大集合地。金牛道即南栈道，为陕、甘人西南下之通途，故四川省境内之侨郡县皆在此道附近。时邗沟已凿，穿通江、淮，故沟南端之江都及其对岸之镇江、武进，遂为山东及苏北移民之集合地。淮域诸支流皆东南向，故河南人大都东南迁安徽，不由正南移湖北也。”[③] 西晋年间人口大迁徙主要沿着当时的交通线路南下，而河流、河谷在古代交通线路中又具有天然优势，所以正如谭先生的研究结论，川陕之间长江北岸的支流，淮河南北两侧的支流，以及勾连江淮的人工河道邗沟都是重要的迁徙路线。

对此，胡阿祥做了进一步考证：“洛都王公大臣及司、青、兖、并、幽、冀诸州流人，多由汴水、菏水会于彭城，或由汴水、濉水经相县至濉溪，或由沂水、沭水，南达下邳、东海；再由泗水抵淮阳，过淮，栖息于山阳、淮阴一带，若更南迁，则例沿贯通江淮之邗沟（中渎水），经安宜、三阿达广陵，渡江至京口，分寄晋陵郡境及江乘、建康诸处。”[④] 淮河中下游汝、颍、沙、涡、濉、汴、泗、沂、沭等偏向东南的

---

① （唐）房玄龄等：《晋书》卷 15《地理志》下。

② 谭其骧：《晋永嘉丧乱后之民族迁徙》，《长水集》上，北京：人民出版社，1987 年，第 199-223 页。

③ 谭其骧：《晋永嘉丧乱后之民族迁徙》，《长水集》上，北京：人民出版社，1987 年，第 221 页。

④ 胡阿祥：《东晋南朝侨州郡县研究》（博士论文），复旦大学历史地理研究所，1987 年，第 123 页。

支流水道，加上沟通江淮的邗沟，成为当时黄河中下游中原地区流民南下的重要移民通道。

（2）安史之乱：黄河流域⇨江淮流域

唐天宝十四年（755）安史乱发，长达八年的战争“东穷海，南淮、汉，西抵函、秦，北御幽都”[①]，使主战场黄河中下游地区，特别是河北、河南及关中一带，“农桑井邑，靡获安居，骨肉室家，不能相保”[②]，人们为避战火无奈南逃，出现了“三川北虏乱如麻，四海南奔似永嘉”[③] 的人口大迁徙，形成中国历史上又一次移民高潮。

移民迁徙路线大致与永嘉之乱后的路线相似，所以迁徙范围也主要是从黄河流域迁入淮河、长江流域，只是移至的范围更南，远及荆楚地区。“安史之乱在短时间内席卷了河北河南大部分州县后，在东向却被挡在睢阳。于是‘贼风挫衄，不至江淮’。在西线又受阻于南阳，于是‘南夏得以保全’。因此南下的北方移民浪潮就在淮汉以南各地沉淀下来，明显地形成三道波痕。第一道涌的最远，达到湘南、岭南、闽南等地；第二道集中于长江沿线的苏北浙南、皖南赣北和川中地区。三道波痕之中，中间一道麇集了最多数量的移民，第三道次之，第一道最少。”[④]

在这次大移民中，约有 100 万人南迁，使得长江流域人口迅速增加，从根本上改变了中国人口分布以黄河流域为中心的格局，我国黄河流域、长江流域人口分布的比例第一次达到均衡。

（3）靖康之乱：黄河流域⇨长江流域

北宋末靖康元年（1126），金兵大举南下，战乱遍及黄河中下游，庄季裕《鸡肋编》中记载了战乱的残酷：“自靖康丙午岁金狄乱华，六七年间，山东、京西、淮西等路荆榛千里，斗米至数十千，且不可得。盗贼、官兵以至居民更互相食。”黄河流域的民众不得不再次为了生存离乡南徙。

靖康乱后，宋金边界基本上以“秦岭—淮河”一线为界，移民主要由黄河中下游地区迁向长江流域的浙江、江苏、湖北、四川等地。如靖康元年（1126）十一月，金兵攻占河东地区，“官吏多弃城走……士庶携老提幼，适汝、颍、襄、邓逃避者莫知其数”[⑤]，不久战乱便波及襄阳、南阳一

---

① （宋）欧阳修等：《新唐书》卷 143《列传》。

② （五代）刘昫等：《旧唐书》卷 141《田承嗣传》。

③ （唐）李白：《永王东巡歌》，见：《李白集校注》卷 8，上海：上海古籍出版社，1980 年。

④ 周振鹤：《唐代安史之乱和北方人民的南迁》，《中华文史论丛》1987 年第 2 期；周振鹤：《学腊一十九》，济南：山东教育出版社，1999 年，第 114 页。

⑤ （宋）徐梦华：《三朝北盟会编》卷 64，靖康元年十一月二十二日，上海：上海古籍出版社，1987 年影印本，第 482 页。

带，北方移民只得继续南迁。北宋末年人口已达 1 亿，长江流域平原地区的人口多已饱和，南迁人口较前两次更加深入丘陵和偏远地带，更多人口迁入四川、福建、两广①。

1161 年金大举南侵，淮河流域成为主要战场，迫使淮河流域的居民南迁入长江流域，主要迁移至浙江、江苏、湖南、江西等地。“在京衣冠、士族、百姓、诸军夺门南奔者数万，流徙于江淮之间”②。

（4）蒙古族南侵：长江流域⇨珠江流域

金朝（1115—1234）亡国后，再次引发黄河流域人口南下长江流域，仅湖北黄州（治在今黄州市）一地，“边民来旧者日以千数，为屋三万间以居之”③。不久，蒙古大军南下欲灭南宋，这些地方的人民为避战乱只得继续南迁。

蒙古和南宋之间的战争首先就是争夺长江中游汉水流域，蒙古军旨在由此沿江挥师东下，直逼临安。随着蒙古大军对四川、襄阳及淮南地区展开军事攻势，特别是在襄阳周围与南宋军展开拉锯战，这一带的百姓多流徙江、湘。

1273 年，忽必烈亲率 20 万大军分水、陆两路南下，发动了最后灭亡南宋的战争，主要战场在长江中下游地区，当地居民为躲避战乱大量向珠江流域迁徙，主要迁入广东、广西、福建等地。

3. 明代：黄河、长江流域向海河中下游流域移民

永乐元年（1403），朱棣定都北京，随之开始培植经济腹地——海河流域经济基础。由于连年战争，人口锐减，于是下令移民，开荒种田，发展经济。永乐年间，陆续从南直隶（江苏）、山西、山东、湖广等地多次向北直隶移民，并从陕西、江苏、湖广等地调拨军队，到北直隶驻守、耕种。由此，引发了明代从黄河流域、长江流域向京津所在的海河流域中下游的大移民浪潮。

根据《明史》等记载，永乐元年（1403）八月，“徙直隶、江苏等十郡、浙江等九省富实北京”④；永乐二年（1404）九月，“徙山西民万户实北京”；永乐三年（1405）九月“徙山西民万户实北京”⑤；

① 葛剑雄：《迁徙的姓氏：追寻移民的脚步》，《中国国家地理》2007 年第 2 期，第 68 页。

② （宋）庄季裕：《鸡肋篇》上。

③ （元）脱脱等：《宋史》卷 412《孟珙传》。

④ （清）张廷玉等：《明史》卷 6《成祖本纪》。

⑤ （清）张廷玉等：《明史》卷 6《成祖本纪》。

永乐十四年（1416）十一月，“徙山东、山西、湖广流民于保安州”①；永乐年间还“选应天、浙江富民三千户充北京宛、大二县厢长，附籍京师”②。

据《明永乐实录》和相关的地方志统计，永乐年间向海河流域中下游、北直隶地区移民15批次，时间分别是在永乐二年、三年、四年、五年、七年、十二年、十四年、十五年。在移民来源的空间地域上，有两批来自南直隶、苏州、浙江、江南各地；有五批全部来自山西；另有三批移民中包括山西人；有三批来自山东；有两批来自湖广地区。永乐以后，移民便基本结束了。

4. 明清两代：长江下游向中上游移民

明清两代，随着长江中上游地区的开发，“湖广熟，天下足”局面的形成，开始出现流域内的人口调整，出现由东向西移民高潮：“江西填湖广，湖广填四川”，使长江流域内部的人口进一步趋于合理。

从洪武初年至永乐十五年的半个世纪，明王朝组织了八次大规模的移民活动，形成了著名的“江西填湖广”等运动。明初移民时，官府在“江西鄱阳瓦屑坝”设局驻员，饶州府各县移民沿乐安河、饶河到达鄱阳瓦屑坝集中，然后乘船驶出鄱阳湖口，溯长江而上，迁入湖广等地。进入湖南以陆路为主，主要是湘江与赣江的分水岭之间由长廊断陷谷地或斜谷地构成的天然交通孔道。进入湖北以水路为主，充分利用了长江、汉水交通动脉，乘船溯江而上。

明末清初，战乱、灾荒、瘟疫不断，造成四川人口锐减。康熙年间颁布一系列移民优惠政策，开始鼓励向四川地区大规模移民，此后数十年间，湖南、湖北、广东、河南等省的移民大量迁往四川，形成了“湖广填四川”的移民活动。这次移民的主要路线是沿着长江三峡水道溯源西行。

（二）基于稻米传播路径的流域性考察

中华文明的源头存在于两大流域：一是黄河流域，一是长江流域，前者以粟等旱作农业为主，后者则以稻等灌溉农业为主。华夏文明的早期集中在黄河流域，后来随着气候趋于干旱、北方人口南下等自然、人文因素的变化，长江流域得到大幅度开发。期间稻作农业的范围有一个逐步扩展

---

① （清）张廷玉等：《明史》卷6《成祖本纪》。

② （清）张廷玉等：《明史》卷77《食货志》。

的过程，稻米迁徙路径呈现出显著的流域性特征。

1. 从长江中游向长江下游传播

距今一万到四千年间，在北纬 24°—28°，东经 108°—121°，已经发现的 182 个稻作遗址，大致分布情况如表 4-1。

表 4-1 历史早期长江流域稻作遗址分布简表

<table>
<tr><th colspan="2">流域</th><th colspan="2">稻作遗址及比例</th><th>产生时间</th></tr>
<tr><td rowspan="3">长江流域</td><td>上游</td><td>9 处，占总数 4.94%</td><td rowspan="3">140 处，占总数 76.92%</td><td>距今 4000 多年</td></tr>
<tr><td>中游</td><td>75 处，占总数 41.20%</td><td rowspan="2">距今 10000—4000 年</td></tr>
<tr><td>下游</td><td>56 处，占总数 30.76%</td></tr>
<tr><td colspan="2">江淮之间</td><td colspan="2">13 处，占总数 7.14%</td><td>距今 6000 多年</td></tr>
<tr><td colspan="2">黄淮之间</td><td colspan="2">22 处，占总数 12.08%</td><td>距今 5000 多年</td></tr>
<tr><td colspan="2">东南地区</td><td colspan="2">7 处，占总数 3.85%</td><td>距今 4000 多年</td></tr>
</table>

资料来源：依据裴安平：《长江流域稻作文化》，湖北教育出版社，2004 年，第 36 页整理

从这些数据分析，“它们反映一个明显的规律，即长江中下游是迄今为止代表两个平行的最早稻作起源地区，它们分别向北方和南方传播稻作，通过长江中游把水稻引向北方黄河流域的河南、陕西一带，长江下游把水稻引向黄河下游的山东，淮河下游的苏北、皖北一带”①。因为长江上游稻作遗址的年代晚于长江中下游，“这种现象被国内考古学界得学者用来论证稻作起源于长江下游的依据。”②

上山遗址位于钱塘江支流浦阳江上游的浦江县，属于长江下游地区。遗址内先后发现了 100 多个石球和数十对石磨棒、石磨盘组合，这些工具与原始的狩猎、采集和原始农业的经济模式相对应；在出土的夹炭陶片表面发现了较多的稻壳印痕，胎土中也夹杂大量的稻壳；通过对陶片中谷壳形状的观察分析，谷粒为经过人类选择的早期栽培稻。这一发现，将长江下游稻作文明提前到了 10 000 年前。较之距今约 7000 年的河姆渡遗址、约 8000 年的萧山跨湖桥遗址，上溯了 3000 年，佐证了水稻农耕文明从长江中游向长江下游传播的方向性。

此外，从上表中稻米遗址的地理分布看，以长江下游、中游的遗址数目最多、分布最是密集，其中中游集中在湖南、湖北两省，下游集中在太湖地区，印证了长江上游，黄河、淮河流域等地稻米种植为长江中、下游扩散传播的结果。

---

① 游修龄：《中国稻作文化史》，上海：上海人民出版社，2007 年，第 31-32 页。

② 游修龄：《中国稻作文化史》，上海：上海人民出版社，2007 年，第 21 页。

2. 从长江流域向黄河流域传播

游修龄从现有资料分析，认为长江流域稻文化向黄河流域传播的途径主要三条：长江中游（中路）、下游（东路）和上游（西路）。

（1）由长江中游经过淮河流域北传：中路

中路大致由长江中游北部的汉水上游，经过淮河流域，传输到黄河支流渭水流域。如位于汉水上游的郧县青龙泉遗址，位于渭水上游的随州冷皮垭遗址等，从地理空间看二者之间属于淮河上游地带，有淅川黄楝树、舞阳贾湖遗址等遗址，特别是距今 8000 多年前的河南舞阳贾湖遗址的发现，佐证了新石器时代黄河中游和淮河中下游之间的文化连接。

史前稻作农业由长江流域向北传播到黄河流域，在淮河上游、汉水上游早在公元前 6000 年左右也有水稻栽种，如在位于淮河流域的河南舞阳贾湖遗址中发现的 1000 多粒炭化稻米，在土壤中发现水稻硅酸体和红烧土中保存完好的稻壳印痕，“贾湖先民种植的稻种是一种尚处于籼、粳分化过程中的，以粳型特征为主的，具有原始形态的栽培稻”，被农学家建议定名为“贾湖古稻”①。

淮河上游和汉水上游的新石器稻遗址共 13 处，这一区域既不同于黄河流域，又有别于长江中游地区，是黄河流域和长江流域交流融合的中间地带，是水稻北传的重要枢纽区域。贾湖遗址出土的稻谷遗存经鉴定属于粳型，而传到黄河中游的水稻也属粳稻，这一切都是有力的证据。

（2）由长江下游北传：东路

游修龄先生从史前时代稻米类型的空间分布上，梳理、论证了长江下游稻米北传的大致路径。

从史前时代稻米空间分布的类型分析，长江下游自南而北，稻谷分布呈现由籼变粳的特征：①河姆渡遗址的出土稻谷遗存表现出籼型和粳型并存、籼粳还没有充分分化的状态（多型性状态）；②上海崧泽、吴县草鞋山等遗址及继之的良渚文化出土的碳化稻米，虽然籼粳并存，但趋向于以粳为主的变化特征；③再往北的安徽肥东大陈墩遗址、江苏高邮龙虬庄遗址等则表现为粳型，属山东龙山文化时期的栖霞杨家园遗址的稻谷也属粳型。黄河下游属于龙山文化时期的山东滕州庄里西遗址发现的炭化稻米等，也属于粳米。这大致反映出，从长江下游到黄河下游自南而北的稻米传播路径。

---

① 参见河南省文物考古研究所：《舞阳贾湖》，北京：科学出版社，1999 年。

（3）由长江上游北传：西路

游修龄先生认为稻米北传西路是从长江上游四川地区向北进入黄河中游陕西地区的渭水流域，现代渭水流域水稻的特点是还有籼稻种植，完全不同于黄河中、下游的粳稻，表明其来源与四川有密切的关系。

尽管长江上游稻米北传的资料和证据相对薄弱，但是，黄河上游的粟（黍）通过四川传至云南的资料却较丰富明确，游先生认为这也可以反证这条通道也同样适合于水稻的北传。

近年考古成果也证实，古代黄河流域与长江流域文化曾在汉江中游交汇①。湖北省考古研究所李桃元研究员提出，新石器时代以后这里因水路交通的发展而成为南北文化交流的通道，至少在距今 6000 年至 7000 年前，流经我国中部的汉江中游地区就成为黄河流域和长江流域文化的交汇区。进入春秋战国时期后，这一地区作为中国南北政权的政治分界线，南北文化的交锋在此显得更加活跃。

二、流域文明的整体性特征

一般江河流域的范围较大，加之空间分布上的地域特色，上、中、下游往往会流经不同的自然地理区及民族、文化区，但就整个流域而论，在河流的连接下，又具有明显的流域性的共同特点。

在人类的刻板印象中，黄河文化厚重、朴实，长江文化灵巧、清秀。有学者将长江文化概括为“水文化”，将黄河文化概括为“土文化”②。此外，也有学者称黄河文化体系的核心为政治文明，长江文化体系的核心则是经济文明③。对流域文化特征的概括需要从流域系统性、整体性角度对流域文化进行全面而深入的研究，否则就会使流域文化研究等同于一般性的区域。

（一）流域水土与流域文化整体性

一方水土养一方人，所揭示的就是人类对于自然环境与文明类型之间的关系的思考。近年有人提出“文化土壤论”，认为文化产生于一定的地理条件，地域差异性会导致地域文化差异性。流域文明的独立性、整体性、系统性等特征，在一定程度上印证了“文化土壤论”的合理性。

---

① http：//www. sina. com. cn。

② 朱士光：《论区域历史地理研究的一个重要领域——流域文化研究——以长江文化研究为例》，《历史地理》第 20 辑，第 309-313 页。

③ 李学勤、徐吉军：《长江文化史》下册，南昌：江西教育出版社，1995 年，第 1181 页。

1. 流域文化的整体性特征

流域文化的整体性特征是指其在流域内部因为以水、土资源为核心，呈现出的一种既在具体文化形态上有内部分区，又在文化本质上具有同一性的流域特征。但是这种整体性不等同于封闭性，与流域自然系统的开放性特征相一致，流域文化对外来文明始终持有开放、兼容的态度。

土壤是人类存在和发展的基础，同时人们基于对自然尤其是土壤的认识和改造的实践，创造出多样的文化。借助文献研究方法，探讨土壤与文化间的辩证关系。研究表明，多样化的土壤是多元文化的源泉：第一，人们基于对土壤的认识形成诸多文化典籍；第二，对人—土壤关系的调整促成人类历史的巨大变革；第三，土壤的利用或者分异导致文化的产生、分异和变迁；第四，多元文化塑造千差万别的土壤，不同文化更替与融合引起土壤形态、质和量的变化；第五，区域文化的差异性影响到土壤利用方式的异质性；第六，而其他意识形态尤其是宗教作为一种社会规范在人们利用土壤的活动中发挥着重要作用。深入探析文化与土壤间的辩证关系，以先进文化引领土壤的健康利用，是新时期协调人类与土壤关系的必然要求①。

美国知名人类学家，文化进化理论的代表者莱斯利·A. 怀特（1900—1975）认为，如果把人类看成一个整体，那么同样可以把各种文化也设想为一个整体——人类文化系统。在人居环境发展演变过程中，流域自然环境随着人的生产、生活等活动发生一系列变化，流域内气候、动物、植被等要素随之变迁，流域经济、人口、交通、文化等要素的发展，导致流域人居环境整体文化特征发生演变。文化特质由自然环境维度向社会文化维度集合转变并在历史中积淀。依托河流主廊道，流域社会文化特质以流域环境中特定的农田、森林、草地、城乡等空间作为基底背景，与流域中其他形式的子廊道，如林带、道路等，将流域中不同性质和特征的文化斑块，如湖泊、植被群、聚落等人居空间联成一个整体，共同形成了流域文化系统。

2. “土文化”与黄河文明的儒家教化

水和土是大自然恩赐给人类的最重要的生产资源；不仅如此，水之无形，土之有形，还影响到地域文化、地域人格的塑造，如“智者嬉于水，仁者嬉于山”等。不同地域水、土资源又有不同的特征，于是民谚曰：一

① 吴克宁、赵华甫、徐艳等：《土壤与文化间的辩证关系》，《土壤通报》2010 年第 3 期，第 733-737 页。

方水土养育一方文华。

黄河流域上中游大部属于黄土高原，下游的华北平原也和黄土高原存在千丝万缕的关系——塑造平原的黄土是由水力、风力等自然力量从上中游搬运而来。所以，整个黄河流域，东西长约 1900km，尽管从西至东依次流经：第一级阶梯的青海高原，第二级阶梯的河套平原、鄂尔多斯高原、黄土高原及秦岭山地、太行山山地，第三级阶梯的黄河下游冲积平原和鲁中丘陵地，但是整个流域的自然资源特征，从视觉概之就是一个字“黄”——黄土、黄水，因为黄土是土，黄水因黄土而黄，所以从自然资源角度看黄河流域的共同点，一言字之——“土”。

水、土资源是农业的基础，在水土流失严重的黄河流域，二者紧密结合所形成的农业自然基础就是黄土高原、黄土平原（华北平原），二者所孕育的旱作农业便是黄河文明生成、发展的经济基础。自然基础（黄土、黄水）的一致性，决定了经济基础（旱作农业）的一致性，其最终结果必然是黄河流域文明的一致性、整体性——旱作农业的“土文化”。

甲骨文的土字为，是一个象形字，像地面隆起一个小土堆。《说文解字》小篆体写作“土”，解释为：“地之吐生物者也。二象地之下、地之中，丨，物出形也”。在《说文》中，“土”是一个会意字，意为生物从土中长出。在中国神话体系中，后土皇地祇，简称“后土”，又称后土娘娘，掌阴阳、育万物，被称为大地之母，是最早的地上之王。关于后土神的来历，有各种不同的传说。《国语·鲁语》说神明是共工的儿子，能平定九州，成为地神；《左传》说是神的名称：“土正曰后土”；《礼记·月令》称“中央土，其帝黄帝，其神后土”。总之，在黄河中下游早期文明中，很早就有“后土”这一土地神灵。

“后土”一词，最早见于儒家几部经典，如《尚书·武成》有“告于皇天后土”，《左传·文公十八年》有“使主后土，以揆百事”，《周礼·春官·大宗伯》有“王大封，则先告后土”等。从这些文句可以看出，“后土”在中国早期文明中的神圣地位。土地孕生万物，所以早期儒家经典《周易》就提出“地势坤，君子以厚德载物”。所以在黄河流域的文明体系中，一直十分重视人的道德修养，特别是汉代独尊儒术之后，孔子、孟子的“仁、义、礼、智、信”思想作为黄河文化的精髓传承，影响了数千年。

3. “水文化”与长江文明的顺应自然

长江是我国的第一大河流，长江流域是我国水资源比较丰沛的地区之一，水资源总量居全国第一位。加之长江地理位置主要位于亚热带湿润区，水稻、渔业就成为长江流域最重要的经济形式，此即所谓的“鱼米之乡”。降水量丰沛、气候湿润的自然基础，以渔业、水稻为主的水源经济等特征，就使得人们对长江最直观的刻板影响与黄河不同，不是深厚的黄土，而是滔滔江水，如宋人所写“君住长江头，我住长江尾，夜夜思君不见君，共饮长江水”。

氵，这是甲骨文的水字，《释名》解释：“水，准也。准，平物也”；《说文》的解释类似：“水，准也。”传说“鲁班孔”是世界最早的“水平仪”，它就是利用水是平的，平行于水平面必然也是平的之原理，用于测量建筑结构平衡变化。水这种不以人的主观意识为转移，自然保持水平的特征，潜移默化中势必会影响长江流域的文明特质。

“水文化”凝结在长江文明中，最大的特征就是“顺其自然”，这一特征最伟大的代表人物便是老子、庄子。

司马迁《史记·老子列传》写道：“老子者，楚苦县厉乡曲仁里人也”，尽管后世学者对于老子“楚国”籍贯分歧颇多，如冯友兰等认同为楚人①，日本学者武内义雄等便主张老子是宋人，即今河南人②。抛开老子籍贯分歧，老子的思想确实体现了“水文化”“顺应自然”之精髓，如：“人法地，地法天，天法道，道法自然”③，引申到政治领域，则主张“主张无为而治”，一切行为，都要遵循自然法则。《史记·老子列传》记载“庄子者，蒙人也”，关于蒙之地望历来有分歧，宋代朱熹对此做过较为系统的考证，认为庄子是楚国蒙地人。庄子认为“天地者，形之大者也，阴阳者，气之大者也，道者为之公”④，天和地是形体中最大的，阴与阳是元气中最大的，而“道”却把天地、阴阳相贯通。庄子继承和发展了同为楚人的老子思想，故历史上老庄并称。

越人与巴蜀人一样崇拜鸟。考古工作者从河姆渡遗址中发掘出了大量鸟图腾崇拜的器物，仅鸟形牙雕就有 6 件。战国中期，这种“鸟文化”理念终于在《庄子》一书中淋漓尽致地表达了出来。庄子的逍遥思想，源自于另一位长江文化代表人物老聃。老聃主张“人法地，地法天，天法道，道法自然”。一切行为做事，都要遵循自然法则。老聃与庄子，将其顺应自然、开拓进取的理念，注入长江文化的内涵，使长江文化在理论层面上有别于黄河文化，而成为华夏文化中的又一个个性鲜明的文化系统。

---

① 冯友兰：《中国哲学史》上，上海：华东师范大学出版社，2011 年，第 103 页。

② 〔日〕武内义雄：《武内义雄全集》第 5 卷《老子篇》，东京：角川书店，1975 年，第 103-107 页。

③ （春秋）老子：《道德经·道经第二十五章》。

④ （战国）庄子：《庄子·杂篇·则阳第二十五》。

（二）社会影响与流域文化的整体性

1.“直隶文化”与海河流域

直隶，顾名思义就是“直接隶属”，从行政区划视角，一般是指直接隶属中央管理的地区。文献记载最早的直隶行政区划，出现在宋代。《宋朝事实·升降州县》记载：“乾德五年，以三泉县直隶京师。”宋乾德五年（967），汉中地区的三泉县出于军事需要直接隶属京师管辖，这应是中国最早的中央直隶的行政区域。明“洪武初，建都江表，革元中书省，以京畿应天府直隶京师”[①]，这应是直隶作为地方行政区划名称之始。迄明成祖迁都，以南京为南直隶，北京为北直隶。清初定鼎北京，故以北直隶为直隶省，而改南直隶为江南省。

海河水系由潮白河、永定河、大清河、子牙河、大运河五大水系汇合而成，形成于东汉末建安年间。东汉末年曹操出于北讨乌丸的需要，在渤海湾西岸滨海平原上开凿运渠。《三国志·魏书·武帝纪》记建安十一年，“三郡乌丸承天下乱，破幽州，掠有汉民十余万户。公将征之，凿渠自滹沱入泒水，又从泃河口凿入潞河，以通海”[②]。同年，为解决泉州渠以东至滦河间的水运联系，再开新河。《水经注》记“清、淇、漳、洹、滱、易、涞、濡、滹沱同归于海”[③]，且将稍北的滦河水系、海河水系及南部的黄河水系连接在一起，改变了此前华北平原的河流水系较为混乱的情形。隋大业四年（608）“诏发河北诸郡男女百余万开永济渠，南达于海，北通涿郡”[④]，永济渠南引沁水通黄河，北部则连接北京城，它是对曹操所开白沟、平虏渠的扩展。隋代以降京杭大运河开通，南方的物质可以直达北京，进一步提升了华北地区的物质供给能力。

金贞元元年（1153）海陵王完颜亮正式建都于北京，这是北京作为全国性政治中心的开始。此后，元明清三代，皆定都北京，位于海河中下游的河北地区成为京畿重地，元代称之行中书省，明清直接以直隶省命名。“拱卫京师”一致是直隶省的政治使命，不仅是军事上捍卫，而且包括政治上的服从、经济上的供给、文化上的服务等，由之地域文化逐步呈现出作为直隶政治中心的“直隶文化”特征。此外，明清是中国封建社会的鼎盛时期，北京作为当时世界级的大型城市，文化性消费突出，对直隶省及

---

① （清）张廷玉等：《明史》卷40《地理志一》。

② （晋）陈寿：《三国志》卷1《武帝纪》。

③ （北魏）郦道元：《水经注》卷14《沽河》。

④ （唐）魏征等：《隋书》卷3《炀帝纪上》。

其所在的海河流域文化产生了重大影响。

影响之一：中央文化凸现，地域文化失色，慷慨悲壮、好侠任气等个性特征逐步淡化；开始追逐模仿京师文化之中庸、高雅；

影响之二：从明清开始，作为天子脚下的臣民，自豪感和优越感不断增强，大树底下好乘凉成为冀文化的一种普遍心态，创兴、进取逐步淡化；

影响之三：依附意识、皇权意识滋生，在民风方面，冀人的心态日趋保守，惰性日渐增加；在士风方面，决策者常常唯北京马首是瞻，对上级的指令决策贯彻不踺。

2. 地缘位置与淮河文化的“独立性”

中国社会科学院考古研究所的王巍研究员在 2004 年 1 月举行的“淮河流域古代社会文明化进程学术研讨会”上提出，长期以来淮河流域不是被称作“黄淮”归入了黄河流域，就是被冠之“江淮”归入了长江流域，这一提法是不确切的——淮河文明应该是自成体系的。

首先，从水系特征分析，淮河流域水系非常发达，有 100 多条支流汇聚，有人类文明发展的先天优势。

其次，从地理位置分析，淮河流域地处黄河与长江之间，相对靠近中原，是中国南北方的气候过渡带，因此淮河流域在历史上是南来北往、各部族迁徙往来的舞台，也是几大集团发生碰撞的地带，这就决定了淮河流域文化具有过渡性、多样性与包容性特征，特色鲜明。

20 世纪 80 年代，处于淮河上游的河南舞阳贾湖遗址被发现，考古发掘了七八千年前的栽培稻、刻有符号的龟甲、制作精美的陶器与骨笛等。王巍认为贾湖文化对淮河流域文化影响很大，并扩散到了整个淮河流域，佐证了淮河流域文化起步较早，自成体系。

3. “流人文化”与边陲流域

“流人”，顾名思义就是被流放的人，在中国古代有一种刑罚叫“流刑”，是把犯人遣送到边远地区服劳役。受古代交通系统对河流的依赖，及流域自然禀赋特征等影响，接受中原地区流放犯人的边陲地区，也往往和流域有关。如清初黑龙江的宁古塔，清后期，又选择了新疆伊犁作为流放地，伊犁则因伊犁河得名。

流放作为古代刑罚的一种类型，流放的人中不乏满腹经纶者。如清代，“流刑”是《大清律》中笞、杖、徒、流、死五种刑罚之一，遭受流刑的人，有反抗满清政权压迫而起义的回教徒，有反清复明的前朝遗老，有追随三藩叛乱的同谋人，有为官不正、或失职得咎、或渎职得罪、或官场角斗失宠的官员，也有因科场案、文字狱而获罪的文人雅士等。他们的思想、行动对流放区域的文化产生了深远的影响。清朝顺治至乾隆年间，成千上万的人被流放盛京、宁古塔、伯都纳、黑龙江等地，这些流人不仅垦荒种植粮食，还将养蜂熬蜜、采药制药等技术传入，他们还作诗著书，启蒙了当地的文化，如吕留良后代 110 多人流放黑龙江，国学大师章太炎在其著述《书吕用晦事》中称："初开原铁岭以外皆胡地，无读书识字者，……齐齐哈尔人知书，由用晦后裔谪戍者开之。[①]"对吕氏在当地教化之功，予以了高度评价。总之，流人群体对黑龙江流域乃至整个东北的政治、经济和文化都产生了一定的影响。

再如伊犁地区，在当地上层官方文化形态和下层民间文化形态外，也逐步形成了一种介于二者之间的流人文化现象。从乾隆朝起到清末流放到伊犁的遣员有数百之多，获罪流放新疆的主要是王公贵族、文武官员、学人等，多数人属进士出身，学识修养不凡，流放边僻之地——伊犁后有了考察边疆形势、体察民情的机会，如发配伊犁的洪亮吉、林则徐、祁韵士、吴熊光、徐松、陈孚恩等都不仅留下了记述伊犁地区风土人情、自然风貌、地方特产的日记、诗词、书信等，被广为传诵，很多还为边疆的开发管理出谋划策，成为屯垦文化的有机组成部分。洪亮吉在伊犁仅滞留百日，但留下的诗文集就有《伊犁日记》、《万里荷戈集》、《天山客话》、《百日赐怀集》四部，其中《天山客话》属伊犁见闻录、遣员情况等，在清代有很大影响。林则徐流放伊犁两年多，留有日记、诗词、书信等，其中不少反映了他屯田戍边的思想，他本人还身体力行地参加了伊犁垦荒和南八城勘查等活动。祁韵士流放伊犁三年期间，不仅撰写了《万里行程记》、《蒙地行稿》等行记、诗词，还助伊犁将军完成了大型志书《伊犁总统事略》。

1990 年，李兴盛撰写的第一部研究流人史的著作——《东北流人史》出版[②]，2006 年，他就《黑龙江流域文明与流人文化》进行研究，提出了流人文化的三大特点：自强不息、惨淡经营的奋斗精神；筚路蓝缕、以启山林的创业精神；关心国事、反抗侵略的爱国精神，认为"流人文化是黑龙江流域文化的一个重要组成部分"。在这篇文章最后，他提出研究流人文化"可以促进边疆历史文化与黑龙江流域文明的研究"。[③] 不独东北边陲和黑龙江流域如此，如前文所述，接纳流放人员的西北边陲和伊犁河流域等地，也充溢着流人文化特征。

---

① 上海人民出版社编：《章太炎全集》（五）卷 6 之上《书吕用晦事》，上海：上海人民出版社，1983 年，第 318 页。

② 李兴盛：《东北流人史》，哈尔滨：黑龙江人民出版社，1990 年。

③ 李兴盛：《黑龙江流域文明与流人文化》，《学习与探索》2006 年第 2 期，第 183 页。

第五章 流域“灾害链”与古代流域减灾

第一节　“灾害链”与流域灾害

灾害的界定标准是以人类为参照物的，对人类构成威胁便是灾害，否则就不是。而人类对于灾害的感知也不是一成不变的，它和人类应对自然变化的技术水平紧密结合。在远古时代，可能一场暴雨就让会让河流四处漫流。随着河流两侧堤岸的修筑，一般的洪水可能就不会引致灾害，只有溃坝、决堤才会洪水四溢。所以，对于流域灾害的界定只能使用“自然—社会”复合、动态标准，除了取决于自然因素非常态变动的力量、频率，也取决于人类应对自然灾害的科学技术。

一、流域“灾害链”概念及特征

近年人们越来越重视流域性灾害链现象，如 2008 年汶川地震伤亡人员中，大概有四分之一以上的人，都是由于地震引起的滑坡、崩塌、泥石流伤亡的。

（一）概念

1. 灾害链

所谓灾害链，就是一个重大自然灾害发生后，引发另一个重大灾害，并呈现链式有序结构的大灾传承效应。前一个灾害可为后继重大灾害的发生提供关键信息，后继灾害的巨大损失有时可能超过前面灾害①。灾害往往都是多种因素叠加和强化的结果，即所谓“多因强化”，由于单学科提出的致灾因素有限，所以预测效果往往不甚理想②，这是“灾害链”概念提出的根本原因。

国家减灾委专家委副主任史培军教授曾于2010年提出，中国自然灾害种类多、发生频率高，归纳起来包括寒潮大风灾害链、地震灾害链、台风暴雨灾害链、干旱灾害链等四大灾害链，这些灾害对中国的影响广泛而深刻。

2. “子干流域链”概念

有学者提出“生态环境灾变链式理论”，指出灾害的形成有一个逐步演化的过程，“其演化过程暴露了自然环境状态朝着不利于人类社会的偏移方向演绎，这个过程的机制表明了灾害形成必有延续性，其延续性的演化过程总是以一定的物质、能量等信息形式予以表征，这就是灾害链的整体反应，这种载体反映体现了由量变到质变的内涵和外延的演化。这种演化过程的表现形式可用‘链式关系’或‘链式效应’来概括。”③ 认为流域灾害作为其中之一，呈现“子干流域链”特征。支干流域链是由若干个分支系统聚集成次一级干流，再由次级干流聚集成主干流，其链的量级态势是逐级增大的，有着由小到大、由弱到强的发育趋势，其链的数量则随着分支的聚集而相应逐级减少，但其破坏能量将随着链的聚集而急剧增加。与支干流域链相应的灾害是洪水淹没，上游支干水位提高，流速流量增加，将对中下游产生巨大的影响，使之直接遭受洪水淹没的威胁。凡具有支干流域的链式发育规律者，均属于支干流域链式范畴④。

（二）流域“灾害链”的特性

具体到流域内部，其各个子系统之间、各部分之间相互制约、相互影响的整体性特征更为突出，可谓牵一发而动全身，所以流域内的灾害大多会呈现“多因强化”的态势，展现出“灾害链”的特征。

---

① 吴念祖：《虹桥综合交通枢纽综合防灾研究》，上海：上海科学技术出版社，2010年，第43-44页。

② 吴念祖：《虹桥综合交通枢纽综合防灾研究》，上海：上海科学技术出版社，2010年，第44页。

③ 肖盛燮：《生态环境灾变链式理论原创结构梗概》，《岩石力学与工程学报》2006年s1期，第2593-2602页。

④ 肖盛燮：《灾变链式演化跟踪技术》，北京：科学出版社，2011年，第6页。

1. 流域灾害“并发性”

任何事物都是互相联系、互相影响的，当某种自然灾害发生后，往往会诱发其他多种灾害的发生，特别是等级高、强度大的自然灾变，在它的发生、发展过程中，常常诱发出一系列的次生灾变与衍生灾变，形成灾变链。

流域灾害的并发性特征十分显著。如暴雨灾害，流域内的暴雨，一则可以使径流量迅速增加，引发河道决堤、迁徙等洪水灾害；二则暴雨的冲刷会使流域两侧山地、坡地水土流失加剧，使河流内泥沙含量迅速增加，河道淤积，增加决堤、改道的可能性；与此同时，严重的暴雨冲刷可能会引发滑坡、泥石流等一系列灾变。连续暴雨，流域内湿度增加，还可引起一些生物灾害的流行，从而构成暴雨灾变链。

又如旱灾，最直接的影响是因为缺水，使农作物生长无法正常进行，农业遭受损失；此外，连续的干旱，还可能会引发某些病虫害，使地下潜水面下降，从而引起土地沙化、盐碱化、地面沉降、地裂缝等，而构成干旱灾变链。

再如地震灾害，除了房屋倒塌、人畜伤亡等直接灾害之外，往往还会诱发出一系列次生灾变，如火灾、滑坡、泥石流、水灾、海啸、冻害、疾病等，形成地震灾变链。

2. 流域灾害“转移性”

流域是整体性极强、关联度极高的区域，流域内不仅各种自然要素之间联系极为密切，而且上中下游、干支流各地区间的相互制约、相互影响也很显著。上游过度开垦土地，乱砍滥伐，破坏植被，造成水土流失，不仅使当地农林牧业和生态环境遭到破坏，还会使河道淤积抬高，招致洪水泛滥，威胁中下游地区人民生命财产的安全和广大地区的经济建设。

流域上下游之间、干支流之间以水为核心的密切联系，是流域灾害转移性的组织基础。因为河水的流动性，上游的暴雨，可能会聚集在中下游成灾；因为泥沙的流动性，上游的水土流失，可能会淤积中下游河道成灾；因为物质的流动性，长期的水土流失，一方面会在流域中下游沉积，形成肥沃的冲积平原、冲积三角洲，与此同时上中游水土流失区域，则会随着物质搬迁，土壤日渐贫瘠。

再如流域常见的干旱灾害就具有明显的“干旱灾害转移性”特征。以干旱灾害明显的黄河中下游为例，当径流量无法满足社会生产所需时，长期大量超采地下水，形成了数万平方公里的地下水漏斗区，造成了地面沉降、海水入侵加重等生态环境问题。

3. 流域灾害的“潜伏期”

自然灾害一般可以分为潜伏期、发生期和恢复期三个阶段。一般灾害的形成具有较长时期的累积过程，这便是灾害的第一阶段——潜伏期。在这一阶段灾害处于隐形、生成阶段，非专业人士很难觉察到。

流域灾害不同于非流域自然区灾害的特性，决定了流域灾害的潜伏期也有一些不同于非流域自然区的特征：譬如流域上游的大坝、水库可能诱发地震、造成流域物种危机等；流域上游的水土流失会引发下游河道迁徙等。

一般认为流域内部灾害的孕育、潜伏期很长，近年有学者以淮河流域为例展开研究，提出：“淮河水环境污染灾害的孕育期很长，从该流域修建大量水闸蓄水防洪开始，到上游地区不遵循客观规律，盲目发展耗水量大、污染严重的造纸与食品工业以及乡镇五小企业，都是孕育重大水环境污染灾害的先决条件。……每年雨季过后，淮河流域上游地区为保证农业灌溉用水开始关闸蓄水，大量高浓度生活污水与工业废水被积蓄在水闸上游河道内，这标志着淮河水环境污染灾害潜伏期的开始，直到因水闸检修与泄洪等原因开闸放水，爆发水环境污染灾害，潜伏期结束，通常持续几个月。1989 年 11 月 7 日至 1990 年 2 月，淮河流域持续干旱，为保证工农业用水，蚌埠闸连续关闸 113 天；2 月 11 日淮河支流颍河上的颍上闸为检修开闸放水，长期积聚在颍上闸至阜阳河段中 4500 万 m^3 高浓度污水突然泄入淮河，在淮河中下游形成长达 60km 的污水团。”①

二、流域主要灾害链及历史特征

流域灾害链在人类早期就有，只是随着技术的发展，人类在流域内活动范围的扩展，不断呈现出新的特征。

（一）流域灾害链之一：暴雨灾变链

暴雨可以引起洪涝，触发滑坡和泥石流；由于湿度增加，还可以引起一些生物灾害的流行，而构成暴雨灾害链②（图 5-1）。

1. 流域暴雨灾变链的形成

流域暴雨灾变链作为流域“灾害链”之一，是指在雨季，流域上中游

① 曾维华、程声通：《环境灾害学引论》，北京：中国环境科学出版社，2000 年，第 120 页。

② 原国家科委国家计委国家经贸委自然灾害综合研究组编：《中国自然灾害综合研究的进展》，北京：气象出版社，2009 年，第 267 页。

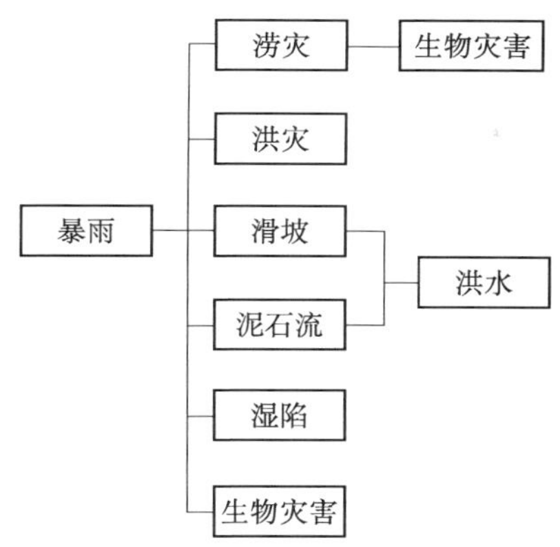

图 5-1　暴雨灾变链

资料来源：原国家科委国家计委国家经贸委自然灾害综合研究组编著：《中国自然灾害综合研究的进展》，北京：气象出版社，2009 年，图 5-9“暴雨灾变链”，第 267 页。

特别是两侧支流范围内，多地同时连降暴雨，流域内地势低洼、地形闭塞的地区，因为暴雨迅速聚集雨水、不能迅速宣泄，多造成农田、房屋淹没；在流域两侧山地，则会造成严重的水土流失、甚至诱发地质灾害的灾变链（如图 5-2）。

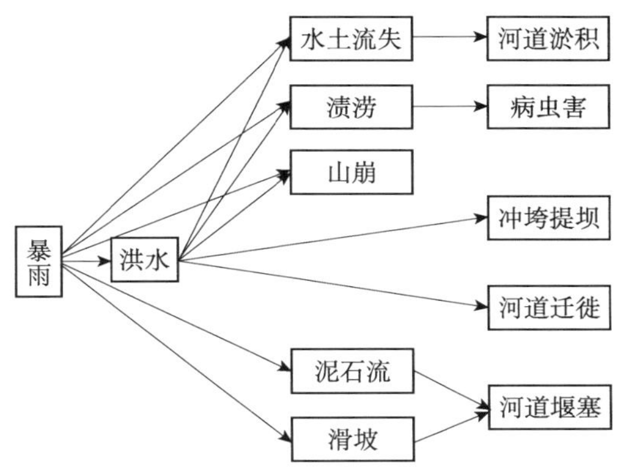

图 5-2　流域暴雨灾变链

（1）暴雨成因

暴雨是一种灾害性天气，中国气象上规定，24 小时降水量为 50 毫米或以上的强降雨称为“暴雨”。由于各地降水和地形特点不同，所以各地暴雨洪涝的标准也有所不同。

依据现代研究，暴雨的形成主要是受大气环流和天气、气候系统的影响，是一种自然现象。以赣江上游流域暴雨灾害为例，气候变化及土地覆被变化对其径流的影响有以下特点：①气候变化是影响径流的主要因素，明显大于土地覆被变化的作用，就年平均径流量变化而言，95%是由气候变化造成的，而土地利用所造成的径流变化仅占5%；②在干旱气候条件下的径流响应最大，在气候湿润条件下，径流响应最小①。因为土地覆被在很大程度上容易受到人类生产活动的影响，而气候变化在目前技术条件下，依然是人类无法干预的，所以，流域内的暴雨应该主要是自然因素诱发。

尽管不是主要因素，但是人类活动会进一步加剧暴雨的程度，特别是林草覆被减少，一方面使降雨后不能蓄水于山，另一方面也使降雨的季节分布越来越无规则，暴雨出现的频率增加。森林植被破坏，引发水土流失。森林具有良好的蓄水作用，一方面可以截留降水，一般截流量为20%，且枯枝落叶层也能吸收大量水分；另一方面，森林的土壤渗透性高，蓄水性好。据估计，1万亩森林的蓄水能力相当于一个蓄水量为100万m^3的水库。森林植被还可防止水土流失，调节气候。然而，随着人口的增加，对森林的乱砍滥伐，林区面积逐渐减小。以长江流域为例，新中国成立初期长江上游的森林覆盖率为30%—40%，而到现在，仅为10%左右。森林的破坏，直接导致水土流失，河道泥沙淤积，河床抬高，使得河流及其周边地区的调洪、蓄洪能力减弱，形成水灾②。

（2）洪水灾害

洪水通常是指由暴雨、急骤融冰化雪、风暴潮等自然因素引起的江、河、湖、海水量迅速增加或水位迅猛上涨的水流现象。当洪水对人类安全形成威胁时，便转变为洪灾。所以，从成因分析，除了冰雪融解、冰坝溃决、山崩阻塞溃决和地震溃坝等形成的洪水之外，绝大部分洪水都来自暴雨。一般来讲，如果气候异常，水系干流及支流大部普降暴雨，就会出现洪水灾害，洪灾程度和暴雨波及的范围存在直接关系。

洪水属于自然灾害，但是洪灾的形成还和人类活动关系密切。

首先是流域林草覆被率。因为这是涵养水源、减轻暴雨冲刷、减少地表径流的主要影响因子，只有较好的林草覆被率，才会减少短时间内入河水量和泥沙量。人类犯下的最大错误是砍伐森林。森林作为陆地生态系统的主体，具有涵养水源、保持水土、调节气候等多种功能，对洪峰有不可替代的削减作用。有洪水不一定有洪灾，只有流域中上游林草覆被遭到破

---

① 田鹏：《气候与土地利用变化对径流的影响研究——以鄱阳湖流域为例》（博士学位论文），西北农林科技大学2012年。

② 丁一汇、张建云等：《暴雨洪涝》，北京：气象出版社，2009年，第104页。

坏，才可能造成洪灾。以森林为例：①林冠可以通过它巨大的叶面截留暴雨的一部分，可达10%—30%；②它的枯枝落叶层有储存雨水的功能；③由于森林的存在，大大加强了地表的伏渗能力，大量的急速的地表径流变成了缓慢的地下径流；④森林还可以改变土壤的地表结构，增强储存降水的能力；⑤森林根系庞大，有固土作用，可以减少水土流失。

其次是流域内调洪、蓄洪场所及河道泄洪能力。不仅是中上游山区滥伐森林，使林草覆被减少，而且因为人口增加，一些流域出现人口与河道争地，诸如围湖造田、围垦河道等。流域内的湖泊是调节水量的重要途径，湖泊的减少，必然增加洪水频率。此外，人与河道争地，使得河道越来越狭窄。一旦遇到洪峰，就会成灾。所以，历史时期洪水的频率和严重程度与人口增长趋势相当一致，人口增长，为扩大耕地而围湖造田、乱砍滥伐等人为破坏不断地改变着地表状态，改变了汇流条件，加剧了洪灾程度。

再次，洪水还会在流域内排水不畅的低洼地带造成土壤盐化。洪水与盐化程度大致正相关，如一次黄河泛滥可能形成大量盐碱地，洪水之后随着不断地降水冲刷，盐碱地会慢慢再得到改善。清代官员奏折中提及黄河下游被淹没的村庄时，多用“被水”、“被碱”、“沙碱”等词语。到1920年河北盐碱地数字约为耕地一半，到20世纪中期，山东境内约有盐碱地950万亩，河南沿黄盐碱地达500万亩左右①。

（3）滑坡灾害

滑坡俗称“走山”、“垮山”、“地滑”、“土溜”等，是指斜坡上的土体或者岩体，受河流冲刷、地下水活动、雨水浸泡、地震及人工切坡等因素影响，在重力作用下，沿着一定的软弱面或者软弱带，整体地或者分散地顺坡向下滑动的自然现象。滑坡会程度不同地摧毁农田、房舍，伤害人畜，毁坏森林、道路以及损坏各种基础设施，常常给人类社会造成巨大损失，有的甚至是毁灭性的灾难。

滑坡形成的条件主要是：破碎岩体、地势起伏大、植被覆盖率低；暴雨往往是催生滑坡的“润滑剂”。例如中国西南丘陵山区，最基本的地形地貌特征是山势陡峻，土壤结构疏松，沟谷河流遍布于山体之中，与之相互切割，因而滑坡灾害相当频繁。特别是在暴雨之后，由于水在滑动面上的浸泡，使其抗剪强度大幅度下降而易滑动，不少滑坡具有“大雨大滑、小雨小滑、无雨不滑”的特点。

---

① 夏明方：《民国时期的自然灾害与乡村社会》，北京：中华书局，2000年，第56-71页。

除了气候因子外，地形对暴雨成灾程度也有显著影响。如高原和山系会对气流产生阻挡作用而产生暴雨等强烈降水过程，而这些地区多为河流源头地区；更重要的是高原和山地一般具有土质疏松、山石裸露等地质特点，也容易诱发滑坡、泥石流等灾害。

（4）泥石流灾害

泥石流是指在山区或者其他沟谷深壑、地形险峻的地区，因为暴雨、暴雪或其他自然灾害引发的山体滑坡并携带有大量泥沙以及石块的特殊洪流。泥石流具有突然性以及流速快、流量大、物质容量大和破坏力强等特点，是山区最严重的自然灾害。

泥石流属于地质灾害，存在明显的易发区，一般发生在半干旱山区或高原冰川区，这些地区大致具有以下特征：①地形十分陡峭；②泥沙、石块等堆积物较多；③受气候条件制约，树木很少。一旦暴雨来临或冰川解冻，在水的搬运力下，泥沙、石块顺着斜坡滑动，于是形成泥石流。我国有泥石流沟1万多条，大多数分布在西藏、四川、云南、甘肃等地，除青藏高原多是冰雪泥石流外，多是雨水泥石流。

泥石流因暴雨发生，多伴随山区洪水，与一般洪水的区别是洪流中含有足够数量的泥沙石等固体碎屑物，其体积含量最少为15%，最高可达80%左右，因此比洪水更具有破坏力。

泥石流的主要危害是冲毁乡村城镇聚落，造成人畜伤亡、财产损失，此外还会破坏林草覆被，有时还会淤塞河道，阻断航运，还可能引起水灾。

2. 历史时期的特征

传说“伊、洛竭而夏亡，河竭而商亡”，故历代统治者都十分重视对河流水量、山体崩滑等灾害的观测。通过对正史“五行志”、县志等文献所记山洪及由其引发的崩滑灾害的分析统计，发现从周幽王六年（公元前776年）到1911年清朝灭亡，近2700年间，见诸记载的特大山洪共67次，山洪及暴雨引发的崩滑、泥石灾害共37次。山洪在宋代（960—1279）最为严重，平均12年1次；泥石灾害在清代（1644—1911）最为严重，平均12.5年一次。灾害范围不断扩大，从大流域支流上游逐步扩展到小流域源头，扩展到了畲族、东乡、撒拉、土家、藏族等民族居住区。究其因，则印证了一句古语：三分天灾七分人祸。所谓“天灾”，是指山洪及山崩、泥石灾害的发生，皆和水文气象条件、地质背景、地质灾害、植被发育程度等有关。称其“三分”是因为山洪及山体崩滑、泥石等活动并不一定成“灾”，只有给人类和人类赖以生存的环境造成破坏性影响的时候，我们才称之为灾害。“人祸”与“天灾”相对，意指由于人为因素造成的灾祸。通过对历史时期山洪及由其引发的山崩、滑坡、泥石流等灾害时空特征的分析，可以发现人类在其中的决定做用：宋代人口首次过亿，江南东部人口密度过高是导致山洪灾害频仍的根本原因；清代人口突破 4 亿，河源山地开发是导致山体崩滑及泥石灾害频仍的根本原因。历史时期我国山洪及由暴雨、山洪引发的山崩等灾害发生的时空特征，再次证明了流域问题是一个历史问题，有着深刻的历史渊源，需要从长时段的、历史的、系统的视角开展规律性探索，以实现学术研究借古鉴今的主旨。

《史记·周本纪》记载了周幽王二年（公元前 772 年）太史伯阳父的一段“灾害论”。他说“川竭必山崩”，而“国必依山川，山崩川竭，亡国之征也”，认为大旱之后必有大涝，过量的山洪往往引发山崩；因古代的国都皆依山傍水而建，山洪及其引发的山崩、滑坡及泥石流灾害往往会危及国都的安全。城亡国破，故称亡国之兆。可见，三千年前中国人对于暴雨山洪引发的山体崩滑等灾害已有了深刻的认识。

（1）三千年来山洪及其引发的崩、滑、泥石灾害的时空特征

山体崩滑、泥石灾害，引发的原因主要有暴雨、洪水及地震。历史时期，关于山崩的记载很多，如周幽王二年“岐山崩”，但这次山崩和山洪无关，它是由地震引发的。最早由山洪水引发的山崩记载见《诗经·小雅·十月之交》，周幽王六年（公元前 776 年）“烨烨震电，不宁不令，百川沸腾，山冢崒崩，高岸为谷，深谷为陵。”暴雨引发山洪，二者叠加引致山崩，泥石俱下。

从周幽王六年（公元前 776 年）到 1911 年清朝灭亡，近 2700 年间，见诸记载的特大山洪共 67 次，山洪及暴雨引发的崩滑、泥石流灾害共 37 次。具体时空分布特征如下。

1）汉代山洪灾害 2 次，无山洪引发山崩的记载。2 次山洪灾害均在黄河中游支流，渭水、洛河各 1 次。

2）西晋山洪 1 次，引发山崩 1 次，均发生在淮河支流淝水。

3）唐代山洪灾害 14 次，平均 21 年 1 次；无山洪引发山崩的记载。其中黄河中下游渭水、汜水、汝河等支流 7 次，长江下游支流青弋江 1 次，淮河支流淝水 2 次，钱塘江支流婺江 2 次，珠江支流连江上游 1 次，大辽河 1 次。

4）宋代山洪灾害 26 次，平均 12 年 1 次；无山洪引发山崩的记载。其中黄河上游支流 1 次，中游支流 1 次，下游支流 3 次，长江上游支流岷

江 2 次，中游支流沅江支流渠江上游、赣江支流章江上游各 1 次，下游 2 次，淮河流域支流 1 次，珠江流域支流上游 1 次，海河流域 1 次，桑干河流域 1 次，另外东南沿线鉴江、黄华江、罗定江之发源地，甬江、奉化江、余姚江及曹娥江上游，以及韩江支流汀江上游等均有山洪记载。

5）元代山洪灾害 2 次，平均 49 年 1 次；暴雨引发山崩 8 次，平均 12 年 1 次。

两次山洪灾害分别发生在长江、黄河两大流域下游。至于暴雨引发的山崩，位于黄河、长江两大流域上游的甘肃天水市 2 次，黄河下游支流 1 次，长江下游支流 2 次，小流域东江、修水、东溪上游各 1 次。

6）明代山洪灾害 6 次，平均 51 年 1 次；暴雨引发山崩 7 次，平均 54 年 1 次。其中山洪黄河下游、长江中游、瓯江、珠江、卢沟河（浑河）、钱塘江各 1 次；暴雨山洪引发的山崩，黄河上游 1 次，长江上游 2 次，珠江水系支流北盘江等 2 次，元江（红河支流）支流 1 次，钱塘江 1 次。

7）清代山洪 13 次，平均 21 年 1 次；暴雨引发山崩 21 次，平均 13 年 1 次。其中山洪黄河上游、下游各 1 次，长江上游嘉陵江、赤水河等 3 次、下游赣江 4 次，桑干河上游 1 次、海河下游 1 次、钱塘江 1 次、飞云江 1 次；暴雨山洪引发的山崩，黄河上游洮河流域等 3 次，中游渭水流域等 3 次，长江上游嘉陵江、锦江等支流 4 次，长江、珠江上游湘漓二水源头 1 次，长江下游山地 4 次，小流域瓯江支流松阴溪、龙泉溪等 4 次，钱塘江 2 次，曹娥江 1 次。

通过对见诸历史文献的山洪及由暴雨山洪引发的崩滑、泥石灾害记载的分析，可以发现以下特征：从时间分析，3000 年来山洪灾害宋代（960—1279）最为严重，平均 12 年 1 次；山洪、暴雨引发的山崩、滑、泥石流等灾害，清代（1644—1911）最为严重，平均 12 年 1 次；从空间分布分析，灾害范围不断扩大，从大流域支流上游逐步扩展到小流域源头，逐步扩展到了畲族、东乡、撒拉、土家、藏族等民族居住区。

（2）三分天灾：降水量和地质灾害的周期性波动是灾害发育的必要条件

山洪及山崩、泥石灾害的发生，皆和水文气象条件、地质背景、植被发育程度、人类工程经济活动强度等有关。以山洪为例，可以分为暴雨山洪、融雪山洪、冰川山洪等，强降水量、高温天气等是诱发灾害最直接的外动力因素，相对高差大、河谷坡度陡峻的中高山区则成为灾害发育的地质条件；此外，植被发育也和气候特征关系密切。

所谓“天灾”主要体现在两方面：一方面是上文所言的自然、地质条件是灾害发生的直接外力；另一方面是历史时期降水量及地质灾害发生均呈现出周期性波动的特征。在降水量显著增加、地质灾害频繁的时期，山洪及由其诱发的山崩、泥石活动就会进入多发期。由山洪引发的山体崩滑、泥石等灾害，并不是任何地区都可能发生，只有在那些容易形成强降雨，在地形上具备山高沟深、地形陡峻、沟床纵度降大等便于水流汇集，且地表岩石破碎，崩塌、错落、滑坡等不良地质现象相对发育的地区，才为灾害的发生提供了条件。所以，历史时期这一灾害集中发生在部分流域干支流的上游山区，并非所有地区，譬如黄河中游的汾河流域，作为中华民族滥觞之地，尽管农业开发较早，人口相对密集，却并不见山崩、泥石灾害的记载。

为什么称其“三分”？因为山洪及山体崩滑、泥石等活动并不一定成“灾”，所谓的“灾害”是针对人类而言的，只有给人类和人类赖以生存的环境造成破坏性影响的事物，我们才称之为灾害。历史时期见诸记载的67次特大山洪，及暴雨山洪引发的37次崩滑、泥石灾害中，只是人类对历史时期这一灾害中的选择性记忆，只是选择性地记载了给人类造成危害的部分。从公元前8世纪到公元13世纪，气候存在明显的冷干、暖湿周期，期间由暴雨山洪引发的山崩、泥石灾害，见诸记载的只有西晋元康四年（294年）1次；再从空间分析，汉代3次山洪灾害，皆发生在人口聚集的京畿地区，其中西汉文帝三年（公元前177年），“蓝田山水出，流九百余家。汉水出，坏民室八千余所，杀三百余人。”[①] 西晋3次山洪、山崩灾害，皆发生在淮河支流淝水，并对当时的重镇寿春城造成破坏。

分析山洪及山体崩滑、泥石流等灾害发育的自然条件，可以大致确定易发生这些灾害的区域；分析历史时期气候冷暖交替规律，可以大致确定易发生这些灾害的时期。但对比分析历史时期我国见诸记载的这些灾害发生的时空特征，却发现存在明显的不一致，究其因又和人口密度及人类活动特征关系密切。所以“天灾”是灾害发生的直接动力，但并不是成灾的决定因素。

（3）七分人祸：人类的过度扰动和活动范围的盲目扩展是灾害形成的决定因素

“人祸”与“天灾”相对，意指由于人为因素造成的灾祸。鉴于是否形成“灾害”是从人类利益的视角进行解读的，所以当山洪、山崩、泥石流等发生在与人类毫无关联的地区时，它就不是灾害，甚至它们的存在、

---

① （汉）班固：《汉书》卷27上《五行志》第七上。

发生都不被人类所知，这也是为什么历史时期早期灾害记载较少，愈往近世记载愈多、愈详细的根本原因。对于“天灾”、“人祸”，为什么要“三”、“七”分？这里的“三”、“七”非实指，它的主旨只是要表明“人祸”成分要远高于“天灾”。通过对历史时期山洪及由其引发的山崩、滑坡、泥石流等灾害时空特征的分析，可以发现人类在其中的决定作用。

第一，宋代人口首次过亿，江南东部人口密度过高是引致山洪灾害频仍的根本原因。

据史书记载，自北宋仁宗时起，全国户数达到 1200 万户，到徽宗时超过 2000 万户。以每户 5 口计算，人口已经过亿，这也是中国人口首次过亿，较之汉唐盛世几近翻番。元初、明初人口大为减少，元代全国户数最多时为 1340 万；明洪武十四年（1381）全国户数恢复到 1000 万户。有明一代人口一直徘徊在 6000 万左右。可见，较之汉唐、元明，宋代是一个人口高峰。南宋偏安江南一隅，版图大为缩小，人口集中分布在领土东部，形成了江浙、成都、江西几个人口高度密集区域，这些行政区域正是宋代洪水频发的地区。此外，两宋政权开发西南地区的国策也起到了很大作用，特别是南宋时期，在政府鼓励下，大量内地人口迁移到四川、广西、云南地区。

第二，清代人口突破 4 亿，河源山地开发是导致山体崩滑及泥石灾害频仍的根本原因。

以河流为核心的流域是有生命的，它也有自己生存、发展的生命规律。河源一带就和人的大脑、心脏一样，是河流健康生存的生命中枢。在中外文明史上，早期人类对于河源一带充满了敬畏，这种敬畏虽带有迷信色彩，却保护了河流生命之源。随着康熙年间摊丁入亩赋税政策的实施，人口开始滋生迅速，到乾隆五十九年（1794）人口超过 3 亿，道光十四年（1834），开始超过 4 亿。人口与耕地之间的矛盾日渐尖锐，大批在流域中下游平原地带无法获取土地的贫民，不得不带着马铃薯、玉米等耐干旱的外来作物的种子走进深山，开始无限地接近河源生态脆弱区。

河流无论大小源头皆处于山区，不仅地质薄弱、岩性破碎、易受侵蚀，且生态系统相对脆弱、承载力较低。所以，一方面需要有较好的林草覆被来保护地表、涵养水源，同时防止滑坡、泥石流等灾害；与此同时，人口承载阈值较低，绝不适宜大规模的人口迁入。嘉庆十七年（1812），浙江人均耕地 1.77 亩，福建人均耕地 0.98 亩，百姓不得不深入偏远山地，所以有清一代浙江境内小流域曹娥江、瓯江多次发生山崩，其中瓯江的支流松阴溪、龙泉溪等因山洪引发山崩多达 4 次。这些小流域，当地人称“八山一水一分田”，生态容量十分有限，大量人口涌入，山洪、泥石灾害不可避免。

历史时期我国山洪及由暴雨、山洪引发的山崩等灾害发生的时空特征，再次证明了流域问题是一个历史问题，有着深刻的历史渊源，需要从长时段的、历史的、系统的视角开展规律性探索，以实现学术研究借古鉴今的主旨。

（二）流域灾害链之二：水土流失灾害链

从自然角度分析，流域是一个“天文—地理—生态”复合系统，上、中、下游及干支流共同构成了这个“天—地—生”大系统。流域系统内最重要的资源就是水土资源，它是保证流域系统循环的最基本资源，也是流域内处于不断变化、不断循环状态的物质资源。流域内水土资源的承载力也是有限的，如果生物系统超越了它的承载阈值，出现水土循环问题，就会引发流域性灾害，从而危及包括人类在内的流域生物系统。

1. 灾害链根源——流域林草覆被减少

上中游山区林草覆被的减少原因较多，主要包括自然原因和社会原因两方面。

首先从自然原因分析，主要和气象灾害有关，譬如干旱、低温都会导致林草覆被生长缓慢。此外，地震灾害、泥石流、滑坡等灾害，也会导致山地裸露，覆被受到损害。

其次从社会原因分析，滥伐森林、开垦坡地、发展农林生产、开发矿产、开辟交通线路等，都会造成大面积的林草消失。

上中游山地一般会有大面积草地资源分布。因为草地是可再生资源，放牧业对生态的影响程度小于农耕，所以适度的放牧不会对生态造成严重破坏。但超载放牧等人为因素，亦会造成草地资源的迅速缩减和草地生态系统的退化。草地退化会使产草量降低和牧草质量下降，如果畜牧量不及时调整、减少，会进一步加剧山地草地资源的退化。草地系统进一步退化，蓄水、保土等生态功能下降，水蚀、风蚀日益严重，就会加速水土流失及其他自然灾害的发生。

上中游山地一般还会有大面积森林资源分布。目前社会经济发展，对木材需求量很大，特别是随着森林面积的减少，河流源头一带的森林资源更显得弥足珍贵。十年树木，百年树人，在一些山区树木成材的时间远远超过十年，森林资源一旦受到破坏，恢复起来需要一个较长的周期。

2. 水土流失灾害链主要表现

按照《中国大百科全书·环境科学》的解释：水土流失是指人类对土地的利用，特别是对水土资源不合理的开发和经营，使土壤的覆盖物遭受破坏，裸露的土壤受水力冲蚀，流失量大于母质层育化成土壤的量，土壤流失由表土流失、水土流失而至母质流失，终使岩石暴露。从水土流失的定义可以看出，对于水土流失地，它的主要危害则是造成土壤养分流失。

（1）引发流域性水资源问题

流域内林草系统的生态服务功能，如最重要水源涵养和水土保持能力会下降。失去林草涵养水源的作用后，地表径流量减少，补给地下径流的时间变短，补给量也相应降低，就使得流域内总水量和可供开采的水资源量降低；与此同时，还会使降雨的季节分布越来越无规则，径流量稳定性下降，来水容易骤起骤落，使全流域河水涨落无常、变化迅速，导致径流不稳定。此外，从土壤中流失的养分和工农业生产产生的化学物质还会导致水资源污染，如流域湖泊发生的富营养化的氮、磷元素超过 60%来自水土流失造成的面源侵蚀。

（2）引发流域性土壤问题

径流的不稳定还使得河流冲刷力增强，加上地表植被覆盖度下降，导致河流含沙量增大，山区水土流失加重，一旦遭遇暴雨冲刷，势必引发大量的水土流失。水土流失冲走肥沃的表层土，造成当地土壤的破坏，土壤失去了维持植物生长和保蓄水分的能力，其调节气候、水分循环的功能也随之下降；与此同时，还会使地表变得沟壑纵横，单位土地面积的生产力进一步下降，土地承载力进一步降低。

（3）引发流域中下游水环境问题

上游地区山地、丘陵等林草覆被减少之后，地表大面积裸露，在风力侵蚀、水力搬运下，河水中泥沙含量增多，将大量的泥沙携带进入流域中下游。河水中泥沙含量增大对中下游地区的影响主要体现在：①水借沙势，对中下游河道、堤岸等破坏力加大；②对中下游湖泊的影响，造成湖面萎缩；③对河口地带港口航道的影响，泥沙淤积；④对河流两岸环境的影响。

来自中上游的泥沙，在进入下游平原地带后，因为河面变宽、流速变缓，于是开始在河床沉积，河床被迫抬高，洪水冲垮堤岸频率随之不断提升，下游地区的社会经济在灾害中不断受到损失，于是抵御自然灾害的能力进一步下降，灾害与社会经济便进入一种恶性循环。

（4）引发流域性生态问题

流域生态系统要保持正常循环是需要一定的林草覆被率的，所以流域内林草覆被率减少对流域生态系统的影响是多方面的，主要包括：失去林草涵养水源的作用，会导致整个流域的水资源减少；水土流失会给流域中下游带来污染，会给当地造成土壤贫瘠；此外更严重的是，失去必需的林草覆被之后，流域系统内依靠绿色植物调节气候的功能趋弱，动物生存环境便逐步恶劣等。

此外，水土流失还会造成水资源的污染，引起水量平衡的失调；同时，由于植被覆盖率降低，使得生态系统总体服务功能降低。同时加速的径流会引起下游的洪峰量剧增。水土流失对土地的危害，主要是降低土壤肥力，破坏地面完整，加剧干旱发展等。

3. 历史时期黄河流域的水土流失

中国七大流域和内陆河流域都有程度不同的水土流失，黄河中上游的黄土高原区 60 万 km^2面积中，严重水土流失面积达 43 万 km^2，占流域总面积的 71%，可以说黄土高原是世界水土流失之最。

(1) 水土流失：黄土和覆被的博弈

影响水土流失的自然因素主要有：地形、降雨、土壤（地面物质组成）、植被四个方面；人为因素主要表现在对地面植被和地形稳定性的破坏，加剧水土流失。

黄河在上中游地区，流经世界上最大的黄土高原，由于黄土土质疏松、垂直节理发育，很容易发生水土流失；加之黄土高原地处我国第二级阶梯，及由第二级阶梯向第三级阶梯的过渡地带，水流落差很大，也易引发水土流失。此外，黄土高原还位于我国东南季风和西南季风影响的边缘区，干旱、风沙频繁。气候的干旱与降水不稳定，黄土及风沙物质的不稳定相结合等，都是水土流失的自然原因。早在史前时代，黄土高原就有土壤侵蚀，由于当时地面大部分有林草覆盖，土壤侵蚀轻微，不致造成严重危害。

关于历史时期黄河中上游地区的植被变迁，史念海先生将文献研究与野外调查相结合，认为有一个林草覆被在人类活动影响下逐步减少的过程。

桑广书在《黄土高原历史时期植被变化》一文中提出：“西周以前及西周战国时期黄土高原植被保持着天然状态；秦汉时期天然植被仍占较大比重，人类活动尚没有改变黄土高原的植被面貌；唐宋时期河谷、平原地区已无天然森林，丘陵、山地植被也遭到破坏，北部沙漠开始扩张，自然环境处在恶化之中；明清时期植被遭到毁灭性破坏。造成黄土高原历史时期植被变化的根本原因是人为开垦土地，采伐森林和过度放牧。据推算春秋战国时期黄河中游森林覆盖率为 53%；秦汉时期下降为 42%；唐宋时期下降至 32%；明清时期下降至 4%。黄土高原濯濯童山主要是近 600 多年来人类活动对植被破坏的结果。”①

（2）上中游水土流失与下游“悬河”

从“河”到“黄河”，从称谓变化上，可窥见黄河泥沙量的增加。公元前 4 世纪黄河因河水浑浊即有“浊河”之称；公元 1 世纪初，更有“河水重浊，号为一石而六斗泥”的记载，可见战国到秦汉时期，黄河泥沙含量已经较大了。历史时期来自黄河上中游的泥沙量虽然随着农牧生产方式的变更有波动，但唐宋以后总的趋势是泥沙有增无减。这些泥沙中的一部分堆积在下游河床上，日积月累、河床淤高，全靠堤防约束，时久形成悬河。

目前黄河下游已有 800km 的地上悬河（又简称地上河），堪称世界之最。悬河河床高度，相对于两岸河堤之外的平原，现已高出 3—5m，有的河段达 10m。黄河“悬河”已向中上游推移，并且呈逐年扩展之势。地处黄河中上游的内蒙古段，全长 890 多 km。据沿线水文站监测，黄河内蒙古河段在过去十年中“蹿”高了两米多，已成为继下游河南、山东段后的又一段“地上悬河”。

下游河道“悬河”态势存在很大的灾害隐患，一旦雨季出现大范围暴雨，洪水聚集下游，漫过堤坝，很容易引发洪水灾害。据粗略统计，黄河下游决口泛滥见于 20 世纪 50 年代前历史记载的约 1500 余次，较大的改道有二三十次，洪水遍及范围北至海河，南达淮河，纵横 25 万 km^2，对中国黄淮海平原的地理环境影响巨大。

（3）水土流失与文明重心转移

处于黄土高原腹地的陕西省，曾经是周、秦、汉、唐等 13 个王朝的建都之地。在古代相当长的历史时期内，陕西、甘肃、山西等西北地区，曾经是植被良好的繁荣富庶之地，“山林川谷美，天材之利多”②。司马光的《资治通鉴》中描述盛唐时期陕、甘地区的发展情景，是“闾阎相望，桑麻翳野，天下称富庶者无如陇右”③。后来，由于人口的增加、战乱的破坏，加上自然灾害和乱垦滥伐，破坏了地面的林草植被，加速了土壤侵蚀，导致陕、甘等西北地区的严重荒漠化，经济文化的发展也因此受到极大的制约。

---

① 桑广书：《黄土高原历史时期植被变化》，《干旱区资源与环境》2005 年第 4 期，第 54-58 页。

② （战国）荀子：《荀子·强国篇第十六》。

③ （宋）司马光：《资治通鉴》卷 216《唐纪三十二》。

黄土高原水土流失，是造成该地区生态环境恶化、农业生产水平低下、群众生活贫困、经济发展缓慢、影响可持续发展的根源。大量泥沙淤积在下游河道，形成地上悬河，也是黄河下游泛滥成灾、难以治理的症结所在，形成“越垦越穷，越穷越垦，越垦越流失”和黄河下游大堤“越加越险，越险越加”两个恶性循环。据统计，黄土高原每年因沟壑侵蚀约损失 6000ha 土地，占总耕地面积 90%以上的坡耕地，每公顷每年流失土壤 120—150t，流失水量 300—450m^3。严重的水土流失，使该地区成为我国贫困人口最为集中的地区之一。

黄土高原的坡耕地土壤遭受侵蚀以后，水、土、肥一起流失，以致土地日益瘠薄，成为发展农业生产的主要制约因素。据分析，黄土高原每年输送到下游的 16 亿 t 泥沙中，含氮、磷、钾总量约 4000 万 t。侵蚀，不但减少了土壤中氮、磷、钾的含量，而且也使对农作物的增产有重要作用的微量元素，如硼、锌等的含量大减，活性微量元素的不足，不仅造成农作物减产，而且还影响农牧产品的质量。另外，水力侵蚀使土壤结构遭到破坏，土壤持水能力变差，土壤中微生物活动受到阻碍，不利于根系发育和作物生长。风力侵蚀，刮走土壤表层的细颗粒，使土壤变粗，结构变坏，也不利于农业生产。新中国建立前，在丘陵沟壑区，一般年景坡耕地每公顷产粮 300—450kg，灾年只有 150—220kg，甚至颗粒无收。黄土高原之所以成为全国有名的贫困地区，水土流失就是最主要的原因。

黄土高原大部处在干旱、半干旱地区，降雨少，季节分布不均匀，农业生产遭受不同程度的干旱威胁，而严重的水土流失又加剧了干旱的程度。在缺乏植被的情况下，坡耕地表面的土壤受到暴雨的冲击，土壤孔隙被堵塞，雨水下渗速度小，大量径流顺坡而下。黄土高原降水量少而蒸发量大，是造成干旱的基本原因。历史上由于战乱等原因，森林被大肆破坏，引起水土流失加剧，造成生态环境恶化，又加重了干旱的威胁。根据黄土高原各地历史的考证，随着水土流失的加剧，旱灾出现的概率也相应频繁。

（三）流域灾害链之三：干旱灾变链

干旱不仅可以使农作物减产，而且可以引发某些病虫害；干旱使地下潜水下降，引起土地沙化、盐碱化、地面沉降、地裂缝等，从而构成干旱灾变链（图 5-3）①。

---

① 原国家科委国家计委国家经贸委自然灾害综合研究组编著：《中国自然灾害综合研究的进展》，北京：气象出版社，2009 年，第 267 页。

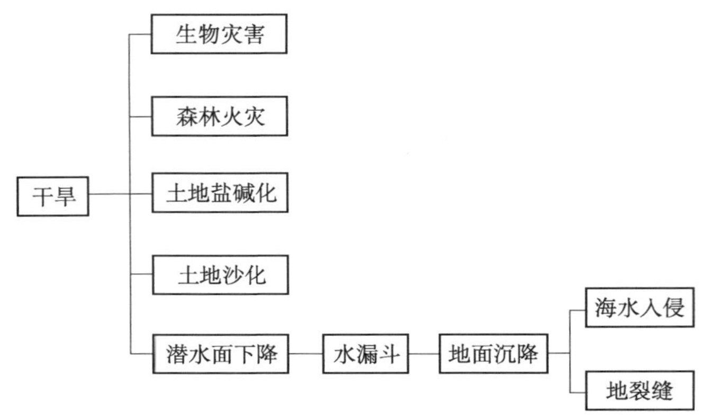

图 5-3　干旱灾变链

资料来源：原国家科委国家计委国家经贸委自然灾害综合研究组编：《中国自然灾害综合研究的进展》，北京：气象出版社，2009 年，第 267 页。

1. 旱灾引发生物灾害

持续干旱引发的生物灾害主要包括：森林虫害、农作物蝗灾等，其中蝗灾对流域社会经济影响显著。

（1）林木生物灾害

根据现代研究，持续干旱会导致林木因缺水而生长不良，抗病虫能力下降，从而引发次期性的天牛、小蠹、吉丁虫侵入危害，诱发寄主主导型病害侵染林木。干旱造成的灾害表现还会有滞后现象，一般在灾后 1—2 年内林木受害加重。由于干旱时期，冬季气温升高，导致害虫越冬死亡率降低、越冬基数变大、发育进度加快、危害期提前，春尺蠖、杨小舟蛾、松毛虫越冬存活率平均提高 5%—10%，春季发生期将提前 3—7 天，延长了危害时间，林木受害加重。此外，干旱还会使地表植被减少，鼠兔也会因食物短缺加大对林木的啃食。

（2）农作物蝗灾

蝗灾，是指蝗虫引起的灾变，对农业生产破坏巨大，“禾穗树叶食之殆尽”，多致粮食短缺并引发荒灾，“民不聊生，多转沟壑”①。因为蝗虫要将卵产在土壤中，所以极喜温暖干燥的气候，土壤含水量在 10%—20% 时最适合它们产卵。气候变暖、干旱加剧、草场退化等多种因素的叠加，是蝗灾发生的预兆性条件。

蝗灾的发生，自然因素是主要的，但不可否认的是，有相当一部分人为

① 道光《太平县志》卷 19《祥异志》。

因素。“如河滩裸露，湖库脱水，退耕还湖、还草、还滩过程中没有注意综合措施，残留虫量太多等，都是导致蝗虫爆发的条件”①。如蝗虫必须在植被覆盖率低于50%的土地上产卵，如果一个地方林草覆被完好，蝗虫就无法繁衍。所以，要从根本上防治蝗灾，应该十分注意生态环境的保护。

此外，流域内河湖水文的变化也是引致蝗灾发生的主要原因。蝗虫是将卵产在没有植物或植物稀少的滩涂荒地里，所以，河流、湖泊水面缩小，低洼地裸露为蝗虫提供了更多适合产卵的场所。此外，干旱环境生长的植物含水量较低，蝗虫以此为食，生长速度较快，一旦数量达到一定程度，就可能群聚成灾。以汾涑流域为例，据史料记载，宋金时期，汾涑流域的水涝灾害还微不足道，而元代的至元到至正的一百多年间，该流域竟发生水灾十六次之多，最后三次都发生在太原盆地，受灾范围恰在昭余祁、文湖、洞过泽旧地②。河湖水文的变化，还导致了气候的恶化，其中最严重的是旱灾。据统计晋中地区1470—1948年479年中，各种自然灾害中被灾年份最多的是旱灾，多达191年，平均2.5年一次；其次是洪涝灾害共计188年，平均近2.6年一次③，蝗灾的发生也和湖泊的干涸有关。

2. 历史时期的特征

中国历史上蝗灾多集中于黄河下游的河北、河南、山东三省，江苏、安徽、湖北等省亦有分布，严重时可能遍及整个黄土高原。据邓拓《中国救荒史》统计，秦汉蝗灾平均8.8年一次，两宋为3.5年，元代为1.6年，明、清两代均为2.8年，受灾范围、受灾程度堪称世界之最。

（1）水、旱、蝗并发

水、旱、蝗是中国历史上三大自然灾害，尤以蝗灾为甚。据统计，从公元前707年至公元1907年的2614年中，共发生蝗灾508次，按其发生次数的地理分布，黄河流域436次，占85.82%；长江流域69次，占13.57%。④

这三大灾害之间也存在因果关联。对此明代科学家徐光启已有认识：“蝗之所生，必在大泽之汇，然而洞庭、彭蠡其区之旁，终古无蝗也，必有骤盈骤涸之处，如幽涿之南，青兖以西，梁宋以东，都郡之地，湖广

---

① 游修龄：《中国蝗灾历史和治蝗观》，《华南农业大学学报》（社会科学版）2003年第2期，第94-100页。

② （明）宋濂等：《元史》卷51《五行志》。

③ 耿怀英、曹才瑞：《自然灾害与防灾减灾》，北京：气象出版社，2000年，第209页。

④ 游修龄：《中国蝗灾历史和治蝗观》，《华南农业大学学报》（社会科学版）2003年第2期，第94-100页。

衍，溢无常，谓之涸泽，蝗则生之。”① 蝗虫极喜温暖干燥，所以蝗灾多和严重旱灾相伴而生，所谓“旱极而蝗”、“久旱必有蝗”；由于在某一降水区内每年的降水量大致均衡，所以在旱灾发生之前，大多有水灾发生，于是就形成了“水—旱—蝗”灾害链，农谚谓之：“先涝后旱，蚂蚱成片。”

以黄河流域为例，在暴雨引发洪水泛滥之后，往往随之就会发生严重的旱灾，水、旱灾害的交替发生，就使沿海、滨湖、河泛、内涝地区出现大面积的荒滩或抛荒地，这就直接形成了适于飞蝗发生并猖獗的自然地理条件。特别是黄河三角洲地区，历史上就是蝗灾的重灾区，特别是发生旱灾的年份，往往就会有蝗灾。近年因全球气候变暖等因素，黄河水量不断缩减，暴露的滩涂荒地也越来越多，再加上干旱造成黄河干流及流域内湖泊水量的锐减甚至干涸，都为蝗虫的产卵繁殖创造了适宜的条件。由于黄河断流时间是夏秋季（7—9 月）和春夏季（2—6 月），这期间正是东亚飞蝗的发育和繁殖期，所以河道的断流直接影响黄河滩地飞蝗的发生。

从对近代黄淮平原蝗灾发生基地的分布及其近 300 年来蝗虫猖獗发生的原因，以及各地县（府、州）志所记载的资料，结合各河道历代变化的分析中可以看出，黄河中、下游沿岸的东亚飞蝗区主要有三：一是利津以下的滨海蝗区，二是河漫滩蝗区，三是黄河故道及泛滥蝗区（即黄泛区）。黄河流量、水位、漫滩面积与蝗灾发生关系密切，一般是流量大、水位上升，漫滩面积增加，东亚飞蝗成灾可能性、成灾范围便较小，反之亦反。

（2）黄河中下游干旱灾变链

黄河流域大部分地区属于干旱、半干旱地区，降雨量偏小，水土流失严重，所以，与水灾一样，黄河流域的旱灾，也存在着灾情重、频率高的特点。从有历史资料记载至 1945 年，有大旱成灾记载的年份达 1070 余次。

早期的流域大旱灾，记述不详。到了明清以后，关于黄河流域连续大旱的史料，屡见不鲜。1632 年至 1642 年的明崇祯年间，黄河流域发生了历代罕见的、多年连续的特大旱灾，旱情从鄂尔多斯毛乌素沙地开始，逐年向东、向南扩展。1638—1640 年期间，旱情从黄河流域蔓延到大半个中国，无雨期长达 17 个月至 19 个月，黄河的支流汾河、沁河、伊河等多次干涸，干流在晋西南一带也出现局部断流。诸如“焦地流金，大地生烟，野绝青草，寸粒不收，雁粪充饥，骨肉相食，十室九空”等灾情的记述不胜枚举。清光绪年间，连续 3 年大旱，死亡人数达 1300 多万；1920

① （明）徐光启：《农政全书》卷 44《荒政》。

年，晋、陕、冀、鲁、豫大旱，受灾人口达 2000 万，死亡 50 万；在 1942—1943 年的大旱灾中，河南一省就饿死几百万人。

除了旱灾，旱、洪水灾还会相继发生。黄河流域水资源在时间和空间分布上很不均衡。据史料记载，一年中旱灾、洪涝相继出现的年份很多。如 1929 年 2 月黄河在下游发生凌汛决口，8 月伏汛期又在利津决口，并改道入海。就在这一年，黄河上中游青、甘、宁、蒙、陕等省（区）出现严重旱灾，“半年未雨”，“灾民流散，人相食”，广大灾民挣扎在死亡线上。

再者，就是旱、蝗灾害链。位于太行山东南与黄河以北的河内郡，与河东郡、河南郡合称三河。崇祯十二、十三年河内连续发生旱灾蝗灾，河内县知县王汉上《河内县灾伤图序》说：“臣以崇祯十二年六月初十日，自高平县调任河内，未数日，水夺民稼，又数日，蝗夺民稼。自去年六月至今，十一月不雨，水、蝗、旱，一岁之灾民者三。旱既太甚，不得种麦，而蝗虫乃已种子，亡虑万顷。冬，无雪，蝻子计日而出。去年无秋，今年又无麦，穷民食树皮尽，至食草根，甚至父子夫妻相食，皆黄腮肿颊，眼如猪胆，饿尸累累。”①

还有学者提出 1855 年黄河大改道前“旱—震—洪”灾害链②：通过对 1740—1855 年间干旱、地震、洪水自然灾害链的变化加以分析，认为水旱灾害和大气降水变化密切相关，密集的大地震在热量和水汽供应等方面影响着大气降水，进而提出“1855 年黄河大改道是水环境变化中，旱—震—洪灾害链最后形成的一次巨灾”。

（四）流域灾害链之四：河水断流与流域性灾害

河流是人类文明的摇篮，目前世界上已知的 2 万多种鱼类，有 40%在河流中生存，每平方公里河流中的物种数量是每平方公里海洋中物种数量的 65 倍。一条河流突然断流干涸，哪怕是短时间的断流，对河流中生物生存条件的破坏都是严重的，甚至是毁灭性的。因为仰赖河流水资源生存的水生生物，因河流干涸无法迁移，只能面对死亡，随之以其为食物的上层消费者也必然面临灭顶之灾。

---

① 荆壬秫修，刘恒济纂：《沁阳县志》卷 17《艺文》。

② 冯相明、袁秀忠，王涌泉：《1855 年黄河大改道前旱—震—洪灾害链》，见：高建国主编：《苏门答腊地震海啸影响中国华南天气的初步研究：中国首届灾害链学术研讨会论文集》，北京：气象出版社，2007 年，第 270 页。

1. 河流断流：人为与自然叠加

王渭泾先生研究了历史上黄河的灾害，他认为黄河泛滥成灾有三种情况：一是人为的灾害；二是对黄河的自然规律缺乏了解或政治上的需要；三是对黄河多泥沙、下游是强烈堆积型河道认识不足①。流域生态环境的变迁有其自身客观规律，从外因分析，既有自然诱因，如气候变化；也有人为因素诱发的演变。无论怎样，外因都要通过内因起作用。

（1）自然原因

首先是气候因素对流域径流量的影响。降水量减少是河流断流最主要的自然原因，而降水又直接受气候变化的影响。综合各种情况来看，致使河流断流的自然原因主要有：太阳辐射、太阳黑子的改变会影响降雨量；气候冷暖干湿相互交替变化周期的影响等。以黄河流域为例，流域大部分属于干旱、半干旱的大陆性气候区，依据近年观测，多年平均降水量为476mm，降水年内分配不均，大约60%的降水量集中在6—9月。径流的补给主要靠降水，因此年内分配不均匀，且年际变化大，天然河川径流量658亿m^3，实测年径流量431亿m^3。干流最大年径流量与最小年径流量的比值为2∶3。降水量本来就不充沛，水资源不足，进入温暖期后蒸发加强，降水减少，旱情加重，水资源供求关系更加吃紧，最终导致黄河断流现象出现。

其次是地理因素对流域径流量的影响。流域的地理因素主要包括流域的地理位置，流域的大小、形状，河道特征，土壤、植被以及湖泊、沼泽等，它们从不同的角度对径流产生影响。流域的形状影响汇流过程；河道特性影响水流输送和调蓄能力；土壤植被影响雨水下渗和植物截留过程；流域地形影响汇流速度和停滞过程。以黄河流域为例，黄河下游流经华北平原，河床宽坦，水流缓慢，泥沙大量淤积，成为世界上著名的地上河，使该段黄河不仅得不到两岸地下含水层的水源补给，反而要用河水下渗补给地下含水层，越是干旱越是下渗严重。黄河径流主要来自于上中游以降水补给为主的地表径流与地下径流，流域内降水量的下降直接减少了径流的水源补给量。

（2）人为原因

人为原因主要表现在人类对水资源的不合理利用和对环境的破坏。首先是森林覆盖率低、水土流失严重。大多河流林草覆被率在历史时期都存

---

① 王渭泾：《黄河治乱与河南兴衰》，见：牛玉国：《黄河与河南论坛文集》，郑州：黄河水利出版社，2008年，第23-24页。

在一个逐步减少的过程。鉴于林草对流域水源涵养的作用，植被状况的恶化就使得水土流失量陡增，土地蓄水、保水性能趋弱。生态环境的恶化、森林的消失是造成河流洪灾与断流并存的历史原因。

其次是随着人口、经济的迅速发展，耗水量不断增加。流域以其优越的自然禀赋，从古至今一直是人类聚集之地，特别是近代以来，随着工业经济、商业经济的发展，各大流域的水资源得到了前所未有的开发，人类生产与生活规模无节制扩大，耗水量呈现急剧上升态势，流域水资源供远小于求，加之水资源管理不协调，流域沿岸各地只从自身利益考虑引水、蓄水、争水、抢水，水荒问题更加突出，加重了流域水资源匮乏的程度，断流在所难免。

再次，随着人口的剧增，特别是近代以来工业经济的发展，流域水污染程度逐年加重。在一些区域，不是没水，而是污染后的水源无法使用。水体质量的明显下降甚至污染严重，也降低了黄河水资源的开发利用率，“水荒”矛盾更加尖锐。

2. 河流断流与流域性灾害

流域是以河流为中心的区域，是流域一切特征存在的物质基础，如果河流出现断流，对于流域系统必然是灾难性的。

(1) 中国目前河流断流概况

黄河自然断流始于1972年，主要发生在下游的山东河段。在1972—1996年的25年间，有19年出现河干断流，平均4年3次。1987年后几乎连年出现断流，其断流时间不断提前，断流范围不断扩大，断流频次、历时不断增加。1995年，地处河口段的利津水文站，断流历时长达122天，断流河长上延至河南开封市以下的陈桥村附近，长度达683km，占黄河下游（花园口以下）河道长度的80%以上。1996年，地处济南市郊的泺口水文站于2月14日就开始断流；利津水文站该年先后断流7次，历时达136天，是有史以来黄河断流时间最早、历时最长的年份。

历史时期黄河下游决口都要发生断流。三门峡水库于1960年9月正式关闸蓄水也曾出现过一次断流。除此之外，即使在枯水年份也未曾有过断流。进入70年代，由于中游地区用水量增加、水利、水土保持等工程措施的建设，使水量锐减，下游工农业用水猛增，使下游河道断流愈演愈烈。70年代有7年断流，总断流88天；80年代有7年断流，总断流105天；1990—1995年，有5年断流，总断流355天。断流河段长度，70年代为316km，80年代达663km，至1995年已长达683km，占下游河道长度的80%以上。断流发生的时间，70年代出现在4—6月；80年代已延续到10月；至1995年又提前到2月份。

（2）河流断流会引发流域性灾害

河流断流会引发流域性灾害，首先来看两个例子：

一是美国科罗拉多河。因入海水量减少，造成河口地区沼泽、湿地干枯，当地生态遭到破坏，同时因入海营养物质减少而导致河口生物种群减少，生态系统损坏，代表性物种濒临灭绝，海口附近海湾的渔业产量急剧下降。

二是埃及的尼罗河。自阿斯旺高坝建成后，大量拦蓄河水，来自埃塞俄比亚高原的大量泥沙淤积纳塞尔湖内，结果使尼罗河中的鱼类由原来的47种下降到只有17种，甚至还造成东地中海的沙丁鱼产量急剧减少。尼罗河三角洲因缺少泥沙补充，加之气候变暖、海平面上升等原因，不断内缩。据预测，今后60年内埃及将损失15%—19%的可耕地。

上游聚水区，是全流域重要的来水区，承载着的不仅是上游人类活动对水资源的需求，更深刻影响中下游地区水环境、水资源状况。如果在上游过度修筑水库、水电站等，往往会加速河流干枯的速度，给河流生态环境、沿河的社会经济发展都带来灾害性影响。

从对近代黄淮平原蝗灾发生基地的分布与近300年来蝗虫猖獗发生的原因，以及各地县（府、州）志所记载的资料，结合各河道历代变化的分析中，可以认为：这一地域内东亚飞蝗发生基地以及蝗区的形成是与黄河河道的变迁有较密切关系的。此外，从东亚飞蝗发生基地在黄淮平原的形成时序上看，当前黄河在海口形成的三角洲蝗区应处于较为原始的阶段，追溯黄淮平原的生成历史，推断最原始的东亚飞蝗发生地可能系郑州—开封东北至临清—禹城以南的古黄河冲积扇地带；河泛蝗区的形成次之，滨湖与内涝蝗区的形成则年代较近。黄河较大的改道对于河泛蝗区飞蝗发生地的形成以及滨湖蝗区的形成都有较明显的影响。

黄河中、下游沿岸的东亚飞蝗区，除利津以下的滨海蝗区外，主要有两个类型：河漫滩蝗区（一般可分上、中、下3个滩区，中滩是飞蝗的主要发生地）和黄河故道及泛滥蝗区（黄河改道后遗留的故道和决口的泛滥区，即黄泛区）。黄河流量、水位与漫滩面积有一定相关性，一般是流量大、水位上升，漫滩面积增加，对东亚飞蝗在滩区的发生产生较大影响。上水时期与积水时间对东亚飞蝗的影响：5月份河水漫滩并于6月退水时，则减轻当年夏蝗发生程度；7月上、中旬上水到8月上、中旬退水时，则秋蝗发生面积最小；8 月底以前上水、退水，秋蝗随着退水产卵，来年夏蝗则偏重发生；在 9 月上、中旬秋蝗产卵盛期上水时东亚飞蝗向未淹水的较高的老滩集中，来年夏蝗在较高地带常出现小面积高密度蝗群。如果连年黄河流量较小时，滩地上水域面积减少，东亚飞蝗发生面积增加；相反，绝大部分滩地连年上水，则东亚飞蝗发生较轻。

由于黄河断流时间是夏秋季（7—9 月）和春夏季（2—6 月），这期间正是东亚飞蝗的发育和繁殖期，河道的断流直接影响河南、山东等省黄河滩地飞蝗的发生动态。据调查，在河南省黄河的 20 个断流年份中，有 15 年同时发生了 100 只/m^2 以上的高密度；从 1971—1997 年共 27 年的蝗虫发生情况分析，黄河流域东亚飞蝗重发生年份则有 17 年，除 1985—1986 年的发生与黄河无直接相关外，均与黄河断流直接有关。

（3）高度关注河流断流问题

对于近年来黄河的断流在河流下游和河口地区造成的严重生态环境损害，必须引起足够的关注。滔滔黄河奔流不息，似乎给人一种“永锡难老”的气势，所以长期以来人们习惯性地认为黄河水是取之不尽、用之不竭的，关键是怎样开发、利用。迄今，无论是民众、学术界还是政府，社会各阶层对黄河断流灾害的认识，远不及对黄河水、旱灾害认识那样深刻。

依据目前研究，河流断流必然对沿河自然环境、社会经济造成严重损害：例如农田灌溉水源不足，影响流域农业发展；河流断流会减少地下水的补充，土壤含水量因之下降，必然给流域自然环境、流域经济带来严重损害、破坏。目前大多流域入海口附近的三角洲，多是整个流域的经济中心区域，河流断流影响最严重的便是下游特别是尾闾地区，河水对河口三角洲地区的土壤肥力、海河联运能力、三角洲水环境等具有重要功能，河流断流，不再赴海，河口三角洲也就不复存在了。

1995 年 3 月，联合国开发计划署在山东实施“支持黄河三角洲持续发展项目”，这是联合国开发计划署支持中国实施 21 世纪议程的第一个优先项目，不仅有大量无偿援助款项，而且还有国内配套资金，目的是通过对黄河的治理和在农业、工业、自然环境保护、城市发展和水土资源优化利用等方面的扶持，实现黄河三角洲的可持续发展。鉴于流域问题的流域性特征，如果河流出现断流，河口三角洲的可持续发展只能是纸上谈兵。

第二节　流域灾害链的“多米诺骨牌”效应与预警、减灾

一、流域灾害链的“多米诺骨牌”效应

流域灾害具有自然和社会双重属性，流域灾害链发生之后，灾害的危害往往会在流域产生“多米诺骨牌”效应，譬如在黄河、长江等流域自然灾害频发期，往往也是国内各种反抗力量揭竿而起，以及北方民族南下袭扰的时期。

（一）灾害链与流域性经济衰退

受流域灾害链特征的影响，较之一般非流域自然区域，流域灾害的危害往往更显著，首先便是流域性经济衰退。

1. 对人口的危害

灾害对人身的危害表现在直接危害和间接危害两方面。直接危害主要表现为人口直接损失，或死亡、或伤残，因为流域内人口密度较高，所以对人口直接危害较之非流域自然区域更突出。间接危害表现在：（1）疾病，这是灾害的最主要的衍生灾害；灾害之后常会出现食物供给、住宿等困难，使灾民体能得不到正常恢复，与此同时生活垃圾、动物尸体等会增加新的污染，灾民聚集还易引发媒介传染病；（2）心理阴影。现代研究认为，虽有个体差异，但有一点是共同的：灾害之后，人们会用几年甚至数十年来缓解灾害对心灵、身体、人际关系以及行为造成的影响。一项最新研究指出气候变化也会影响人们的心情，譬如气温升高会导致精神病发病率和自杀率上升。

2. 对经济产业的危害

流域因其自然禀赋往往是区域产业密集分布带、区域经济中心，因此，灾害链对经济产业之影响也会十分巨大。流域内部的自然灾害，往往会导致流域社会经济的衰退。

首先是工矿业，也分为直接影响和间接影响。近代以来第二产业在国民经济中所占比例不断提高，流域以其便利的交通、丰沛的资源、富饶的腹地供给，往往成为工矿业集中区域。工矿区是人口密集、社会财富集中的地区之一，因此一旦发生灾害，往往也是危害程度高的地区。

有些灾害，如旱灾、农作物病虫害等，虽然不直接破坏工矿业，但其造成的后果，如水资源匮缺、农产品减少、交通阻塞等，也在很大程度影响工矿业的发展。如 1959—1961 年，连年干旱引起了我国经济的全面衰退。1986 年，全国 200 个城市因缺水损失达 200 亿元。

其次是农牧渔业。流域灾害中水灾、旱灾、水土流失、土地盐碱化、土地沙化、滑坡、泥石流、地震，皆会对种植业造成破坏。此外，上述灾害还会对林草覆被产生一定的破坏作用，从而影响畜牧业、木材业。干旱、洪涝灾害，以及上述灾害带来的水质污染，还会影响渔业。

对农业生产破坏力最大的还是农业气象灾害，主要包括水旱、热害、冻害、冰雹等，也表现为直接和间接的影响。一方面农业气象灾害可以直接造成粮食减产、牲畜减少等；另一方面还表现在农业气象灾害对病、虫、草害影响的变化，再间接影响到农业生产量。

再次是对经济基础条件之一——交通的危害。滑坡、泥石流、洪水、雪灾、风沙等对陆路交通的危害巨大，此外洪水、干旱又影响径流量，从而影响流域水运，滑坡、泥石流也有可能威胁内河航运。

3. 灾害链与流域性经济衰退

中国古代社会讲“民以食为天”，“无农不粮，无粮则乱”，一旦发生以河流为中心的水旱灾害，首先受损的便是农业，随着水旱灾害链的形成、扩散，其结果大多是引发流域性经济衰退。

以明末黄河流域的特大旱灾和李自成、张献忠农民起义为例。明崇祯五年至十五年（1632—1642），黄河流域发生了罕见的、连续多年的特大旱灾，旱情从黄河上中游鄂尔多斯毛乌素沙地开始，逐年向黄河中下游地区扩展，期间最严重的年份，旱情又从黄河流域蔓延到大半个中国，无雨期长达 17—19 个月。黄河中下游支流汾河、沁河、伊河等多次干涸，黄河干流在晋西南一带也出现局部断流。晋、陕、甘、冀数省因为持续极度干旱，粮食无收，以致出现人相食的惨状。旱灾还引发了“风霾不息”，如临汾甚至在夏季都出现持续性沙尘暴天气；黄河下游毗邻的海河流域大多支流断流，以致晋、冀、鲁、豫大多州县伴随旱灾还出现了蝗灾、疫灾。在山西、河北，鼠疫造成大量人口丧亡。

明末黄河流域、海河流域持续旱灾，加之并发性蝗虫、疾疫灾害，使得被灾严重的河北、山东等地大量灾民不得不弃耕逃亡，沦为流民，十室九空，出现大量无人村落。大量的流民，引起了社会的无序、动荡，自然灾害导致了经济的全面崩溃，经济崩溃又引发了社会管理的崩溃，黄河中游关中一带李自成、张献忠农民起义便因此爆发。与此同时，东北方游牧的满族趁机南下，内外交困，最终导致明朝灭亡。

（二）流域灾害链与文明变迁

自然灾害会给自然环境、人类社会带来双重灾害，因为流域灾害链的特征，所以流域内部自然灾害的破坏往往在时间上具有连续性，在程度上具有叠加性。

三星堆古遗址被誉为“长江文明之源”。对于三星堆文明的突然消亡，至今没有令人信服的解释。近年有学者提出了“地震导致河流改道与古蜀文明的变迁”的结论①。他们实地考察了岷江支流雁门沟，沱江支流湔江及其上游支流白水河的特殊河流地貌后，通过其河流地貌特征推断白水河和湔江为断头河，雁门沟为反向河；再利用 3S 技术，找到了光光山一带大规模滑坡遗迹，从而判定岷江曾在今汶川雁门向东南流，穿越光光山，沿今白水河、湔江流向沱江。岷江及其支流杂谷脑河、雁门沟、文政沟的纵剖面特征，也反映出河流曾发生过大的变迁。结合对三星堆、金沙遗址考古资料以及历史文献的进一步分析，最终得出发生于公元前 1099 年的地震引起山崩、滑坡堵江，进而引起河流改道，并导致三星堆文明的消亡和金沙文明的传承，以及杜宇时代的严重水灾。直到都江堰建设之前，这次河流改道引起的洪水仍然对成都平原影响严重。这可谓是流域灾害链导致早期文明变迁的又一例证。

1. 文明中心——城市的衰退

中国早期城市是“城”与“市”的组合词，是指用城墙等围起来的地域。《管子·度地》说“内为之城，内为之阔”，“城”就是以城墙为主的防御建筑体系，主要职责就是保卫以“市”为中心的活动。《易经·系辞下》提到“日中为市”，“市”就是指进行物质交易。物质贸易是积聚财富的重要手段，在奴隶制社会，能居住在城中自然也就是占有财富的各级奴隶主及其扈从、附庸阶层。到封建社会、近现代社会，城市规模、城市功能虽有变化，但是城市作为区域政治、经济、文化中心，作为区域人口密集之地，或者说作为区域文明中心的职能、特征始终未变。

如前文所述，为满足城市人口、城市职能所需，一则需要腹地物质供给能力，二则需要四通八达、成本较低的交通条件，所以城市往往分布在大中型河流两侧。由之，城市也就成为流域灾害链损害严重的地区。

---

① 范念念、吴保生、刘乐：《地震导致河流改道与古蜀文明的变迁》，《山地学报》2010 年第 4 期，第 453-462 页。

以清代直隶省（大部在今河北省）为例，对流域灾害链导致的文明中心——城市的衰退，略作分析。

首先，明清“小冰期”气候特征，使得直隶地区所属的海河流域径流量明显减少，旱灾、冻灾等气候灾害频率明显增加，这些首先会影响到农业生产。譬如极端寒冷灾害，往往会导致粮食减产乃至颗粒无收，粮食短缺往往要引起“谷价腾贵”①。由于粮食供给减少，粮价上涨，城市人口、集市贸易在短期内大幅减少、衰落，直接影响城市粮食等农产品的供给；与此同时，自然灾害也会对城市安全直接造成危害，如城市供水。

其次，流域内自然灾害导致经济衰退，而经济衰退又会诱发系列社会问题。晚清吏治腐败，直隶水利废弛，加剧了流域水灾频率。“有灾情统计的56个年份中，年年都有水灾，21年有旱灾，16年有虫灾”②，这还不算规模和范围较小的灾情。农村“小民无地可种”③，海河上游山地、草地区被农垦，植被大幅减少，以水土流失、土地沙化等为主的生态灾害加剧，水灾频率、程度随之加剧，农民抗灾能力进一步趋弱，水灾往往和蝗灾并发，由之引发的传染性疾病也增加。由于传统城市多分布河流沿岸，因此发展受到严重制约。

2. 文明核心区——流域的整体性衰退

流域灾害往往以灾害链的形式出现，不仅自然灾害在流域上中下游之间转移、并发，且自然灾害、社会灾害往往并发。流域诸灾害中，最严重的莫过于流域生态环境退化，所以一旦流域出现生态环境问题，往往会导致流域社会经济的整体性衰退——鉴于流域在区域文明中的核心地位，其结果便是一个文明区的衰退乃至消亡。前文谈及的尼罗河流域与古埃及文明、两河流域与古巴比伦文明、印度河流域与古印度文明，皆是明证。

具体到中国，华夏文明中心在唐宋时期出现从黄河流域到长江流域的转移，根源也在于当时黄河流域生态衰退，土地供给力降低，整个流域出现整体性衰退，无法和此前一样为规避生态问题，文明中心可以在流域中下游之前迁徙，只能南移长江流域。

（三）流域灾害链与社会文化

社会文化是与基层广大群众生产和生活实际紧密相连，由基层群众创

---

① 陈桢修、李兰增等纂：《文安县志》卷终《志余·灾异》。

② 苑书义等：《河北经济史》第3卷，北京：人民出版社，2003年，第145页。

③ （清）李鸿章：《推广赈捐折》，《李文忠公全书·奏稿》卷68，台湾：文海出版社，2001年，第59页。

造，具有地域、民族或群体特征，并对社会群体施加广泛影响的各种文化现象和文化活动的总称。社会文化形成的自然基础就是区域地理环境特征。

1. 灾害链对社会文化的影响

地理环境是人类社会生产和生活不可须臾脱离的空间和物质（能量）前提，是物质资料生产过程中不可缺少的、经常的必要条件。譬如，从史前时代直到今天，流域之所以一直是人类首选的自然区域，就因为其优越的自然禀赋、适宜的地理环境。但是，流域毕竟不是“天堂”，作为一个自然区域，纵是没有人类活动，它也会在自然因子的作用力下，发生对自己生态系统不利的灾害；人类活动影响力叠加在自然作用力上，进一步加剧了灾害的程度。

历史时期流域灾害的成因因为人、地系统作用的不断复杂化，灾害链特征不断加剧，对社会文化的影响也不断加深。

在人类社会不断面临各类灾害的侵害时，灾害文化、灾害观就会在潜移默化中生成，反映了居民对灾害的主观认知，并从生产、生活、交往等行为、习俗方面体现了人类对灾害的思想、态度、情感，并成为区域社会文化的组成。所以灾害文化、灾害观伴随着人类与大自然的抗争而产生，并随着灾害对人类影响的变化而变化，只是在古代没有明确提出这一概念，没有进行过系统地表述。

灾害文化作为社会文化的组成，外延和内涵都十分广泛和丰富，如从国家层面讲，一切与防灾减灾、救灾抗灾相关的法律、法规、政策、规章制度、组织措施、纪念活动等，都属于灾害文化的范畴；从个人视角讲，对灾害的认知能力、心理反应、自救互救能力等也属于灾害文化范畴。

不同区域的灾害文化具有明显差异。披览地方史志材料会常常发现这样一个的现象：同一次灾害，或者说等级类似的灾害在不同地区的主观描述会有很大差异，一些自然条件恶劣、灾害频仍的区域，似乎人们的抗灾心理更强，或者说带有一丝见惯不怪的“淡然”；与之相反，自然条件好、风调雨顺的地区，居民对灾害的恐惧心理似乎更强，对灾害的感受往往夸大。如汾河中游临汾、浮山二县接壤，有清一代，傍依汾河、农业生产条件较好的临汾县记载 57 年有灾害①，而地处太岳山南麓的浮山县只记载 7 年有灾害。②

① （民国）刘玉玑修：《临汾县志》卷 6《杂记》。
② （民国）任耀先修：《浮山县志》卷 37《灾祥》。

流域的灾害、灾害链皆围绕“水”、“土”，所以流域灾害文化也多围绕着两大元素，最典型的便是各种形式、类别的水神祭祀；在以“黄土文化”为核心黄河流域有“后土祭祀”。此外，与灾害紧密连接的便是救灾，包括国家层面的救灾体制，及个人、社会组织的各种救灾义举。

2. 黄河的泛滥与专制主义

美国学者卡尔·魏特夫（1896—1988）在《东方专制主义：对于极权力量的比较研究》一书中强调了水利事业与集权制国家产生之间的关系，做出了“黄河的泛滥必然导致专制主义”的论断。该观点虽有浓厚的地理决定论的色彩，但却有其合理的成分。卡尔·魏特夫采用“亚细亚生产方式”的理论框架，观察东方人的治水活动，以及所形成的一整套“治水政治”和“治水文化”，其理论用他本人的话可以概括如下：“这种社会形态主要起源于干旱和半干旱地区，在这类地区，只有当人们利用灌溉，必要时利用治水的办法来克服供水的不足和不调时，农业生产才能顺利地和有效地维持下去。这样的工程时刻需要大规模的协作，这样的协作反过来需要纪律、从属关系和强有力的领导”；“要有效地管理这些工程，必需建立一个遍及全国或者至少及于全国人口重要中心的组织网。因此，控制这一组织网的人总是巧妙地准备行使最高政治权力”，于是便产生了“水利政治学”、“专制君主”及“东方专制主义”。①

肖萐父、李锦全在他们主编的《中国哲学史》一书中也提出，中国奴隶制之所以早在四千多年前就确立，比希腊、罗马及其他民族奴隶制都早的主要原因是治水。书中提出大禹在治水过程中，“政治上团结各氏族首领作为自己的‘股肱心膂’，建立治水机构；组织上，‘禹卒布土’，以定九州，按氏族分布的地域来确定版图，调剂劳力；经济上，‘夏禹能单平水土以品庶类’，按权力高下来分配治水斗争胜利果实。这样，就把原来维护灌溉的共同利益的机构，演变成我国第一个奴隶制国家政权。这就是由于治水斗争而促成我国奴隶制‘早熟’的客观要求”②。在历史早期繁衍生息在黄河流域的先民，为了维护氏族的生存、发展不得不建立起治水组织机构，因为大规模的治水活动必须有统一的指挥机构有效地组织和协调人力、物力，于是活动在黄河流域的许多部落在治水过程中不得不联合行动，这便是文献记载的“禹合诸侯于涂山，执玉帛者万国”。在长期治水

① 〔美〕卡尔·A. 魏特夫著：《东方专制主义：对于极权力量的比较研究》，徐式谷等译，北京：中国社会科学出版社，1989年，第2页。

② 肖萐父、李锦全主编：《中国哲学史》（上卷），北京：人民出版社，1982年，第20-21页。

过程中形成的联合各氏族部落的组织机构，促进了禅让制向世袭制的专制制度的转变。

正如周魁一先生所指出的那样："在禹治水的过程中形成的制约各氏族部落的领导机构，当是奴隶制国家机器的前身，因而，治水本身也象化学反应中的催化剂一样，在奴隶制国家的形成过程中起着促进的作用。"①

目前中国水利工作主要面临四项任务，亟需着力解决，它们是洪涝灾害、干旱缺水、水土流失和水污染严重四大水问题。这些问题表面上看是水对人的伤害，但本质上则是人对水系统造成破坏的后果。所以从根本上解决目前水问题，最核心的理念应该是人与自然的和谐相处。

二、古代河流预警与流域减灾

灾害是对能够给人类和人类赖以生存的环境造成破坏性影响的事物总称。解读这一概念，可以看到"人"是灾害与非灾害界定的标准。因此，灾害的内涵、外延也是一个动态的历史概念，灾害、减灾也就伴随着整个人类历史进程。其中一些减灾救荒的思想原则，对于目前的流域减灾活动仍有启发和借鉴意义。

（一）古代流域减灾的主要思想

流域从人类早期开始直到今天依然是人类社会活动的密集区域，自然也是灾害频繁、减灾防灾思想相对成熟的区域。历史时期虽然没有近现代的技术手段，但是在长期社会实践活动中，先民对于如何减、防具有流域性的灾害也不断积累着经验。

1．"灾异谴告说"

中国古代的"天人感应"思想源于《尚书·洪范》，认为天和人同类相通，相互感应，天能干预人事，人亦能感应上天。具体到政治领域，如果人间统治者——"天子"违背了天意，不仁义，天就会以各种灾异进行谴责、警告；反之，若政通人和，天也会降下祥瑞以示鼓励。孔子、墨子等先秦学者对此皆有论述。迄汉，董仲舒最早提出"天人感应"一词，"灾异谴告说"是其重要内容。

《春秋繁露·必仁且智》曰："其大略之类，天地之物有不常之变者，谓之异，小者谓之灾。灾常先至而异乃随之。灾者，天之谴也；异者，天之威

① 周魁一：《先秦传说中的大禹治水及其含义的初步解释》，《武汉大学学报》（工学版）1978年第Z1期，第107-114页。

也。谴之而不知，乃畏之以威。凡灾异之本，尽生于国家之失。国家之失乃始萌芽，而天出灾异以谴告之。谴告之而不知变，乃见怪异以惊骇之。惊骇之而不知畏恐，其殃咎乃至。以此见天意之仁而不欲害人也。”① 按照董仲舒的解释，“灾异”包括两方面含义：一是灾害，二是天地万物运行异常。董氏认为灾害、异常的原因和统治者的错误有因果联系：“凡灾异之本，尽生于国家之失”，并认为“天”并不欲害人，对于“天子”的过失，首先是以“异常”现象提出警告，如果不思改过，才会加重灾异程度，进一步警示，只有屡教不改者，上天才会以“殆咎”处置，即以危机、灾害惩处。“国家之失乃始萌芽，而天出灾异以谴告之。而不知变，乃见怪异以惊骇之。尚不知畏恐，其殆咎乃至，以此见天意之仁而不欲害人也。”

自然之“天”对于人间统治者“天子”的统治措施不得当的警示，是依据他的错误程度，分步骤逐步升级的：一开始是用“异常”现象，并不一定成灾；如果人类对于“异常”警示无动于衷，才会由“异常”升级为“灾害”，而且“灾害”的危害程度也是逐步加剧的，如果“天子”见到小灾幡然醒悟，那么就不会出现大的灾害，只有当统治者一直不能省悟、正视自己的错误时，才不得已用大的灾害惩戒。

“灾异谴告说”虽然是古代中国有神论思想下的产物，但从客观分析，它又有一定的道理，它和现代所言的生态预警有异曲同工之处。

首先，生态问题的出现和人类活动存在密切关系，不仅近现代，古代亦是如此。其中一些灾害是人类活动诱发的，一些灾害产生的根源虽不是人类活动所致，但人类的活动往往也会起到加剧的作用。前者如森林火灾，后者如洪涝灾害。

其次，生态系统问题的出现有一个逐步加剧、加深的过程。在生态系统内部出现不协调的初期，便会有征兆出现，如果这时人类能够意识到并加以关注的话，可能会得到及早解决；反之，人类的漠视只能使生态问题一步步加剧，最终危及人类可持续发展。

与古代生态预警知识、技术相一致，“灾异谴告说”是一种人类被动适应的生态预警体系。它是怀着对自然的无限敬畏心理的古代人类，仔细留意生态系统内部的一草一木，发现其中细微的变化，并将之看做上天警示，从而反思、纠正人类行为的活动。

2. 从农谚看减灾意识

中国是一个传统农业大国，在漫长的历史时期，农业作为社会经济基

---

① （汉）董仲舒：《春秋繁露》卷8《必仁且智》第三十。

础备受关注。在长期农业生产、生活实践中，广大农民不断总结预防、减少农业灾害的经验，并以简单明了、押韵上口的“俗话”形式保存下来，我们称之农业谚语，简称“农谚”。其中许多谚语都与农业气象和农业灾害有关。“农谚是一种流行民间最广的谚语，它是农民经验的结晶，农民立身处世、耕种饲养，都用来做标准的。……中国数千年来，因农民识字知书的不多，农事著作稀少，他们只知农谚是一种切合需要的知识，所以子诏其父，弟绍其兄，一切稼穑之事，都取法于农谚的。于是农谚便成为农家惟一的课本。农人虽然一字不识，却能念之成诵，脱口而出。”①

民国时期费洁心所著《中国农谚》一书收集农谚 5953 条，由时令、气象、作物、饲养、箴言等五编组成。其中时令之部 2961 条，占全部的 40.45%；气象之部 1556 条，占 26.22%；作物之部 1020 条，占 17.18%；饲养之部 251 条，占 4.23%；箴言之部 707 条，占 11.91%。其中第一、二编（气象和时令的农谚）占到全书约 2/3②，反映出：①农业生产过程务必做到“不违农时”，这是进行农业生产的基本保障。竺可桢认为古今中外预报农时采用的方法主要有 3 个：以农谚预告农时；以积温预报农时；划分物候季和以自然历预报农时③。现代观测技术产生之前，利用农谚是广大劳动人民的最基本方法，农谚也就成为农时知识的最基本载体。以水稻为例，从土壤耕作，到播种、中耕锄草、施肥、灌溉、除虫，再到收获的各个工作环节都有大量相关农谚。在所有的这些农谚中，关于农时的农谚又占有极大的比重，据游修龄先生的统计，大约占 40% 左右④；②旱、涝、风、寒等自然灾害是传统农业生产的主要威胁，因此通过观察、总结，旨在掌握气象规律、减少气象灾害的农谚也占到 26%。如“岁朝西北风，大水妨农工”，“暑伏不热，五谷不结”，“谷雨以前有大风，麦子决定减收成”等⑤。

（二）中国古代河流预警系统

在流域灾害预警的现代科学技术产生之前，古代也有水文观测机构，

① 费洁心：《中国农谚》之《自序》，见：《民国丛书》第 1 编第 64 册，上海：上海书店，1991 年。

② 游修龄：《论农谚》，见：游修龄：《农史研究文集》，北京：中国农业出版社，1997，第 265 页。

③ 竺可桢、宛敏渭：《物候学》，北京：科学出版社，1980 年，第 53-62 页。

④ 游修龄：《论农谚》，见：游修龄：《农史研究文集》，北京：中国农业出版社，1997 年，第 265 页。

⑤ 费洁心：《中国农谚》：见：《民国丛书》第 1 编第 64 册，上海：上海书店，1991 年，第 96-98页。

以及洪水的预警机制——水报、羊报等。

1. 古代水文观测机构

中国古代水文观测很早就有，从现存文献记载分析，似乎从大禹时代就开始重视对水文状况的观测、分析。洪水的概念大约出现在公元前 3 世纪，《吕氏春秋·爱类》记载：“大溢逆流，无有丘陵、沃衍平原、高阜尽皆灭之，名曰鸿水。”[①] 这里的鸿水意同洪水，时人给出的定义是：河水暴涨，溢出河槽，淹没平原和丘陵时，就被称之为洪水。关于洪水涨发的成因、时节、特征，《孟子·离娄下》写道：“七八月之间雨集，沟浍皆盈；其涸也，可立而待也。”[②] 春秋战国奉行周朝历法，七八月相当于今阴历五六月，或今阳历七八月，洪水成因主要是暴雨，洪峰则呈现陡涨陡落的特征。依据洪水特征推测，所记该是黄河汛期洪水，可见先秦时期已建立起黄河水汛的概念。

长江上游白鹤梁石鱼题刻有“世界第一古代水文站”之称。水文工作者曾对长江上游历史枯水情况进行了调查，发现宜昌到重庆段就有枯水题刻群 11 处，其中涪陵白鹤梁石鱼题刻保存最好，是我国古代最早的水位标记。它记下了自公元 764 年后断续 72 个年份的枯水记录，共镌刻 163 则古代石刻题记，是我国古水文站的一处罕世遗迹，因此有“世界第一古代水文站”之称。白鹤梁是重庆涪陵城北长江中的一道天然石梁。由于白鹤梁的梁脊仅比长江常年最低水位高出 2—3m，几乎常年没于水中，只在每年冬春之交水位较低时才部分露出水面，故古人常根据白鹤梁露出水面的高度位置来确定长江的枯水水位。又由于白鹤梁的岩面是较为平整的浅色砂岩，并以 14.5°的倾角倾向长江北岸，有着题刻的良好自然条件，所以从唐代起，古人便在白鹤梁上以“刻石记事”的方式记录长江的枯水水位，并刻“石鱼”作为水文标志。

长江下游吴江[③]上的两座宋代水则碑立于 1120 年，分为“左水则碑”和“右水则碑”，左水则碑记录历年最高水位，右水则碑记录一年中各旬、各月的最高水位。当时规定水位相当于 1 划时，无论高田低田都不会受灾；超过 2 划，极低田地受灾；超过 3 划，低田受灾……超过 7 划，极高的田地也会受灾。如果某年洪水位特别高，即于本则刻曰：某年水至此。该水则上刻写的最早年代为 1194 年。由此可知，水则碑不仅是观测水位

---

① （秦）吕不韦：《吕氏春秋》卷 21《开春论·爱类》。

② （战国）孟子：《孟子》卷 8《离娄下》。

③ 今江苏省苏州市。

所用的标尺，而且也是历年最高洪水位的原始记录。从水则碑可知宋代为统计汛期农田被淹面积，已建立了水位观测制度，这也是我国观测水位直接为农业生产服务的最早记载。

2. 古代的洪水预警机制

《汉书·五行志》描述了洪水的巨大危害，谈及其成因则视之为天灾，归之为“天人感应”：“若乃不敬鬼神，致令逆时，则水失其性，雾水暴出，百川逆溢，坏乡邑，溺人民，及淫雨伤稼穑，是谓水不润下”①；与此同时，汉代人又认识到：“来春桃华水盛，必羡溢”②，提出了“桃汛”的概念。这是对洪水发生季节的规律性探索。中国大部地区受季风气候控制，降水和水文现象呈现出明显的规律性。到11世纪中叶，北宋河臣沈立“采摭大河事迹，古今利病，为书曰《河防通议》。治河者悉守为法”③，并对一年12个月里的黄河水汛涨落有形象地命名和成因的描述：“黄河自仲春迄秋，季有涨溢。春以桃花为候，盖冰泮水积，川流猥集，波澜盛长，二月、三月渭之桃花月；四月，陇麦结秀，为之变色，故谓之麦黄水；五月，瓜实延蔓，故谓之瓜蔓水；朔方之地，深山穷谷，固阴沍寒，冰坚晚泮，逮于盛夏，消释方尽，而沃荡山石，水带矾腥，并流入河，六月谓之矾山水。今土人常候夏秋之交有浮柴死鱼者谓之矾山水，非也；七月、八月，菼乱花出，谓之荻苗水；九月，以重阳纪候，谓之登高水；十月，水落安流复故漕道，谓之复漕水；十一月、十二月，断凌杂流，乘寒复结，谓之蹙凌水；立春之后，春风解冻，故正月谓之解凌水。水信有常，率以为准。”这段文字被元朝人元沙克什收录在其所著的《河防通议》中。《宋史·河渠志》对于水汛也有基本相同的记载，且认为“水信有常，率以为准。非时暴涨，谓之客水”④，对于物候和水汛相对应的变化规律有了一定的认识。

基于对物候和水汛之间的关联规律，及它们与季节变化和季风气候之间的因果关系等带有一定科学性的认识，我国古代开始出现针对黄河、淮河、长江等水域洪灾的简便易行的预警机制。

最早出现洪水预测的是宋人通过对初春“信水”的观测，凭借经验预测七、八月间伏秋大汛的涨幅。《宋史·河渠志》记载：“自立春之后，东风解冻。河边人候水，初至凡一寸，则夏秋当至一尺，颇为信验，故谓之

① （汉）班固：《汉书》卷27《五行志》。
② （汉）班固：《汉书》卷29《沟洫志》。
③ （元）沙克什：《河防通议》，丛书集成本。
④ （元）脱脱等：《宋史》卷91《河渠志一》。

信水。”关于“信水”特征及如何辨识，《河防通议·辨信涨二水》释曰：“信水者，上源自西域远国来，三月间凌消，其水浑冷，当河有黑花浪沫，乃信水也。又谓之上源信水，亦名黑凌。”① 黄河岸边的人们观察认识到，初至时候从上游来的“黑凌”解冻，使河水升高到1寸的，夏秋时期水位就会升高到1尺，依据他们多年观察，十分信验，所以名之为“信水”。《宋史·河渠志》所概括的“水信有常，率以为准”，这是古人对水流按汛期涨发规律的早期认识。迄明万历初年，黄河流域出现短期及中长期洪水预报，“凡黄水消长，必有先几。如水先泡，则方盛；泡先水，则将衰”；即根据洪水初涨时泡沫发生先后的细微征兆，作出短期预报；“及占初候而知一年之长消，观始势而知全河之高下”②，则是从事洪水预报的人员依据经验作出的中长期预报，类似的预报方法一直沿用至清代初年。

洪水报警驿站的设置始于元代，当时朝廷依据自然条件分设陆站、水站、轿站、步站等报警驿站，如东北地区由于路况差，便设有狗站，训练狗作为通信报警工具。在辽东、黑龙江下游等地区就设立有15处狗站，用于报告水警的狗最多时达3000条。

明万恭在《治水筌蹄》中记述当时报讯的“塘马”制（即驿站快马）：“黄河盛发，照飞报边情，摆设塘马，上自潼关，下至宿迁，每三十里为一节，一日夜驰五百里，其行速于水汛。凡患害急缓，堤防善败，声息消长，总督者必先知之，而后血脉通贯，可从而理也。”这是黄河从上游潼关向下游传送水情的最早记载。在当时通信条件下，用“塘马”制是传送水情最快的办法。《治水筌蹄》中还提到当时黄河边的居民根据洪水来势情况作预报的经验：“凡黄水消长，必有先几。如水先泡，则方盛；泡先水，则将衰；及占初候而知一年之长消；观始势而知全河之高下。旧日识水高手者，唯黄河之滨有之。”

清代以来，对洪水的观察、管控逐渐成为一种由政府实施的行为，被纳入到国家制度层面进行运作。18世纪初黄河上游宁夏府志桩水报的出现，标志着流域内“志桩水报体系”的逐步建立。“志桩”是用来测量河水或湖水水位涨落尺寸的工具，“水报”是指将江河湖泊工程、水势情况，向上级部门或其他地区进行传报的行为，其中水报的主要内容就是由志桩测量所得的水位情况。“水报”是一种和“兵报”一样紧要的加急快报，当河流上游连降大雨河水陡涨时，水警情报书由水使乘600里快马昼夜兼程下送。下游接报后，立刻加固堤防，疏散人口，做好防洪的准备。这种

---

① （元）沙古什：《河防通议》，北京：中华书局，1985年，第4页。

② （明）万恭：《治水筌蹄》，朱更翎整理本，北京：中国水利电力出版社，1985年，第42页。

水报属接力式，站站相传，沿河县份皆备良马，常备视力佳者登高观测。一旦上游水报马到，本县水使即刻接力下传，时间一刻也不耽误。当时朝廷还规定，传水报的马在危急时踩死人可以不用偿命。

18 世纪中期开始，淮河上中游和黄河中游都与其下游建立了水情传报联系，拉开了清政府全流域水环境监控预警的序幕。

第六章
中国古代水利工程与流域承载力

第一节　流域主要水利工程

承载力（Bearing Capacity 或 Carrying Capacity）一词，源自古希腊，是物理力学中的一个物理量，指物体在不出现任何破坏时所能承受的最大负荷。嗣后，承载力在工程地质、经济社会生态等诸多领域得到了广泛应用。在马尔萨斯《人口学原理》中，承载力被赋予现代性内涵，提出环境限制对人类社会物质增长有重要影响[①]。目前承载力被广泛使用于人类生态学领域，通常用来描述区域系统对外部环境变化的最大承受力，用来衡量人类活动造成资源、环境、生态和人类相互作用引起的不良现状。

一、灌溉、防洪工程

水是一切生命之源，亦是农业生产须臾难离的基本资源，灌溉则是农业生产的基本保证。所以，古今中外人类社会的发展都离不开水利建设，特别是蓄水灌溉工程。受气候和地形等自然因素的影响，中国古代的灌溉工程也有着不同类型。

---

① 程国栋：《承载力概念的演变及西北水资源承载力的应用框架》，《冰川冻土》2002 年第 4 期，第 361-367 页。

（一）河谷地带：无坝引水工程

引水工程旨在把河流中的水引入渠道，以满足灌溉、航运及生活用水等需要，根据是否有拦河坝、闸又分为有坝引水枢纽和无坝引水枢纽。其中无坝引水枢纽是一种最简单的引水方式：在河道上选择适宜地点开渠，并修建必要的建筑物引水，通常由进水闸、冲沙闸、沉沙池、河道整治建筑物及泄水排沙渠等组成。无坝引水工程在江河下游或山区河流较多采用，具有工程简单、投资少、施工容易、收效快、不影响航运、渔业，并对河床演变影响较小等优点。

无坝引水是指河道的水位和流量能够满足取水要求，无需建坝抬高水位的引水枢纽。无坝引水枢纽是充分利用河流水文、河道地形和区域自然地理条件，直接在河道上引水的水利工程形式。从工程功能角度看，通常具有输水、行洪和水运等多方面的功能；从工程修筑角度看，具有工程规模较小、就地取材、建设成本小等特点；从生态功能角度看，无坝引水使河流的环境功能、水运功能以及地下水与地表水的天然循环机制均得以完善地保持。

无坝引水枢纽是对河流水文、河道地形和区域自然地理条件的有效利用，是中国古代“天人合一”思想的又一具体例证。中国古代著名的无坝引水工程有岷江流域的都江堰，黄河河套段宁夏和内蒙古引黄灌区、海河流域的引漳十二渠等。特别是 2500 多年前修筑的都江堰更是集中体现了无坝引水的技术特点，它是“当今世界年代久远、惟一留存、以无坝引水为特征的宏大水利工程”。

1. 岷江流域的都江堰

都江堰是由战国时秦国蜀郡太守李冰在约公元前 256 年至公元前 251 年主持建成的，至今依然在使用，被誉为“世界水利文化的鼻祖”。整个水利枢纽可分为堰首和灌溉水网两大系统。其中堰首包括鱼嘴（分水工程）、飞沙堰（溢洪排沙工程）、宝瓶口（引水工程）三大主体工程，此外还有内外金刚堤、人字堤及其他附属建筑。

鱼嘴分水工程堤巧妙利用地形、水势，把岷江一分为二，分水堤构筑在岷江的弧形弯道上。由于弯道环流的作用，含沙量少的表层水流入内江，含沙量大的底层水奔向外江。外江是岷江正流，主要用于行洪，内江是人工引水总干渠，主要用于灌溉。鱼嘴分水堤决定了内外江的分流比例，是整个都江堰工程的关键。它前端扁平入水，形如鱼的嘴巴，故名“鱼嘴”。

宝瓶口是在玉垒山延伸向岷江的山崖上人工凿开的缺口，距飞沙堰下口 120 米，因上宽下窄，形如“瓶颈”，故名宝瓶口，是都江堰枢纽引水工程，它同飞沙堰配合具有节制水流大小的功用，是控制内江进水量的关键。宝瓶口左岸山崖上刻有几十条分划，每划间距为一市尺，名为“水则”，用以观测水位涨落，是中国最早的水位标尺。

飞沙堰溢洪道在鱼嘴分水堤尾部与人字堤间，唐高宗龙朔年间（661—663）筑成，时名“侍郎堰”，又称“中减水”，因其排沙效果，近代改称“飞沙堰”。《宋史·河渠志》记：“离堆之址，旧镶石为水则。……水及六则，流始足用，过则从侍郎堰减水河泄归于江。[①]”飞沙堰主要功能有三：一是枯水季节导水入堰，保证灌区用水需要；二是丰水季节排泄进入内江的多余水量；三是排沙。

2. 黄河河套段引黄灌区

广义的“河套平原”包括“西套”、“东套”，前者指青铜峡至宁夏石嘴山之间的银川平原，后者指内蒙古部分；狭义的“河套平原”一般仅指东套，而“东套”又分为巴彦高勒与西山咀之间的巴彦淖尔平原（也称“后套”），以及包头、呼和浩特和喇嘛湾之间的土默川平原（也称“前套”）。

河套灌区地处我国干旱的西北高原，降雨量小、蒸发量大，属于没有引水灌溉便没有农业的地区。河套引黄灌区始于秦，兴于汉，盛于清，在近现代得到了进一步发展。在 20 世纪中期以前，属于无坝引水工程。秦始皇统一后，北击匈奴，取得“河南地”，设置郡县，河套一带部分牧地变为耕地，开始引黄河水灌溉。秦汉交替之际，河套地区再次被匈奴占领。汉武帝元朔二年（公元前 127），卫青出击匈奴，收复“河南地”，建立朔方、五原两郡，管辖着今西至巴彦淖尔盟河套和鄂尔多斯杭锦旗一带。同年招募 10 万农民北上至此垦荒，此后在大量移民的同时，开始大规模兴修灌溉渠道。《史记·河渠书》记载，元封二年（公元前 109）之后“用事者争言水利，朔方、河西、西河、酒泉皆引河及川谷以溉田”，水利开发取得了显著成效。《汉书·匈奴传》描述“北边自宣帝以来，数世不见烟火之警，人民炽盛，牛马布野”。东汉前期战乱频繁，河套地区的灌溉事业停滞不前，直到北魏建立，特别是定都平城（今大同市），河套灌溉出现复苏，带动了五原一带的农业发展。唐初至安史之乱，得益于唐代民族政策，河套一带的农田水利事业得到了极大发展。据成书于清乾

① （元）脱脱：《宋史》卷 95《河渠志五》。

隆年间（1711—1799）的《河套志》记载，唐时“丰州屯田娄师德、唐休景、李景略、卢坦最有名。咸应、永清、陵阳三渠灌田数百顷至四千八百顷之多，岁收谷四十余万斛，边防永赖，士马饱腾，自来经营塞北，未能与之竞也。”① 安史乱后至清道光朝的一千多年间，河套地区渠系湮废。

清道光年间水旱灾害频仍，冀晋陕甘一带灾民大量北上河套垦荒谋生。道光八年（1828）修改康熙禁令，准许开放缠金地（今临河市以西以北地区），招商垦种，河套地区农田水利得到了前所未有的开发。至光绪末年先后开挖的渠道有永济、刚济、丰济、沙河、义河、同济、长济和塔布河八大干渠。

（二）河流山地丘陵区：陂塘工程

以陂塘为主的灌溉工程系统，是中国古代南方山区和丘陵地区普遍的工程形式，春秋中期在淮南已建成周长224里的大型蓄水陂塘芍陂，东汉时又建成湖周358里的绍兴鉴湖。

1. 芍陂

春秋战国时期，各大诸侯国为了赢得兼并战争的胜利，多奖励耕战，开启了一个农田水利建设高潮，芍陂是当时一项著名的大型蓄水灌溉工程。芍陂，又名庐江陂、期思陂、龙泉陂、安丰塘等，位于今寿县城以南30km处，约公元前600年左右由楚令尹孙叔敖主持建成。芍陂现今成为淠史杭灌溉工程的一部分，属淠河灌溉区的一个反调节水库，其蓄水面积$34km^2$，蓄水量近一亿m^3，灌溉面积达67万多亩。

安徽寿县地处南北气候过渡地带，又是淮河流域暴雨中心密集地区之一，年内及年际之间的降水量变化幅度较大；大别山在北面由西、南、东三面呈弧形展开，山北坡的水都汇集到寿县南部的低洼地，夏秋雨季，极易发生洪涝，一旦少雨，又极易干旱。芍陂的修建巧妙地利用了当地的地形特点，选择寿县南部天然低洼湖沼作为库址，利用南高北低的地形，在西部、北部筑弧形长堤，东面利用高岗为天然堤，蓄水成塘，排水沟道也利用天然河沟，不仅大大节省了工程量，而且蓄水量大，“陂径百里，灌田万顷”②。

据《水经注》记载，芍陂长120多里。它引龙穴山、淠河之丰沛水源，陂内有5个水门，可灌田万顷。芍陂的兴建，使这一地区成为当时楚

① （清）陈履中：《河套志》卷4《屯田》。

② （南朝·宋）范晔：《后汉书》卷76《王景传》。

国的重要产粮区，战国后期寿春（今寿县）之所以繁荣，并且成为楚国最后的都城，显然与芍陂所发挥的水利效益有着密切的关系。两千六百年来，芍陂虽历经沧桑，几度兴衰，但至今仍造福于世。

芍陂这一古老而巨大的陂塘蓄水工程，在技术成就方面也为人称道：

第一，能巧妙地利用自然地形条件布置陂塘，是顺应地形、利用地形的杰作。

第二，引入较充足的水源。据《汉书·地理志》以及《水经注》“肥水”、“沘水”等篇记述，芍陂的水源主要有三条：一是西南淮河重要的支流沘水（今名淠河）；二是中间的涧水；三是东面的肥水（今东肥河）。

第三，工程设施完备。芍陂由塘堤、口门、引水渠和排水沟等工程设施组成，可潴蓄水、调节水和引排水，由此构成一个较为完整的工程体系。

第四，综合利用水资源，包括灌溉、供寿春城市用水、调剂运道水量、滞蓄山洪等。

2. 鉴湖

鉴湖，又称镜湖、长湖、大湖、南湖、贺监湖等，位于今浙江绍兴城南，是古代长江以南最大的陂湖蓄水灌溉工程。东汉永和五年（140），由会稽郡太守马臻主持修建。

绍兴地区地形南高北低，呈现“山—原—海”台阶式的自然地形特点，从东南到西北被会稽山脉环绕，绍兴平原北临大海，中间是河湖交错的沼泽平原。丘陵之间有不少山谷平原、山间盆地；丘陵北面的山麓地带为冲积扇坡地，土层深厚，宜于农耕；沼泽平原受会稽山山洪及钱塘江海潮倒灌影响，土地沼泽咸渍化严重，开发缓慢。

绍兴平原在距今6000—7000年时曾遭受海侵，致使环境恶化。越王勾践时期，海岸后退，又开始在沼泽平原兴修水利，发展农业。据《越绝书》卷8记载，在山麓地带修筑蓄水灌溉工程吴塘；在平原地区修筑富中大塘、炼塘等，以拦截溯河漫溢的海潮；在沿海修筑类似海塘的石塘。这些水利工程虽然零星分散、规模较小，但对越地发展起了较大作用。秦统一后，把会稽郡治设在吴（今苏州），并迁徙越人至此，越地经济因之衰退。西汉时期，绍兴地区的社会经济得到恢复和发展。东汉永建四年（129），吴郡、会稽郡分治，山阴县城（治今绍兴市）成为会稽郡治，为保证浙东地区这一新的政治经济中心发展，在设郡后的十一年兴建了江南著名的水利蓄水工程——鉴湖。东汉至唐代鉴湖的效益一直显著。之后，由于会稽山地的日渐开垦，鉴湖的淤积加重。宋代山会平原人口迅速增加，地狭人稠，鉴湖已大部开垦成田。后来虽有几次复湖的举动，但浚治效果不大。南宋乾道元年（1165）下诏："绍兴府开浚鉴湖，除唐贺知章放生池旧界十八余顷为放生池水面外，其余听从民便，逐时放水，以旧耕种。"① 允许民众放水合法耕种，鉴湖也就很快湮废了。

鉴湖杰出的工程技术成就主要表现在以下两方面：

一方面，巧妙地利用特有"山—原—海"台阶式的地形条件进行规划布置，节省了大量的工程量。另一方面，凭依巨大的湖容量，逐步成为一个完整的水利系统，兼具多种水利功能的一个人工蓄水工程。它由湖堤、水闸、溢洪道等设施组成了一个完整的灌溉枢纽，起到了蓄水、泄洪、灌溉、济运、供水等作用，工程技术达到相当高的水平；在灌区水利方面还注意建设完整的区域水利系统，不断整治山会平原的河网，使渠系布置更加合理。

（三）河流下游：基围工程

保护农田、聚落免受洪水、海水威胁的坝、堰之类的建筑，各地名称不一，如广东地区叫围，江淮地区叫圩，两湖地区叫垸，北方方言叫堤，西南地区叫堰等。基围又称堤围，"基"就是"堤"的意思，字面解释就是"周围有堤"，就是沿海地区的居民希望用堤坝将海侵拦住，保护其内的农田等。

"围基"之内有灌排沟渠，堤上有引水、排水两用的涵闸（当地称为窦）。各围大小不等，大至 20 余万亩一区，小至数十亩一区。基围多和江堤相连，内有排灌渠闸，并实行多种经营。主要分布于珠江三角洲和韩江三角洲滨江滨海地区，是和长江流域圩垸相似的农田水利系统，由堤防、渠系和水闸组成，是集成了灌溉、排涝、水运和水产综合效益的灌排工程体系。

基围见诸记载，最早是北宋，明清时迅速增加。发展的过程大致经历了早期先垦田后筑堤防洪，后期先围基后垦田；早期多系私家小围，后期多按地势逐步与水利系统合并为公家大围；早期多在干流两岸，并逐步向支流扩展，后期向滨海口门发展等特征。

1. 桑园围

桑园围是珠江三角洲著名的大型堤围，位于珠江干流之一西江的下

---

① （清）徐松：《宋会要辑稿》第 125 册《食货八之七下》，北京：中华书局，1957 年，第 4938 页。

游，是西、北江干流主要堤围，分东、西围，抵御西、北江洪水。据《南海县志》记载：桑园围在宋代徽宗年间（1101—1125）始筑东、西堤，四年后再筑吉赞横基，分别分为沙头中塘围、龙江河澎围、桑园围、甘竹鸡分围。至明、清时期陆续筑保安围等 14 条小围。至民国初期顺德县龙江段才加高并联成围，1924 年增建歌滘、龙江、狮颔口三座水闸后，成为一条较完整的难能可贵的园围。目前桑园围全长 68.85km，围内面积 133.75km^2，捍卫良田 1500ha，因有不少桑树园而得名。

桑园围依山冈、丘陵、台地而建，西临西江正干流，东临北江正干流，三面有堤，设计上利用西、北江洪峰向下流动的水文特征建成开口围，巧妙地利用了地形、河床等自然条件。修筑堤围固定了河床后，水流加速，减少了泥沙在河床上的停积，有利于水道的流畅和珠江三角洲平原的加速发育，有堤围捍水护田，“潮田无恶岁”，粮食生产大幅提高，促进了珠江三角洲农业的发展。

2. 八秀围

八秀围位于鹤山市古劳镇，依西江而筑，原名大水围、古劳大围。宋朝时西江边已出现大片冲积滩涂，土质肥沃，北方灾民大量南来，开始利用这些土地耕作维生，只是每年夏秋间，西江洪水来临时，常常颗粒无收，于是开始筑堤抗洪。据道光《鹤山县志·建置》载，明洪武二十七年（1394）由古劳上升人冯八秀赴工部呈筑而建，故又称八秀围，因以放老糠的流势作堤又称老糠围。1950 年与明洪武二十九年兴建的灌田七顷的坡山铁围联成一围，仍称古劳围。“围”全长 23 850m，干堤（俗称大海边）北起茶山山脉东端的石岩头，沿江而下，南至今天的沙坪河水闸（即沙坪河口，此处旧属坡山铁围，支堤俗称小海边）；从沙坪水闸起，沿沙坪河右岸上溯至茶山山脉的白水坑，长约 15 125m。

明清时期人们在围内用水塘养鱼、塘基种桑、养蚕，在西江边又出现了渔埠（捞鱼苗及经营水产业）等。据史书载当时人均田四亩即可足衣食，因一亩桑月采叶五百斤，喂蚕得丝四斤，家有十亩桑可养活八口人。使这一带成为鱼米富庶之区。

（四）其他引水工程

其他引水工程，如多首制引水工程，著名的有漳水十二渠。漳水十二渠位于今河北临漳县西南邺镇一带，邺曾是曹魏的实际权力中心。引漳渠道处于漳水由太行山区进入平原的地段，由于地形和降雨的关系，雨季漳河洪水暴涨猛落，加之宣泄不畅，常泛滥成灾。魏文侯在位时期（公元前

445—公元前396年)，西门豹做邺令，《史记·魏世家》记载：“凿十二渠，引河水灌民田，田皆溉”[①]。第一渠首在邺西18里，相延12里内有拦河堤溢流堰12道，各堰都在上游右岸开引水口，设引水闸，共成12条渠道。灌区不到10万亩。漳水浑浊有很多泥沙，可以灌溉肥田，提高产量，邺地因而富庶起来。

期间因渠道年久失修，一度失去灌溉效益。左思《魏都赋》称：“西门溉其前，史起灌其后。”魏襄王（公元前318—公元前296）时任史起为邺令，“引漳水溉邺”，重修了漳水渠，着重于淤灌改良盐碱地。嗣后直到汉元帝时，“至今皆得水利，民人以给足富。”[②]

东汉（25—220）末年曹操按原形式整修，十二堰从此改名天井堰。《水经·浊漳水注》记载曹魏时，“二十里中作十二墱，墱相去三百步，令互相灌注。一源分为十二流，皆悬水门”。墱本意是梯级，这里相当于近代的低滚水堰，可见漳水十二渠是有坝取水，而且是多渠口取水。

东魏天平二年（535）天井堰改建为天平渠，并成单一渠首，渠首在现在安阳市北40余里，漳河南岸。灌区扩大，后也称万金渠。隋唐两代（581—907）以后这一带形成以漳水、洹水（今安阳河）为源的灌区，清代（1644—1911）、民国还曾修复利用。

“多首制”引水是漳水十二渠最主要的特点，这是适应当地地势、水情因地制宜的一种创造。水渠所处位置，漳河坡陡流急，据现代测量，这段漳河纵比降约在百分之一到二百分之一之间，五十年一遇的流量可达7000m^3/s。如果集中修筑一座大坝，坝高易冲毁，技术的难度在当时不能克服，而分段修筑12座堰，就较易施工和维护。兴修12条引水渠的好处现分析有以下几点：一是引水渠与溢流堰相配合，利于引水；二是可以根据灌区用水量的需要，多开或少开水门，对水量进行调节；三是河流因淤积变化，主溜会产生摆动迁徙，使渠口引水发生困难，而多首制在某一渠口引不进水时，可采用其他渠口引水；四是漳水是含沙量多的河流，引水渠道易于淤积，需要经常清淤。多条引水渠可轮流疏浚淤泥，不会影响灌区用水。西门豹主持兴建的漳水渠开创了引多沙河灌溉的先例，妥善地解决了灌溉与泄洪、引灌与清淤、淤灌与盐碱化改良等问题。正如张芳在《中国古代灌溉工程技术史》一书中所评价的：“我国北方含沙量多的河流较多，漳水渠的工程设计对后世利用多沙河流影响深远。[③]”

---

① （汉）司马迁：《史记》卷44《魏世家》。

② （汉）司马迁：《史记》卷126《滑稽列传》。

③ 张芳：《中国古代灌溉工程技术史》，太原：山西教育出版社，2009年，第137页。

（五）堤防工程

中国古代堤防起源较早，至少在西周时就已出现。《国语·周语上》记载："防民之口，甚于防川，川壅而溃，伤人必多"，可见当时堤防已有一定的规模。到了春秋中期，这种堤防已较为普遍。

1. 黄河堤防

黄河下游的堤防工程，远在春秋中期就已经逐步形成，如《国语·周语下》记载，周灵王二十二年（公元前550年）谷水和洛水同时发水，冲毁都城成周的西南部并危及王宫的安全，当时就曾筑堤防洪。当时因为诸侯各霸一方，所修堤防线路极不合理。据《管子·霸形》记载，齐桓公时，楚国"要宋田，夹塞两川，使水不得东流。东山之西，水深灭垝，四百里而后可田也"，推测是在睢水上拦河筑坝，使河上游泛滥成灾。齐桓公是当时的霸主，所以要求楚国拆除拦河坝。

战国时期，黄河下游堤防已具有相当规模。新的封建生产关系日渐发展，铁制工具逐步推广，人口大量增长，土地也进一步被开发利用，"与水争地"势不可免。黄河尾闾逐步填淤，治河工程进入到一个新的阶段——黄河堤防开始系统修筑。对此，西汉贾让曾有过概括的叙述："堤防之作，近起战国，壅防百川，各以自利。齐与赵魏以河为境，赵魏濒山，齐地卑下，作堤去河二十五里。河水东抵齐堤则西泛赵魏。赵魏亦为堤去河二十五里。"[①] 当时黄河经行的齐、赵、魏等国在离河约25里筑堤防洪，也就是说河床两侧距离河堤各有25汉里（汉代一里约415.8米，约合现代21里）。关于筑堤技术，《管子·度地篇》曾指出：修堤的时间以春天的三月最好，因为这时土料较干，易于坚实，而其他季节，如秋季多雨土料就会潮湿；冬季寒冷土料则会冻结，所修堤坝质量都会受到影响。

秦汉时期黄河下游堤防逐渐完备。秦统一六国后，"决通川防，夷去险阻"，黄河下游第一次出现了连贯的长堤。黄河左边的堤坝起自河南武陟，经获嘉、新乡、汲县、滑县、浚县、内黄等县，进入河北大名、馆陶（包括今冠县），全长逾270km，时至今日这些地区均有故堤残存。王莽时黄河在今河北临漳县西决口，王景治河，使"河汴分流"，修筑了荥阳东至千乘海口的千余里堤防。

北宋五代时期则已经有了双重堤防，并按险要与否分为"向著"、"退

---

① （汉）班固：《汉书》卷299《沟洫志》。

背”两类，每类又分三等。北宋建都开封，黄河下游河道一度成为宋辽军事防线，黄河以南是其政治经济的中心。堤防南强北弱。一旦河决南泛，便全力以赴，迅速堵合。北堤决口常延缓不堵，甚至有意北决，以保南堤。长此以往，造成两岸地形北高南低。南堤一旦冲决，水势悍激，侵州迫城，灾情重，损失大。

元代对黄河长期实行多股分流。至正十一年（1351），贾鲁受命治河，修复了砀山以上北堤 250 里以及其他一些堤防。明初黄河主流基本上仍走贾鲁河道，弘治六年（1493）刘大夏受命治河，在黄河北岸筑起长 360 里的太行堤，并在太行堤之南另筑一道内堤。这两条长堤筑起后，防止了黄河的北决，黄河南侧仍维持多支分流。嘉靖年间，河臣潘季驯推行“筑堤束水，以水攻沙”之策，大筑两岸堤防，创造性地构建了遥堤、缕堤、格堤、月堤相互配合的堤防体系，并把黄河下游两岸的堤防全部连接起来加以固定。迄明，堤防工程的施工、管理和防守技术都达到了相当高的水平，把堤防分为遥堤、缕堤、格堤、月堤四种，按照各堤的作用，因地制宜修建。

清代河道与明代基本相同。康、雍、乾三朝重视河政，黄河两岸堤坝渐趋完整，直至咸丰初年，未再发生大的改道。乾隆以后，河患不断加重，渐呈改道之象。清咸丰五年（1855），长期积重难返的黄河在河南铜瓦厢决口，泛水分三股流向东北，夺大清河由利津注入渤海。从 1860 年开始，清人在新河道两岸陆续开始修筑民埝、大堤，至 1884 年，新河道两岸连贯的大堤、民埝修建完成，这条河道大体就是现今的黄河河道。清代修堤技术进一步发展，特别强调“五宜二忌”，其中五宜分别是：一、“审势时”，宜选择高地修堤，以节省土方，且堤线要顺直；二、“取土宜远”，要在临河距堤二十丈以外取土，土塘之间要留土格，以防止汛期堤根行溜；三、“坯头宜薄”，坯头薄了易于硪实；四、“硪工宜密”，五、“验水宜严”，硪实以后以铁锥穿孔，依据灌水的多少来确定是否合格。二忌是忌隆冬施工和盛夏施工。

2. 长江堤防

除黄河之外，长江中下游堤防出现也较早、规模较大。

有关长江建堤的最早文字记载，见诸《资治通鉴·魏纪》，在公元 261 年“胡烈为襄阳守，筑石堤”。襄阳位于汉水中游，襄阳大堤历史悠久，据《天下郡国利病书》载：“考襄阳古有大堤曲，是堤之设，自商周已然矣”，最早可以追溯到商周时期，至唐代襄阳大堤基本定型。乾隆《襄阳府志·古迹》载：“大堤，旧志云：‘在城外，盖指唐时所筑。绕城四十三里，以障汉暴者也。'”与现在万山至观音阁长堤的距离基本吻合。明万历四年（1576），老龙堤与长门堤合二为一，形成一个完整的石堤，汉水对襄阳古城的威胁基本消除。

长江自湖北省枝江至湖南省岳阳县城陵矶段别称荆江，全长360km，藕池口以下荆江河道蜿蜒曲折，有“九曲回肠”之称。荆江以北是古云梦大泽范围，以南是洞庭湖，地势低洼，长江带来的泥沙在此大量沉积。由于荆江河道弯曲，洪水宣泄不畅，故极易溃堤成灾，有“万里长江，险在荆江”之说。而荆江河段北岸是江汉平原，南岸是洞庭湖平原，安流与否影响重大，所以荆江堤防同样出现较早。

荆江大堤肇始于东晋永和年间（345—356），桓温命陈遵主持修建金堤。《水经注·江水》中记载：“江陵城地东南倾，故缘以金堤自灵溪始。”经唐、五代的续修，到北宋中期时荆江北岸堤防已基本形成。宋代以前荆江堤防建设尚处在起步阶段，宋代是荆江堤防发展的重要时期。南宋曾大力恢复并增修荆江段堤防，端平三年（1236）孟珙曾在南北岸修堤防水，陆游在《入蜀记》中记述说：乾道六年（1170）“九月八日……入石首县界；……十四日次公安，……堤防数坏，岁岁增筑不止”[①]，反映了南宋时期荆江堤防兴筑不断的情况。明代是荆江堤防大发展的时期，沿江堤防已基本建成，并创立了“堤甲法”，提高了筑堤技术，采取了沿堤砌石、增修月堤等措施加以防护，为日后以至今天荆江大堤的发展奠定了基础。清代，荆江堤防得到进一步的修护与加固，月堤与护岸工程明显多于明代，堤防对荆江两岸地区的保障日益增强。

从明代起长江中下游其他河段也逐步开始筑堤，特别是在湖北、安徽、江苏沿江地带，同时支流汉江下游堤防建设也进一步完善。清代在这些堤工基础上进一步延伸、接筑、加固，特别是在清代中期以后，堤工兴筑之役迅速增多。在乾隆后期到道光末年的86年中，就有22年大修堤工，平均每4年就进行一次大规模堤防工程，有的工程还要跨年度。虽不及黄河堤工那样频繁，但从整个长江堤防建设史来看，这一时期无疑是一个高潮。经过明清两朝的努力，长江堤防系统基本形成：上起湖北江陵县枣林岗，下至长江三角洲一带，纵贯湖北、湖南、江西、安徽、江苏五省，全长逾3100km。

二、河运工程

运输是指通过一定运输工具实现人和物空间位置变化的活动，与人类

---

① （宋）陆游：《入蜀记》卷5，北京：中华书局，1985年，第45页。

的生产生活息息相关，可以说运输的历史和人类的历史同样悠久。现代运输主要有五种类型：铁路运输、公路运输、水路运输、航空运输和管道运输。在漫长的历史时期主要以陆路运输、水路运输为主，陆路运输主要动力是畜力，水路运输主要靠水流动力。

（一）河运

愚公移山的故事折射出了陆路运输道路开辟的艰难，而以河流为主要运输线路的河运则要便利很多，所以依靠河流的水运出现很早。相传在原始社会，人们已经可以用石斧、石刀“刳木为舟”。

1. 黄河河运

，这是商代甲骨文中的“舟”字，是一个象形字，直观地体现了“刳木为舟”的舟形。商部族很早就活动在黄河中下游地区，传说因为从事长途贩运的商业活动而得名，甲骨文“舟”字折射出当时依靠黄河水运的频繁。最早见于历史记载的河运是：《尚书·盘庚中》记载：“盘庚作，惟涉河以民迁”，对此《史记·殷本纪》亦记“盘庚涉河南，治亳”。盘庚率领部族从黄河北岸迁至黄河南岸，迁都必涉黄河，可知当时水运已有一定的规模。

《诗·国风·河广》称：“谁谓河广，一苇杭[1]之”，一捆芦苇未必能横渡黄河，但它说明西周水上运输的普遍。据《史记·周本纪》记载，西周初年周武王伐纣时曾率五万名士兵、三百乘战车在孟津横渡黄河。

黄河航运的历史，可以追溯到先秦时代。以河、渭和鸿沟水系为主，形成以长安、洛阳为中心的水运网络。至今最早关于黄河中游航运的记载是春秋时期发生于黄河小北干流段的“泛舟之役”。《左传·僖公十三年》载：“秦于是乎输粟于晋，自雍及绛相继，命之曰泛舟之役。”这是我国历史上第一次远距离大规模的水上运输。当时晋国都城“绛”在今山西翼城东，秦国都城“雍”在今陕西凤翔南，水运可以从渭水到黄河，溯黄河而北入汾水，达于绛。由于运粮的数量大，渭水、黄河、汾水的船只络绎不绝，可见当时水运已有可观的规模。

黄河北干流段是晋省与蒙、陕之间的界河，由于此段地形十分复杂，沿河修路十分困难，致使南北交通成为“死角”地带。而黄河恰好在这样一个特殊的区位穿越，利用黄河开辟的水上运输路线，既可避免在千沟万壑上开山、架桥，又不需要占用耕地和迁移人口，不失为一条花钱少、见

---

① 航。

效快的发展交通的好途径。隋唐五代和两宋，黄河晋陕峡谷的水运很发达，黄河漕运进入到鼎盛时期，曾对内蒙古和中原、陕西和山西等地区经济的发展发挥了积极的作用。黄河晋陕峡谷最大的水运障碍是壶口瀑布，通过壶口瀑布的方法是“旱地行船”。在当时的条件下，这可能是水上运输通过壶口瀑布的最佳选择，从而使吉县东龙王迪成为该段黄河重要的水陆码头和商业较为繁荣的集镇之一，正常年景路经东龙王迪码头的船只达4000—5000只，在沿河地县形成南北纵穿的水路航行路线。天宝三年（774）李白离开长安时，在《行路难》里写道：“欲渡黄河冰塞川，将登太行雪满山。闲来垂钓碧溪上，忽复乘舟梦日边。行路难，行路难，多歧路，今安在。长风破浪会有时，直挂云帆济沧海。”黄河航运已发展到了一个相当的水平。

北宋以后，经黄河三门峡漕运的规模比以前小很多；清乾隆以后黄河漕运逐渐终止。黄河三门峡漕运的变化与黄河含沙量密切相关。由于黄河泥沙含量剧增，大量泥沙沉积于河床，使水路交通困难。晚清和民国时期，由于黄河改道和铁路运输的发展，再加上军阀混战，黄河航运趋于衰败。

2. 长江河运①

长江是我国第一大河流，干流全长 6300km，目前通航河道 3600 余条，通航总里程 5.7 万 km，占全国内河通航总里程的 52.6%，覆盖了中国辽阔的腹地，内河航运历史悠久。

考古材料证明，长江的水运至少已有 7000 多年的历史。早在新石器时代，长江上已经广泛应用独木舟、排筏等。浙江省河姆渡出土的、距今 7000 多年的木桨，更反映出当时先民已经开始使用木桨划船。

西周初期，长江最长的支流汉江的航运已相当发达。《史记·周本纪·正义》引《帝王世纪》记载，到武王的曾孙昭王时，曾进兵到今湖北一带。相传在渡汉水的时候，当地老百姓有意给他一种仅用胶把船板黏连起来的船，于是“王御船至中流，胶液船解。王及祭公俱没于水中而崩”。周天子出征，兵员自然不少，反映出当时汉水一带船只运输的盛况，且可窥当时造船技术已有一定的水平。

春秋战国时期，长江干支流的水运得到了充分的开发。春秋时期长江流域被楚、吴、越、巴、蜀等方国所控制，各国为了经济的发展和进行战争的需要积极开发航运，长江航运首先在流域各方国中心区域的水域中新

① 罗传栋：《长江航运史》（古代部分），北京：人民交通出版社，1991 年。

兴并发展起来。战国时代，长江各地区性的航运已与各国日益兴盛的贩运业紧密结合。楚怀王在位期间，鄂君启建造数百艘舟船，在长江中下游干支流从事大规模贩运经商，开拓了流域的商运。总之，春秋战国时期是长江水运史上的重要开拓期。

秦统一后逐步完善了全国水陆交通干线。秦汉两代十分重视长江航运的开发利用，长江航运已不再局限于各地区之中，水系干支流航运与邻近水系开始贯通，整个长江内河航运体系开始逐步形成。

隋唐时期，长江航运得到了进一步的全面开发，后人描述唐代长江水运的盛况："天下诸津，舟航所聚，旁通巴蜀，前指闽越。七泽十薮，三江五湖，控引河洛，兼包淮海。弘舸巨舰，千舳万艘，交贸往还，昧旦永日。"迄唐中国的内河航运，已相对地集中于长江水系。唐代全国水路驿站 260 所，水陆相兼驿站 86 所，绝大部分设在长江流域各地。同时开始形成比较固定的客货运输航线，开始出现大型港口。

宋元时期长江航运在隋唐全面发展的基础上进入了空前兴盛的阶段。期间长江的官办航运与商民航运的规模都远过于前期，如官方的漕粮运输数量最高年份达到了 800 万石。当时长江航运的兴旺发达，还体现在水系中多种船舶运输专业化分工的实现。在流域中，就地区而言，有淮船、吴船、浙江船、池州船、楚船、蜀船等近 30 种。就用途分，则有客舟、马船、漕舟等。同时，水上运输关税与市舶管理也建立了专门机构，订立了完整的规章制度。

明清时期，商品经济的发展，国内市场的扩大，资本主义生产关系的幼芽开始在长江流域经济发展较快的手工业部门，诸如丝织、矿冶、制茶、制盐、制糖、造纸、印刷、瓷器制造、木帆船运输等行业中萌生。与之相适应，长江流域的内河航运事业在持续发展的过程中出现了许多新的特点。

1）上海沙船航运业中出现的资本主义萌芽，对长江流域的航运事业产生了深远的影响，大量漕粮已由历史时期王朝自运改为招商承运。

2）商品经济的繁荣，国内市场的不断扩大，长江流域商业性航运有了更大的发展。商、航合一逐步走向商、航分离，原处于分散状态下的个体船户开始走向联合，护航救生业已在干流各险段航道上产生，川江航道的整治已受到沿江各地方政府的重视。

3）随着长江内河航运的发达，流域的关税机构与征收制度更为严密，具有近代色彩的江海关已在上海诞生。

（二）运河

运河是用以沟通地区或水域间水运的人工水道，通常与自然水道或其他运河相连。除航运外，运河还可用于灌溉、分洪、排涝、给水等。中国地势西高东低，黄河、淮河、长江、珠江等主要大河都是由西向东流，东西的水上交通比较方便，但是南北的水运却困难很大，所以有必要在南北之间开凿人工河道。因此，中国的运河建设历史悠久，开凿于公元前 506 年的胥河，是我国现有记载的最早的运河，亦是世界上最古老的人工运河。

1. 邗沟：沟通江、淮

《中国历史大事编年》（张习孔，1987）将胥河和邗沟都列为世界上最早的人工运河，邗沟又名渠水、韩江、中渎水、山阳渎、淮扬运河、里运河，是联系长江和淮河的古运河。春秋晚期以前淮河流域与长江流域的水上交通是隔绝的，直到公元前 486 年吴王夫差挖掘人工运河——邗沟。

春秋末年，吴王夫差为北上争霸，开通邗沟。最初南端自长江引水北流，向北绕经一系列湖泊，以较短的人工渠道相连接，航道弯曲，到末口入淮河。三国时运道已不通畅，东晋时邗沟渠化堰坝开始出现，当时引江水的方法是引江潮，潮涨时水从坝上溢流或有单闸，开门引潮，闭门蓄水。

邗沟第二次修建是隋朝大业年间，隋炀帝“发淮南民十余万开邗沟，自山阳至扬江”①。这是在旧有基础上一次大规模的整修扩大，逐步形成了后代运河的规模。

北宋时期在邗沟上建有数十处闸、坝、涵等建筑物，并且出现了世界上最早的船闸——复闸，进入邗沟工程修筑和运输管理的鼎盛时期。

元代开通京杭运河，邗沟成为其中的一段。

2. 灵渠：沟通湘、漓

秦始皇二十八年（公元前 219）开挖了灵渠，沟通了湘江、漓江，打通了南北水上通道，大批粮草经水路运往岭南，为秦王朝统一岭南提供了重要的保证。秦汉以来，灵渠成为岭南与中原地区联系的主要通道。为了保证灵渠的畅通，历代政府均对灵渠进行过修缮。据史料记载，自汉代至民国的 2000 多年间，对灵渠的维修和改建共有 35 次，其中汉代 2 次，唐代 2 次，宋代 7 次，元代 3 次，明代 6 次，清代 15 次。

东汉建武十八年（42），交趾女子征侧、征贰反叛朝廷，光武帝派伏波将军马援南征，继续疏浚灵渠。唐宝历元年（825），渠道崩坏，舟不能通，桂管观察使李渤下令垒石建成犁铧形的拦河坝，即大、小天平，使河水分流进入南、北渠道，并在南、北渠道上设置壅高水位以利通航的建筑

① （宋）司马光：《资治通鉴》卷 108《隋纪》。

物陡门，经过李渤的改建，灵渠有了拦河坝和陡门。唐咸通九年（868）陡防尽坏，渠道淤浅，鱼孟威刺史将沿河 40 里用石块砌堤岸，用大坚木做成木桩植立为陡门，陡门增至 18 重，方通巨舟。

北宋庆历四年（1044），桂林衙前秦晟监修灵渠。嘉祐三年（1058），提点广西刑狱兼领河渠事李师中修灵渠，此次维修采用“燎石以攻，既导既辟”的方法，清除渠内碍舟礁石，并将灵渠陡门增至 36 座。南宋绍熙五年（1194），广南西路经略安抚使、知静江府朱晞颜修灵渠。

元至正十四年（1345），岭南广西道肃政廉访副使乜儿吉尼修灵渠，修复了铧堤及陡门的溃坏处，舟楫以通。明洪武二十九年（1396），监察御史严震直主持修灵渠。这次维修，由于加高了大、小天平，2 座溢洪水涵泄水量较小，遇洪水时则冲毁堤岸，洪水尽流向北渠，南渠水浅，既不能通航，又影响农田灌溉，因而于永乐二年（1404）二月，修复如旧。

明代另一次较重要的灵渠维修是成化二十一年至二十三年（1485—1487），由于洪水泛滥，渠堤毁坏严重，由全州知府单渭主持维修，据孔镛《重修灵渠记》“用巨石以甃铧嘴，措鱼鳞，缮渠岸，构陡门”[①]，三十六陡中凡有缺坏者均修葺一新。这是有关大、小天平坝上采用鱼鳞石护砌的最早记载。

清康熙五十三年（1714），天平石诸险工倾决殆尽，陡门仅存 14 座，巡抚陈元龙率通省官员捐俸修治，重修被毁的大小天平，由原来用巨石平铺坝顶，改砌成龟背形，将累卵状的鱼鳞形石改用长石直竖。陡门修整了尚存的 14 座，将已废弃的 22 座陡门修复了 8 座，凿去湘江及漓江险滩礁石 19 处。陡门过去皆用丛石砌筑，这次全用巨条石合缝浆。乾隆十九年（1754）两广总督杨应琚奉旨修灵渠，计修堤和鱼鳞石 102 道，修坝 1 道，修陡门 16 座，并疏浚渠口积沙，天平坝基尽钉松桩，上面用青石密砌，两石相接处均以生铁锭钤锢。清嘉庆二十四年（1819），广西巡抚赵慎畛捐俸修灵渠，主要维修陡门。至此保留陡门 32 座，即北渠 4 座，南渠 28 座。光绪十一年（1885），洪水冲毁分水坝及南北陡堤，广西护理抚院李秉衡请旨奉准修渠。因铧堤旧址填淤，改建于原址下游 30 丈，大小天平叠石如鱼鳞，接缝处胶以灰泥，外复巨石。并修北渠 3 陡，南渠 19 陡，修四贤祠、飞来石、蛤蟆塘、泄水天平、黄龙堤等石堤 5 道。新建滑石、鸾塘、牛角 3 陡。又于光绪十二年十月动工修了社公坝和新陡海底，凿去石门坎、倒脱靴、黑石坝 3 处暗礁，现今所见灵渠，大致就是这次维修后的面貌。

---

① （明）孔镛：《重修灵渠记》，见：《粤西文载》卷 20。

3. 大运河：沟通五大水系

大运河始建于公元前 486 年，包括隋唐大运河、京杭大运河和浙东运河三部分，沟通海河、黄河、淮河、长江和钱塘江五大水系，地跨北京、天津、河北、河南、山东、安徽、江苏、浙江 8 个省市，是世界上开凿时间较早、规模最大、线路最长、延续时间最久且目前仍在使用的人工运河。在中华民族的发展史上，大运河为发展南北交通，沟通南北之间经济、文化等方面的联系作出了巨大的贡献。

京杭大运河从公元前 486 年始凿，至公元 1293 年全线通航，前后共持续了 1779 年。在漫长的岁月里，主要经历三次较大的兴修过程。

第一次是在公元前 5 世纪的春秋末期。胥溪、胥浦是大运河最早成形的一段，相传是以吴国大夫伍子胥之名命名。当时统治长江下游一带的吴国君主夫差，为了北伐齐国，争夺中原霸主地位，开挖自今扬州向东北，经射阳湖到淮安入淮河的运河（即今里运河），因途经邗城，故得名“邗沟”，全长 170km，把长江水引入淮河，成为大运河最早修建的一段，是京杭大运河的“第一期工程”。

第二次是在公元 7 世纪初隋炀帝时期。迁都洛阳后，为了控制江南广大地区，保证物资供给，先后开凿了：①广通渠，从长安至潼关东通黄河，以渭水为主要水源；②通济渠，从洛阳沟通黄、淮两大河流的水运；③山阳渎，北起淮水南岸的山阳（今江苏淮安市淮安区），南向到江都（今扬州市）西南接长江；④永济渠，从洛阳黄河对岸的沁河口向北，直通涿郡（今北京市）。

第三次是在 13 世纪末元朝定都北京后。为了使南北相连，不再绕道洛阳，元朝先后开挖了“洛州河”和“会通河”，把天津至江苏清江之间的天然河道和湖泊连接起来，清江以南接邗沟和江南运河，直达杭州。而北京与天津之间，原有运河已废，又新修“通惠河”。这样，新的京杭大运河比绕道洛阳的隋唐大运河缩短了约 900km。京杭大运河沿线是中国最富庶的农业区之一，工业生产很发达。

三、土壤改良工程

土壤改良是指针对土壤的不良性状和障碍因素，采取相应的物理或化学措施，改善土壤性状，提高土壤肥力，增加作物产量，以及改善人类生存土壤环境的过程。中国古代有利用矿物质改良土壤等方法[①]。

① 赵赟：《中国古代利用矿物改良土壤的理论与实践》，《中国农史》2005 年 02 期，第 45-52 页。

1. 放淤增加土壤肥力

淤灌是一种灌溉方式，是指用含细颗粒泥沙的河水进行灌溉，既浸润土壤又沉积泥沙，以改造低洼易涝地或盐碱地。这是利用天然河流中含泥沙的水或山洪水进行淤地改土或肥田浇灌作物的灌溉方法。中国古代灌溉事业从黄河流域开始，水源多为含沙量较大的河流，在长期生产实践中劳动人民认识到灌溉的作用一方面是水分浸润，一方面是淤泥肥田，因而古代灌溉的概念是淤灌①。引黄淤灌有着悠久的历史，战国的文献所记载的水利工程中尤其注意到了浑水灌种稻改良土地的工程效益。

专门放淤自汉代开始，如东汉灵帝时关中地区的樊惠渠修成后，“清流浸润，泥潦浮游，曩之卤田，化为甘壤。粳黍稼穑之所入不可胜算”②。樊惠渠灌水和放淤既灌溉了农作物又改良了土壤，大大促进了产量的增加。在汉代，著名治黄理论“贾让三策”也包括开渠灌淤，并将之作为治黄良策。

引黄淤灌的高潮出现在北宋熙宁年间（1087—1077），主政的王安石大力提倡、推行淤灌，灌区面积达到700多万亩，亩产量提高数倍。北宋大规模的放淤以首都开封汴河沿岸为起点，扩展到豫北、冀南、冀中以及晋西南、陕东等广大地区。主要放淤的河流有汴河、黄河、漳河和滹沱河，持续时间大约10年，在治碱改土方面取得了较好成绩，从前“聚集游民，刮咸煮盐”的斥卤地，放淤当年即获丰收。如“深、冀、沧、瀛间，惟大河、滹沱、漳水所淤，方为美田。淤淀不至处，悉是斥卤，不可种艺”③。绛州正平县（今山西新绛县）南董村放淤前亩产不过5—7斗，放淤后达到3石，即增产2倍多，耕地的价格也比此前每亩涨3倍④。

淤灌同时兼有灌溉和改土的效益，技术的关键是把握农作物生长周期和根据水情选择引洪放淤的时间，一般需要利用工程措施控制放淤和防范放淤时容易发生的洪水灾害。汛期在黄河、滹沱河和漳河上施行引洪放淤主要的风险，首先是引洪失败反致洪水成灾，其次是放淤区域淤泥铺盖不均匀，即所谓的“花淤”。放淤需要解决的主要技术问题是放淤口门（引水口）、行洪路线、放淤流量（堰或坝制导洪水），以及预先设计排水出路

① 姚汉源：《中国古代的农田淤灌及放淤问题》，《武汉水利电力学院学报》1964年第2期，第1-14页。

② （汉）蔡邕：《京兆樊惠渠颂》；（清）严可均校辑：《全上古三代秦汉三国六朝文》，北京：中华书局，1995年，第874页。

③ 《续资治通鉴长编》卷264，上海：上海古籍出版社，1986年，第2487页。

④ 周魁一等：《二十五史河渠志注释本》，北京：中国书店，1990年，第165页。

等技术问题。

2. 淤灌、排涝改良盐碱地

中国古代还利用河流中携裹的泥沙进行农田淤灌，旨在达到肥田或改良盐碱地的目的。

位于黄河下游的漳河冲积扇平原，地下水位较高，土壤盐碱度也很高。战国时魏国引漳灌区由于淤灌而大获丰收，当时民歌曰："决漳水兮灌邺旁，终古舄卤兮生稻粱。"① 引漳灌区和郑国渠灌区都是在多沙河流上，引取高含沙水流通过输水渠系灌溉大田，由于地形坡降较陡，尾水可以自流归入天然河流中，水循环过程中土地逐步脱碱。

战国末期的郑国渠，引泥沙含量较大的黄河支流泾水灌溉，使关中一带的盐碱地亩产 250 多斤，民谣赞之"泾水一石，其泥数斗，且溉且粪，长我禾黍"，郑国"渠成，而用注填淤之水，溉舄卤之地四万余顷，收皆亩一钟"②，通过土壤改良，"于是关中为沃野，无凶年"，为强秦统一六国奠定了物质基础。

盐碱地顾名思义是土壤里面因盐类集积影响到作物的正常生长的土地，主要分布在我国东北、西北、华北的干旱、半干旱地区。由于降水量小，蒸发量大，溶解在水中的盐分容易在土壤表层积聚；特别是在低洼地带，水溶性盐随水从高处向低处移动，在此积聚形成盐碱地。此外，河流及渠道两旁的土地，因河水侧渗而使地下水位抬高，促使积盐。沿海地区因海水浸渍，可形成滨海盐碱土。北宋天圣二年（1024）开封府和陈、徐、宿、亳、曹、单、蔡、颍等州连年雨涝成灾，张君平奏请在上述区域，大搞排涝工程，"凡潴积之地为良田"③。张君平还曾提出大规模排水计划和几点规定，主要内容有：①按地形和前代遗迹规划排水路线并计算工程量；②不按要求施工和造成灾害的，应对官吏判刑和罚款；③能动员和组织人民按计划施工并有成效者重赏；④禁止百姓在排水河道上筑堰蓄水和捕鱼；⑤开挖尺寸和工程量要严格复核，新平整出的土地入税籍；⑥查禁贪污。这些规定当时"悉颁为定令"④，成为该地区的排水法规。

浙江绍兴近海，潮汐咸水涌入，危及耕地，明代嘉靖十六年（1537）的大型排水闸——绍兴三江闸位于杭州湾南岸、绍兴以北的三江口，当时为排山阴、会稽、萧山三县的内涝和防御海潮倒灌而建此闸。该闸横跨于

① 周魁一等：《二十五史河渠志注释本》，北京：中国书店，1990 年，第 15 页。
② 周魁一等：《二十五史河渠志注释本》，北京：中国书店，1990 年，第 16 页。
③ （宋）王巩：《闻见近录》，文渊阁《四库全书》本。
④ 周魁一等：《二十五史河渠志注释本》，北京：中国书店，1990 年，第 134 页。

钱塘江、钱清江与曹娥江的汇合处。闸桥全长108m，宽9.16m，潮水盛涨时下闸挡潮和蓄积内河淡水，潮退时则开闸排涝，闸门大大保护了绍兴平原免受海水侵蚀。农田高程不同对排涝水位也有不同要求，为公平起见，设立水则按水位高程控制闸门启闭。启闭以农田高程居中者为准，共设两个水则，一个在闸所，一个在县衙附近，两个水则既方便管理，又可相互校核。水则分作金、木、水、火、土五划。据清代程鸣九《三江闸务全书》记载，水至金字脚，全闸28孔开启；水至木字脚，开16孔；至水字脚开8孔；至火字头全闸关闭，以防欺蔽。

第二节　水利工程与流域承载力

生态承载力这一概念最早来自于生态学。1921年Park和Burgess等人在生态学领域中首次用了“生态承载力”的概念来指称在某一特定环境条件下（主要指生存空间，营养物质，阳光等生态因子的组合），某种个体存在数量的最高极限。这一概念不断发展，到20世纪70年代已经发展到人口承载力、资源承载力、环境承载力、水资源承载力、矿产资源承载力等，其中资源承载力成为基础，环境承载力作为关键核心，生态承载力是综合①。

一、流域人口承载力增加

人口承载力是指某一流域在资源承载力和环境承载力的基础上，所能容纳的人口最大数。借助运输工程，可以实现大规模的物质空间移动，从而改变一个地区的人口承载力。

（一）农业生产力提升

蓄水灌溉工程主要有水库和塘堰两种。水库是指在山沟或河流的狭口处建造拦河坝形成的人工湖泊，可起防洪、蓄水灌溉、供水、发电、养鱼等作用。有时天然湖泊也称为水库（天然水库）。

1. 水稻等高产作物的推广

在传统农作物中，水稻属于高产作物，但是水稻的种植对自然条件要

---

① 高鹭、张宏业：《生态承载力的国内外研究进展》，《中国人口·资源与环境》2007年第2期，第19-27页。

求也较高，除了适宜的温度，还有就是充裕的水分。以适宜水稻种植，并且是中国水稻种植最早区域的长江流域为例，据统计，流域内山地面积占40.6%，丘陵和盆地面积占31.7%，高原占13.3%，平原和湖泊仅占14.4%，可见历史时期纵使长江流域水稻种植的推广也是与山地平整、水利工程须臾难离的。这一点从古代南方地区的水利工程数量庞大、技术精益可以得到有力的佐证。如中国最早的水利工程——芍陂，就是为了避免当地水旱灾害对水稻种植的不利影响，而兴建的蓄水灌溉、调节径流量的水利工程。

此外，以循环利用水资源著称的南方梯田也是水稻推广的重要技术保证。以红河南岸的哈尼梯田为例，嘉庆《临安府志》记载："依山麓平旷处，开凿田园，层层相间，远望如画。至山势峻极，蹑坎而登。有石梯磴，名曰梯田，水源高者，通以略杓，数里不绝"[①]。哈尼族的梯田稻作已有1300多年的耕种历史，依山造田，森林在上、村寨居中、梯田在下，水系贯穿其中，水资源的循环利用保证了哈尼梯田生态系统的良性循环。

2. 农作物亩产量提升

在同一区域，水田、旱地亩产量差异迥然。

《管子·轻重甲》记载黄河下游地区："一农之事，终岁耕百亩，百亩之收，不过二十钟"[②]，这是说亩产粟0.2钟，1钟等于10釜，1釜也就是1石，0.2钟也就是亩产粟2石；《管子·轻重乙》河："河淤诸侯，亩钟之国也"[③]，经过淤灌的肥沃土壤，亩产1钟，即亩产10石，五倍于《管子·轻重甲》所记旱田之数。此外，《史记·河渠书》亦记："西门豹引漳水溉邺，以富魏之河西"，结合《论衡·率性篇》所载："魏之行田百亩，邺独二百，西门豹灌以漳水，则亩收一钟"，也就是亩产10石。《史记·河渠书》说：秦开郑国渠，"灌泽卤之地四万余顷，收皆亩一钟"，也是亩产10石。战国时期灌溉或淤灌后的高产良田亩产量相当于一般田的5倍。此外，魏初屯田"白田[④]收至十余斛，水田收数十斛"[⑤]，反映出水田、旱地亩产量的差异也在数倍。

西汉末年贾让在著名的治河三策中提倡引黄灌溉，理由便是"若有渠

① （清）江浚源：《临安府志》卷18《土司志》。
② （春秋）管仲：《管子·轻重甲第八十》。
③ （春秋）管仲：《管子·轻重乙第八十一》。
④ 旱地。
⑤ （唐）房玄龄：《晋书》卷47《傅玄传》。

溉，则盐卤下湿，填淤加肥，故种禾麦，更为秔稻，高田五倍，下田十倍。”[①] 可见利用黄河水淤灌、提升土壤肥力后，原本种植谷麦的田地，可以改种产量更高的稻米，仅此一项，上等田地增产5倍，下等田亩增产10倍。西晋泰始年间灾荒频仍、农业歉收，时人傅玄（217—278年）指出水旱灾荒不仅是天时的变异，更有农田水利失修的原因，他说曹魏时代“不务多其顷亩，但务修其功力，故白田收至十余斛，水田收数十斛”[②]，曹魏时代旱地亩产十余斛，水田收数十斛，是因为当时的农业政策不是盲目追求耕地面积扩大，而是更重视精耕细作、农田水利建设。

以黄河第二大支流汾河为例，史料记载岚县雍正年间亩产2.3斗[③]，汾河上游坡地一般亩产杂粮在2—4斗之间，灾年还有不足斗者。晋北一带东部山地以3亩为1垧，西部则以4亩为1垧，每垧所收不过7、8斗杂粮而已。而汾河流域中下游地区，地势平衍，灌溉方便，产量较高。通过晚清调查资料统计可知：太原以南汾河流域的麦稻产量在光绪时每亩平均为1.5—2石多[④]，所以民国年间有人慨叹“数垧之田，不能当川原一亩之入”[⑤]。同时中下游各府州县方志统计资料显示，农家一般耕种20—40亩土地，土地虽少，却常获丰稔；因之，与上游广种薄收形成了鲜明对比。

（二）物资运输力增大

中国有大小天然河流5800多条，总长40多万km，另有通航的大小湖泊900多个（不包括台湾省）。早在4500年前，中国就能制造舟楫，商代即已有帆船；夏、商、周时，黄河已成重要运粮干线，春秋战国时代开凿了鸿沟、邗沟，秦代修通了灵渠，至隋代则开通了南北大运河。这些天然河流、人工河道的内河航运力对于区域之间的物质交流起到了重要作用。

1. 流域物资能力提升

提及内河航运的物质调剂能力，自然会想到先秦时期著名的“泛舟之役”。发生在公元前647年的这场饥馑，如果不是“渭水—黄河—汾河”内河航道的运输力，是年晋国大规模的人口死亡恐怕难以避免。

---

① 周魁一等：《二十五史河渠志注释本》，北京：中国书店，1990年，第33页。

② （唐）房玄龄等：《晋书》卷47《傅玄传》。

③ （清）雍正《岚县志》卷14《艺文》。

④ 《英国皇家亚洲学会中国分会会报》1988年7月，第89-92页。

⑤ （民国）《临县志》卷10《风俗》。

内河航运对于中国文明进程的影响，还表现在大运河供给力，与中国都城之间的密切关系。

从流域空间分析，中国都城大致经历了黄河（渭河—洛河）—长江—海河流域之间的变迁。渭河是黄河第一大支流，由西向东横贯关中平原，干流及支流泾河、北洛河等均有灌溉之利，中国古代著名水利工程如郑国渠、白渠、漕渠、成国渠、龙首渠都引自这些河流，经济富庶、交通便利，四周有山河之险，从西周始，先后有秦、西汉、隋、唐等 10 代王朝建都于关中平原，历时千余年。但是，随着国家疆域的不断扩大，都城规模日益国际化，八百里秦川作为都城腹地就渐渐无法满足粮食需求了，在隋代“开皇十四年，关中大旱，人饥。上幸洛阳，因令百姓就食”[①]，至唐代“就食东都”进一步常态化，如高宗朝去洛阳 6 次，玄宗去 5 次，被称为“逐粮天子”。

东都洛阳的腹地并不比关中平原辽阔，它的物质供给主要仰赖内河航运。隋唐大运河是隋代统一南北以后，将以前已有的自然水道加上隋代开凿的运河组成的一条自江南一直到洛阳的水道，将钱塘江、长江、淮河、黄河、海河连接起来。当时运河上“商船旅往返，船乘不绝”，主要目的是运送首都所需的物资。

金元时期，随着气候趋于干旱，北方民族成为国家安全的最大威胁，于是都城北移海河流域。华北平原虽然辽阔，但是供给一个封建社会晚期的国际化大都城是有困难的，于是在 1289 年元世祖下令修整隋唐大运河，先后开挖了洛州河、会通河和通惠河，东移后新的京杭大运河比绕道洛阳的隋唐大运河缩短了 900km，保证了大运河的水量及河道畅通，大部分粮食供给都仰仗于江南粮食的调配与运输。

2. 城镇经济进一步发展

上文提及洛阳、北京之所以成为都城与运河物质供给之间的关系，此外城镇作为各地政治、经济、文化中心，大多和内河航运所具有的运输能力密切相关。

芍陂集灌溉、养殖、水运等综合功能于一体，被后人誉为“江北第一水利”，战国后期寿春（今寿县）之所以繁荣，并且成为楚国最后的都城，显然与芍陂所发挥的水利效益有着密切的关系。

中国古代城镇，除一些事重镇外，大多是临河、临湖或临海而建，除了城市取用水、排水提供便利之外，更重要的便是为城市交通提供水运之

① （唐）魏徵等：《隋书》卷 24《志第十九 · 食货》。

便。如春秋战国时期各诸侯国的都城，都有独特的水利条件和相应的水利工程，如齐都临淄，便是临淄河而建，故名，并开凿淄济运河与济水沟通，再由济水与黄河相通，形成了畅通的水运交通网。再如晋国的都城晋阳，因位于晋水之北，故名，并形成了以晋水渠道为中心的庞大供水体系和晋水、汾河连接的城市内外水运体系。三国时曹魏都城邺，也是靠引漳水保证了城市供水、航运等多方面的需要。

二、流域生态压力增大

在交通不发达的古代，一个区域的人口数量，一般是和在当时技术条件下，当地自然资源可以供给、养活的人口总数大致一致。但随着运河等物质运输技术的发展，都城等政治、经济、文化中心所在区域的人口数量就会大大超过本地物质供给能力。粮食等物质可以仰仗运输满足，甚至水资源都可以通过不同水系调水满足，但是其结果往往会给所在流域带来其他生态问题，如大气资源、绿地资源等的过度消耗。

此外，就是水利工程给流域直接带来的生态压力。人类早期的生产活动对自然生态影响轻微，但并非没有影响，期间人类应对自然变化的力量较小，在近现代看来轻微的或者近代技术可以修复的生态问题，足以对当时的人类社会造成致命灾难。如西罗马帝国的衰落，生态环境恶化应该是其中一个重要因素[①]；再如因塔里木河河道的迁徙、植被过度开发等自然人为因素叠加而导致中国西域之楼兰文明消失等。

(一) 水利工程使流域灾害增加

2009 年 6 月，中国水利学会水利史研究会会长周魁一教授在其题为《我国古代整体、综合、辩证的科学思维及其现代优势——以治水思想为例》的报告中提出，经过翔实的统计数据分析表明，在很长一段历史时间内，水患灾害在降水量没有大幅改变、水利工程能力逐渐提高的情况下却不减反增。这一现象说明，水利工程建设的减灾能力是有限度的，社会因素对灾损程度同样有着巨大影响。

这样的局面应该如何面对？他所认同的观点是，水利工程建设对自然应该有适当的避让和尊重，确立和自然和谐共生的哲学、重视历史积累的治水观念，应当成为水利规划和水利建设者的追求；重拾古代整体、综

① 〔美〕斯塔夫里阿诺斯：《全球通史——1500 年以前的世界》，吴象婴等译，上海：上海社会科学院出版社，1988 年，第 306 页。

合、辩证科学思维的中国智慧，不失一个明智的选择①。

1. 流域内地震、水灾等增加

兴建水库很可能会增加库区及附近地区地震发生的频率，及增加山体滑坡、塌方和泥石流的发生频率；修筑堤坝约束河流，人与河道争地，侵占行洪河道，反而可能会增加洪灾危害等。

以黄河下游堤岸为例，筑堤的结果提高了防洪能力，但也相应地带来了新的问题。筑堤之前，洪水漫溢于两岸，泥沙随之散布；筑堤之后，泥沙淤积河床，河床逐年抬高，堤防也随之逐年增高，若干年后，黄河河床竟高于两岸，形成“地上河”，水灾更容易发生，且危害更大。没有堤防的时期，雨季洪水漫溢是一种常态，所以人们有较为强烈的水灾意识，会在雨季来临之前做好防灾准备。堤防修筑起来后，雨季洪水受到了控制，水灾自然相应减少，于是人们灾害意识趋弱，开始濒河居住，在这种情形下，洪水一旦破堤，人们的被灾程度反而更加严重。所以，战国时期黄河修筑大堤之后，水灾记载反而多了起来。

2. 使流域土壤盐碱化

土地盐碱化是指土壤含盐量太高（超过 0.3%），使农作物低产或不能生长。形成盐碱土要有两个条件：一是气候干旱和地下水位高（高于临界水位），地下水都含有一定的盐分，如其水面接近地面，而该地区又比较干旱，由于毛细作用上升到地表的水蒸发后，便留下盐分；二是地势低洼，没有排水出路，洼地水分蒸发后，即留下盐分，也形成盐碱地。所以灌溉是加剧土地盐碱化的一个重要条件：不断地灌溉又使地下水位上升，把深层土壤内的盐分带到地表，再加上灌溉水中的盐分和各种化学残留物的高含量，导致了土壤盐碱化。

以黄河流域为例，流域内一些封闭的洼地，地理位置处于交接洼地等处均有盐碱地分布，如河套灌区、滨海地区、下游沿黄背河洼地均属这种类型。华北黄泛平原和滨海地区，地势平坦，地下水位较高，蒸发强烈又旱涝交替，土壤含盐分多，地下水流滞缓，且有一定矿化度，河道淤浅排水不畅等是土壤发生盐碱化的自然原因。盐碱化现象历史上在引黄灌区内曾经普遍发生过，对社会生产影响极大②。

---

① 周魁一：《水利史延展出的中国智慧》，黄河网（http：//www.yellowriver.gov.cn）2009-6-12。

② 黄河水利委员会水利科学研究院编：《黄河志》卷 5，郑州：河南人民出版社，1998 年，第 807 页。

（二）水利工程对流域生态的负面影响

技术进步为改善流域生态环境提供了极大的潜力，一般来讲，拥有高技术产业的国家也会拥有较强的流域生态环境保护能力。但是，事物的影响总是多方面的，水利工程对流域生态环境的影响也分为有利影响与不利影响，对不利的影响必须给予足够关注，采取对策努力将其减少到最小程度。

1. 改变了流域下游生态

河流也是陆地和海洋连接的纽带，地球上大约 85%的陆源物质通过河流的输运进入海洋，河流将中上游的陆源物质携带进入下游及河口地带，这些物质是下游冲积平原、河口海岸线形成的重要力量。水库、大坝的修建，拦截了洪峰，也使流域下游来水量减少，水速减缓，反而便于泥沙沉积。如渭河下游河道，自三门峡水库建成使用以来，淤积严重，河道排洪能力锐减，洪水位急剧上升，致使洪水灾害较以前显著增加。与此同时，在水资源缺乏的干旱、半干旱流域，如果上中游筑坝修库，过量取水，就会危及下游来水量，严重的会导致河流断流。此外，由于水库、大坝对于水流、泥沙的拦截，导致流域下游水势和含沙量的变化，还可能改变下游河段的河水流向和冲积程度，造成河床被严重冲刷侵蚀，入河（海）口向陆地方向后退。

历史时期黄河、长江、海河等重要河流的三角洲在自然和人类活动的双重影响下也一直处于变动之中。目前长江流域已修建 50 000 座水库，尤其是三峡大坝修建以后，大大改变了河流输入到海洋中的物质通量（包括了水、沙以及营养盐），对河口附近的三角洲地质地貌结构、生态环境、渔业活动造成了严重的影响，已造成长江下游河道的侵蚀，并使得底床沉积物粗化，导致河口三角洲及其邻近海域沉积地貌过程发生明显变化。目前长江口的水下三角洲已出现侵蚀后退现象。

2. 破坏流域生态系统

如果在中上游大量修筑大坝、水库，可能引起中上游流域区一些地方地下水位上升，土壤碱化或沼泽化。与此同时，在下游则因水量减少，出现过度开采地下水现象，在河口地带因泥沙来量减少，在外力冲刷下逐步内缩，进而破坏流域的生态系统平衡。

水利工程可能引起河流形态的均一化及非连续化，从而降低生物群落多样性，造成对河流生态系统的一种胁迫。近年就不断有学者提出随着长江上大量水电大坝的建设，长江鱼类受到严重影响，生态系统正在逐步走向崩溃。

第七章 中国古代流域管理的历史镜鉴

第一节　中国古代水资源管理的“流域观”

在世界范围内，各文明古国创造了辉煌的灌溉文明，其中中国古代的水利文明是惟一传承下来没有消失的。究其因，和中国古代流域管理、水利工程管理之成熟具有直接关系。

一、中国古代流域管理概况

作为一个传统农业大国，早在夏、商、周时期，国家就设立机构进行农田水利管理；到唐代颁布了中国历史上第一部水典——《水部式》；宋代治河机构进一步扩大；金设“巡河官，州县令皆提举河防事”；元代设“都水监”，工部尚书为“总治河防使”；明、清时设立了跨行政区域和按水系管理的河道总督协调指挥治河事宜；到民国时期则成立了直属于国民政府的黄河水利委员会，统一掌管黄河及渭、洛河等支流水利、防洪、施工事务。

（一）先秦、秦汉时期流域管理雏形

秦汉时期，大一统王朝确立，随着国家政权的巩固，河流水系的开发、治理、管理等工作，也开始渐渐兴起。

1. 先秦时期对河流自然禀性的顺从

远古时期，中国先民依据“水、木、金、火、土”五行来设置官员、

管理社会各业，“木正曰句芒，火正曰祝融，金正曰蓐收，水正曰玄冥，土正曰后土”[①]，且“世不失职，遂济穷桑”[②]。因为他们的职务世代承袭相传，所以很好地治理、惠及了一方辖区。据《周礼》记载，西周时职官分别为天地春夏秋冬六官，其中冬官“司空”为水官，到春秋战国时，水官之属有川师、川衡，水虞、泽虞等，分别职掌水资源和水产，如《礼记·月令》记冬月“乃命水虞渔师收水泉池泽之赋”[③]，此外《周礼·秋官》亦记“雍氏掌沟渎浍池之禁”[④]。

春秋、战国时期，黄河中下游地区国邑林立，随着人们对水性的逐步掌握，各国开始设置水官。各诸侯国为了自己的利益纷纷在黄河沿岸各自为政修筑堤防，“以邻为壑”使黄河的统一管理根本无从谈起。不仅如此，诸侯间还常常“以水代兵”，如晋国内部智氏引水淹晋阳，秦国引黄河水灌大梁等。如何选拔水官，管仲曾有论述：“请为置水官，令习水者为吏。大夫、大夫佐各一人，率部校长官佐各财足；乃取水（官）左右各一人，使为都匠水工，令之行水道，城郭堤川沟池、官府寺舍及州中当缮治者，给卒财足。”[⑤] 管仲提出河流水利职官的选拔原则：①应是懂得水性的人；②水管理应属公共工程，政府要保证财用充足。

此外，在具体河流管理措施上，则强调了遵循自然节气。如《礼记·月令》载：“季春之月……命司空曰：时雨将降，下水上腾，循行国邑，周视原野，修利堤防，道达沟渎，开通道路，毋有障塞。”司空西周始置，位次三公，掌水利、营建之事，春秋战国时沿置。二十四节气的“谷雨”在季春（农历三月），谷雨之后雨水增多，“雨生百谷”，是种瓜点豆、播种移苗的最佳时节，所以官府规定季春之时，司空要负责领导地方加固河流，疏通河渠水道。

2. 秦汉时期对流域资源的统一管理

秦始皇统一中国，为从国家视角统一治理江河、发展农田水利提供了政治保障。针对春秋战国时期诸侯国各自为政、以邻为壑的弊端，秦始皇下令实行“决通川防、夷去险阻”，首先统一了政治、经济中心区域——

---

① （西晋）杜预：《春秋左传集解》（昭公二十五年），上海：上海人民出版社，1977年，第1576页。

② （西晋）杜预：《春秋左传集解》（昭公二十五年），上海：上海人民出版社，1977年，第1576页。

③ （清）孙希旦：《礼记集解》中册，北京：中华书局，1989年，第492页。

④ （汉）郑玄注，（唐）贾公彦疏：《周礼注疏》，卷36。

⑤ （春秋）管仲：《管子·度地》，诸子集成本，北京：中华书局，1957年，第304页。

黄河下游各段的堤防，形成了较完整的黄河堤防体系，这是流域规划治理思想的一个重要发展。

秦汉时期是中央职官逐步确立并形成专门机构的时期，水资源行政管理也开始出现中央、地方分级管理。秦王朝在中央设立了都水长、丞，汉承秦制，且对黄河更加重视。中央一级机构太常、少府、大司农之下皆设有都水属官，其中太常下属的水官，主管京畿地区和皇家苑囿内的水资源；少府下属的水官负责收渔产及与水资源有关的税；大司农下辖的都水长、丞则是决策水政务、主持水利工程的国家水行政长官。

随着郡县地方行政管理体制的完善，郡县内“有水池及鱼利多者，置水官，主平水，收渔税”[①]，水官主要是都水掾和都水长（西汉末王莽改制，曾改称司空掾），如《汉书·沟洫志》记载桓谭为沛郡司空掾，建议征集无产业之人，县官给衣食，使其修治河堤，为公私两便[②]，可见堤防建设、管理主要由郡县负责，司空掾则是主要的负责官员。从秦汉开始，整个封建社会，中国郡县水利官员的设置和职能大致稳定，多只是官员名称的变动。

此外，秦汉还是河堤使、河堤谒者及遣使制萌生发展时期。当时水行政管理分属尚书和公卿两个系统，当地方出现大的水灾害时，皇帝常会根据需要从中挑选官员，临时授以河堤使、河堤使者、河堤都尉等官称，到灾区一线统筹全局、协调各方，指挥救灾。如武帝元光年间（公元前 134 年—公元前 129），黄河瓠子堵口，“天子使汲黯、郑当时兴人徒塞之”；成帝建始年间（公元前 32 年—公元前 28 年）黄河在馆陶决口，泛滥于华北四郡 32 县，“遣司农非调调均钱谷河决所灌之郡，谒者发河南以东漕船 500 艘，徙民避水居丘陵九万七千余口。河堤使者王延世使塞”，这次大水灾朝廷所实施的救援、堵口等措施和行动，涉及朝廷的许多官员，由此可见汉代水行政及水官分工及职责状况。

秦汉时期对流域灾害的统一治理还有一个特征——准军事化管理。百姓常言水火无情，由于汛期洪水来势凶猛，需要全方面防治，稍有不慎就可能造成重大灾害。这就要求所有防洪工作必须统筹安排，要求参与防汛的人员必须服从统一调度、听从指挥、行动一致。与之相应，在中国历史上就产生了与治河相适应的准军事化管理的河政与河务，其准军事化主要表现在两个方面：一是治河机构中或者是征伐民夫之外，还有一定数量的士卒。秦汉时期水官中的水衡都尉一职，三国魏人张晏注解水衡都尉时

---

① （南朝·宋）范晔：《后汉书》卷 119《百官五》。

② （南朝·宋）范晔：《后汉书》卷 119《百官五》。

说："主都水及上林苑，故曰水衡；主诸官，故曰都；有卒徒武事，故曰尉。"[①] 再如期间河堤都尉也是河官兼武职衔。

汉朝治河的系统理论也逐步形成，如贾让提出的"治河三策"、王景治河筑千里大堤等。

（二）唐宋流域管理重点的转变

唐宋时期是中国经济发展史上的一个重要转折期，这期间长江流域的经济地位逐步超越黄河流域，且大约在北宋末年，中国人口超过1亿。与这一时期社会经济的变化相一致，唐宋期间对流域管理的重点也开始发生变化。简而言之，唐代依然突出传统敬水思想，宋代则以开发利用为主。

1\. 唐代《水部式》与流域水法诞生

隋统一后，恢复了全国性的水政管理机构，设有都水监、少监各1人，迄唐在尚书省工部之下设水部，主管为水部郎中和员外郎，其职责是"掌津济、船舻、渠梁、堤堰、沟渠、海捕、运漕、碾硙[②]之事"[③]，在河事上与地方官员存在上下级的关系。河堤谒者专司河防，以下又增添3位主事、4位掌固，进一步加强治河管理。唐代的地方官员都有治河修守的职责，治河主要依靠地方政府。

唐代流域治理最大的贡献是颁行了"我国现代水法的先驱"——《水部式》。唐代法律分为"律、令、格、式"四种，"式"为样式、规格之意，是政府官员"常守之法"[④]。顾名思义，《水部式》就是由政府水部制定的国民必须遵守的水法。我们现在所见到的《水部式》距今已有1200余年。

《水部式》原为唐代写本，原件亡佚，直到1899年才在甘肃敦煌县鸣沙山千佛洞所藏文献中发现了《水部式》的一个残本（现藏于法国巴黎国家图书馆）。近代学者罗振玉搜集整理敦煌遗书，将《水部式》残卷影印件收进《鸣沙石室古佚书》中。1990年学苑出版社编辑出版的《中国历代文献精粹大典》也将《水部式》收录，评价它是"我国现代水法的先驱"。现存《水部式》，有29个自然段、35条，约2600字，是唐代开元二十五年（737）修订后颁布的，篇幅虽不算长，但内涵却极丰富，包括水利机构设置、用水管理、水碾和水磨的设置及用水规定、渔业管理、航运

---

① （汉）班固：《汉书》卷19上《百官公卿表第七上》。

② 硙：音胃，石磨。

③ （宋）欧阳修等：《新唐书》卷46《百官志一》。

④ （宋）欧阳修等：《新唐书》卷50《刑法志》。

船闸桥梁的管理与维修以及城市水道管理等。

水务机构的设置与管理，是做好水利工作的重要保障。《唐六典》规定："每渠及斗门，置长各一人"[①]，渠长、斗门长要挑选老成干练、勤于职守的人充任，负责分配水源，组织合理用水。唐代对京畿地区（关中）的水利设施如郑白渠的管理尤为重视，指明由京兆少尹一人"督视"。各州县行政第官负责所辖地区的水利事务，并要求由年轻的男丁和工匠轮流看守，发现问题及时修缮，如损坏严重，须向上级政府申报，请求协助解决。对水利工程设备，如闸门何处安装、规模及形式等，"皆须州县官司实行安置，不得私造"；安装闸门，"须累石及安木傍壁，仰牢固"；闸门要定时启用，注意用水与节水相结合。

对用水，实行严格的管理制度，包括用水时间、用水量、用水方法等，都有具体规定。如浇田，须"预知顷亩"，要求事先统计清楚，确定需水量，而且"水遍，即令闭塞"，即要珍惜水源，避免浪费。农田用水实行轮灌制，"溉田自远始，先稻后陆"，即从下游开始，由远而近，先水田，后旱地。用水虽然有先后，但要"务使均普，不得偏并"，就是要公平合理用水，实现利益均沾。

对于用水旺季所出现的用水矛盾问题，水法也有明文规定，如浇田用水和碾磨用水，按《唐六典》所记唐制"凡水有溉灌者，碾硙不得与其争利。"水法还规定：每年八月三十至正月初一以前，即在不浇田时，碾磨方可"听任动用"。对灌田与航运，则以"漕运第一，灌田次之"为准则，先航运，后浇田，就是要分轻重缓急、区别有序地安排用水。

《水部式》还规定，各级水利官员对水利事务管理状况如何，作为年终考绩的重要依据。恪尽职守，"用水得所，田畴丰殖"，成绩突出的，给予晋级嘉奖；而"用水不平，并虚弃水利者"，则受降职处分。如唐代建中年间，抚州刺史戴叔伦按照水法，结合抚州具体情况，采取便民措施，"为作均水法，俗便利之"，公平合理地解决当地灌溉用水纠纷，受到民众拥戴，德宗皇帝特颁"诏书褒美"[②]。

《唐律疏议·杂律》条目下有水利条款，如"近河及大水有堤防之处，刺史、县令以时检校。若须修理，每秋收讫，量功多少，差人夫修理。若暴雨汛溢损坏堤防交为人患者，先即修营，不拘时限"[③]，如果维修不及时

---

① 《大唐六典》卷 23《都水使者》。

② （宋）欧阳修等：《新唐书》卷 143《戴叔伦传》。

③ （唐）长孙无忌：《唐律疏议》卷 27，见：《国学基本丛书本》，上海：商务印书馆，1933 年，第 44 页。

造成财物损失和人员伤亡，要比照贪污罪和争斗杀人罪减等处罚。如因取水灌溉等缘故而致决堤，不论因公因私都要脊杖一百下。如有故意破坏堤防而致人死亡者，按故意杀人罪论处。即使损失较轻，最低也要判三年徒刑。

《唐律疏议》中还规定自然水体中的物产为公共所有，不得有权人霸占，否则“诸占固山野陂湖之利者杖六十”。长孙无忌解释说：“山泽陂湖物产所植，所有利润与众共之。其有占固者杖六十。已施功取者不追”①，即山林河湖属于公共资源，霸占者要受惩罚，但承认已建成的水利工程的合法地位与相关利益。大历十四年（779）中央政府主管山林渔捕的虞部曾根据这一法律规定，要求将以往由位于朝邑的皇家离宫——长春宫收取的山泽收入，平均分给贫苦百姓，再按规定征收赋税。这一方案得到批准。《唐会要》卷 59 载：“虞部员外郎：大历十四年八月虞部奏：准式，山泽之利公私共之者。比来除长春宫所收，占吝甚多。望令关内州府审勘顷亩，先均给贫下百姓，据厚薄节给，轻税五分之一。征纳讫，市轻货送上都。如所由辄有隐漏，及收管不尽，并请准条科罪。敕旨依奏。”②

唐代建筑法规《营缮令》中也有关于堤防的条款，例如：《文苑英华》中引用了《营缮令》的规定：“诸侯水堤内不得造小堤及人居其堤内外各五步并堤上种榆柳杂树。”③ 所谓小堤是指大堤内为围垦滩地所造的生产堤，这类小堤将妨碍汛期安全行洪。所谓堤内外五步以内不得居住，是因为有人居住的地方容易引来鼠、獾和白蚁在堤上筑窝，并且堤防抢险和汛期巡查也需要留有一定宽度的通道。此外，如果在堤防保护范围内种树，将被充作大堤修防用料。

唐律对后世有重要影响，《宋刑统》卷 27 和《明会典》卷 172 中有关不修堤防和盗决堤防致灾的量刑都和唐律基本相同。

2. 宋代《农田水利约束》与流域水利管理

宋元丰年间（1078—1085）增强了水部权力，水部下设 6 分案 4 司，属员 30 多人，“掌沟洫、津梁、舟楫、漕运之事。凡提防决溢，疏导壅底，以时约束而计度其岁用之物。修治不如法者，罚之；规画措置为民力者，赏之”④，“水部掌川渎河渠，凡水政，详立法之意，非徒为穿凿开导

① （唐）长孙无忌：《唐律疏议》卷 28，《国学基本丛书本》，上海：商务印书馆，1933 年。

② （宋）王溥：《唐会要》卷 59《尚书省诸司下》。

③ 《文苑英华》卷 526，北京：中华书局，1966 年，第 2696 页。

④ （元）脱脱等：《宋史》卷 163《职官三》。

修举目前而已”[①]。此外，还提出水部除了负责水利工程之外，还要制定详细的水法，加强对川渎河渠的管理。崇宁三年（1104），政府重申要继承元丰年间修明水政的方法。

北宋时期，河患加剧，治河机构进一步扩大，在黄河下游形成了专职河官与地方河官相结合的河防体系，都水监衙门的“职责十有八九皆在黄河”，几乎成为为黄河专设的机构了。沿河各州县长吏在每年春修河防工程时，也兼任河堤使，统管河务，此外还有一些临时性的治河机构。随着北宋河工堤防埽坝技术的发展，河工队伍逐渐壮大，并渐渐形成了长期、固定的治河专业性技术队伍，常年驻守在黄河上。

宋代主要水法包括：农田水利法、运河交通水利法、城市饮水排水法等，或有专法条文，或以诏令、法规等形式颁布实行。其中，以王安石变法机构“制置三司条例司”在熙宁二年（1069）颁行的《农田水利约束》最为著称。

《农田水利约束》（又称《农田利害条约》）与唐《水部式》所不同的是，它是一部鼓励和规范大兴农田水利建设的行政法规，是王安石变法的主要产物之一。《宋会要辑稿·食货》记述条例的主要内容是：①凡能提出有关土地耕种方法和某处有应兴建、恢复和扩建农田水利工程的人，核实后受奖，并交付州县负责实施；②各县应上报境内荒田顷亩、所在地点和开垦办法；③各县要上报应修浚的河流，应兴修或扩建的灌溉工程，并作出预算及施工安排；④河流涉及几个州县的，各县都要提出意见，报送主管官吏；⑤各县应修的堤防，应开挖的排水沟渠要提出计划、预算和施工办法，报请上级复查，然后执行；⑥各州县的报告，主管官吏要和各路提刑或转运官吏协商，复查核实后，委派县或州施工；⑦关系几个州的大工程，要经中央批准；工程太多的县，县官不胜任的要调动工作，事务太繁重的可增加辅助官吏；⑧私人垦田及兴修水利，经费过多时，可向官府贷款，州县也可劝谕富家借贷；⑨凡出力出财兴办水利的，按功利大小，官府给予奖励或录用；⑩不按规定开修的，官吏要督促并罚款，罚款充作工程费用；⑪各县官吏兴修水利见成效者，按功劳大小升赏，临时委派人员亦比照奖励。

（三）金元流域管理体制专职化雏形

金元两朝是由北方游牧民族进入中原地区之后建立的政权，为恢复战

---

① （清）徐松：《宋会要辑稿》食货七之三二；周魁一：《二十五史河渠志注释本》，北京：中国书店，1990年，第167页。

争和河患给中原地区造成的创伤，两朝均十分重视农田水利建设。

1. 金代《河防令》与河防法律的体系化

金代治河机构仍仿宋制，并在尚书省下设工部，设工部侍郎和郎中各1名，工部下又设都水监，掌管河防。当时治河按照险工所在地划分为25埽，每埽设散巡河官1人，并按支流分为6片，设6位都巡河官统领各埽的散巡河官。共有河防兵1.2万人，规模宏大。金大定二十七年（1187）年金世宗明确沿河州府官员的河防职责，并明令“河防官司怠慢失备，皆重抵以罪”。中国作为一个传统农业国家，历朝历代制定过许多防洪法规，从制度层面保障了防洪工作有序进行。其中，金章宗泰和二年（1202）颁布实施的《泰和律令·河防令》，是我国现存最早的一部防洪法规，其中规定六月一日至八月终，为黄河涨水月，各州县必须轮流“守涨”，进一步加强黄河下游河防修守体制。

《河防令》是《泰和律令》29种法令之一，共11条，现存于《河防通议》一书中为10条，从内容分析末条中卢沟河防汛似应自成一条，可能收录时有过删节。它是金代关于黄河及海河水系等河防修守的法规，主要内容包括：①每年朝廷派出一名官员巡视黄河，兼行户、工两部职责，监督、检查都水监派出机构——分治都水监和地方州县的河防修守工作，还要确定来年春天河防工程工物齐备；②分治都水监统管河防事务，可通过驿站快马传递有关消息；③州县负责河防的官员，每年从六月初一至八月底，每个人轮流上堤防汛，九月一日停止；④沿河兼管河防的州县官员，非汛期也要定期上堤检查；⑤沿河州县官无论防守有方，还是守护不力，都要上报；⑥河工埽兵平时按规定放假，一旦出现险情，就要停止休假；⑦河防汛情紧急、防守人力不足时，可以动用水手人户；遇更严重情况需要调动差役时，沿河州府负责官员可与都水监官吏及都巡河官商定所需数量，临时征派；⑧河防军士人夫患病需要就医，由都水监向州县支取药物，费用由官府发给；⑨埽工、堤岸出现险情时，由分治都水监和都巡河官员负责指挥官兵加固护守，堤防埽工情况每月报告工部，转呈主管朝廷政务的尚书省；⑩除设有埽兵守护的滹沱河、沁河等，其他有洪水灾害的河流出现险情，主管及地方官府要派出人夫紧急进行抢险；⑪卢沟河由县官和埽官共同负责守护，汛期派出官员监督、巡视、指挥。

《河防令》的颁行，不但是当时金国管辖范围内黄河、海河等水系防洪的法律依据，且对后世的河防法规的制定产生了重大影响，后世河防法规多基于《河防令》发展、引申而来。

2. 元代“都水监”与黄河治理专职化

元朝从世祖中统时就建有都水监及其下属河渠（道）提举司，但由于政治、社会等原因，时有并合且废置不常。《元史·河渠志》记载元朝水利基本状况，但是关于元朝水利机构都水监河渠司的建置演变，《元史》各处记载颇多矛盾，大致脉络是：元代工部设侍郎、员外郎，都水监掌管治理河渠和堤防、水利、桥梁以及闸堰，另设河道提举司，专管治理黄河。设山东、河南都水监，专门负责堵疏之事，还设立了宁夏灌区管理机构。虽然这一时期的黄河治理开发从机构上得到加强，但统治者并没有真正重视河务，致使堤防失于修守，黄河决口频繁。

明初史臣说：“元有天下，内立都水监，外设各处河渠司，以兴举水利、修理河堤为务。决双塔、白浮诸水为通惠河，以济漕运，而京师无转饷之劳。导浑河、疏滦水，而武清、平滦无垫溺之虞。浚冶河、障滹沱，而真定免决啮之患。开会通河于临清，以通南北之货。疏陕西之三白，以溉关中之田。泄江湖之淫潦，立捍海之横塘，而浙右之民 得免水患。当时之善言水利，如太史郭守敬等，盖亦未尝无其人焉”[①]，对元朝水利工程的建设、水利管理等给予了较高评价。

元朝值得关注的管理机构是“都水监河渠司”。元初就建立了都水监河渠司等水利机构，中统初设有都水监的下属提举河渠；期间虽有变化，但大多年份一直存在。期间至元二十八年（1291）都水监从工部独立出来，仁宗时又以都水监直隶于中书省，反映了国家对于水政的日渐重视。都水监派出机构有两类：一类是分都分监（简称分监），一类是行都水监（简称行监）。如分监有山东分监和河南分监，山东分监主治会通河和御河，河南分监专治河患。又立河防提举司，隶于行都水监，主领巡视黄河河道堤岸。

（四）明清专职治河机构与流域综合治理

明清时期作为中国封建社会的巅峰时期，人口不断增加，一方面为满足京师所需，漕运愈发重要；另一方面山地、坡地等流域上游地区不断农垦，流域问题也不断尖锐。与之相应，便是流域综合治理机构的出现。

1. 明代“总理河道”与流域全面管理

在长期的治河实践中，随着治河事业的不断发展，治河管理机构也走过了一条从无到有、逐渐发展完善的道路。明代中期以前，治河并不设专

---

① （明）宋濂修：《元史》卷64《河渠一》。

官，黄河的修守主要由地方官员负责，中央派遣的官员只是巡视督导，没有统一的治河机构。明代中期，朝廷开始设立专门的治河机构，加强了对黄河的管理，从中央到地方的水利管理体系逐步完善。

（1）“总理河道”与流域全面管理

明代随着漕运在社会经济中的作用日渐重要，当时治河的核心就是保漕。所以，永乐年间河道由漕运兼理，只在黄河决溢时从朝廷临时派大臣专程前往治理，结束则取消。后来，由于黄河下游堤防屡修屡决，朝廷就派定员驻扎在曹州，由管河郎中派管河副使管理河务；以后又改由当朝尚书、侍郎或御史主持治河。1471 年，工部侍郎总理河道，这是黄河上常设总理河道的开始。同时，黄河治河机构形成了一个垂直系统，从中央到地方顺序为：总理河道、各司道管河官、各州县管河官，各司其职，共同担负河防重任，使治河组织和修防管理制度进一步完善。

总督河道一职最早出现在明成化七年（1471），《御批历代通鉴辑览》记载：是年“冬十月，命刑部侍郎王恕总督河道”①。设立此职的主要原因是运河淤塞，漕运受阻：“近年以来，河道旧规日以废弛，滩沙壅涩不加挑洗，泉源漫伏不加搜涤；湖泊占为田园，铺舍废为荒落；人夫虚设，树井皆枯；运船遇浅，动经旬日。”② 关于总理河道一职的主要职能，明代统治者在给首任总理河道王恕的敕书中写道：“今分官管理一代河道，特命尔总理其事。尔宜往来巡视，严督各官并一带军卫有司人等，用心整理。闸坝坏者修之，河道淤塞者浚之；湖泊务谨堤防，泉源毋令浅涩；沿河浅铺树井及一应河道事宜，凡系平汀伯旧规者一一修复，不许诸人侵占阻滞，凡有便宜方略可举行者，悉听尔斟酌施行”③。可见总理河道一职的职能核心是“河道”，保河道安澜就是漕运，因此总理河道大臣的责管范围很大，包括黄河在内的运河河道，以及运河沿线与运道有关的湖泊、泉源、闸坝、堤防等事务。总理河道大臣可以调动附近军卫力量，可以节制地方官吏，甚至是与其同级别的地方督抚，“山东、河南、南北直隶巡抚，三司等官俱听节制”④。

成化年间设立时，总理河道一职还只是临时派遣，到正德年间因为河患频仍，遂成定制。总理河道成为定职后，职责进一步突出专管黄河

① 《御批历代通鉴辑要》，文渊阁《四库全书》第 339 册，卷 105，台北：台湾商务印书馆，1986 年，第 374 页。

② 《明宪宗实录》卷 97，台北：“中央研究院”历史语言研究所，1962 年，第 4 页。

③ 《明宪宗实录》卷 97，台北：“中央研究院”历史语言研究所，1962 年，第 5 页。

④ 《御批历代通鉴辑要》，文渊阁《四库全书》第 339 册，卷 97，台北：台湾商务印书馆，1986 年，第 19 页。

事务。

(2) 流域水资源管理思想萌生

潘季驯是明代著名治水专家，可能也是担任总理河道一职时间累计最长的官员，他一生四次治理黄河：1565年第一次治河时主张“复故道”，认为治理运河的根本在于治理好黄河，这是他后来修筑堤防、束水攻沙等一系列理论的基础。1570年第二次治河时，他依然坚持复黄河故道进行治理，初步采取了束水攻沙的方法清理黄河故道里淤积的泥沙。1578年到1580年第三次治河，潘季驯将他的筑堤堵决、束水攻沙的理论充分运用到了实践当中，并借淮河的清水来冲刷黄河的泥沙，使之成为一个完整、成熟的体系，淮河被约束、黄河被刷深，保证了大运河交通的通畅。1588年第四次治河，重点在徐州段黄河上游，潘季驯经过充分的实地调查，将工作的重点放在了修复已破坏的堤防上面。他主张泗州城迁出，因最终没有迁移，不到100年后便淹没于洪泽湖中。

从王恕、潘季驯等治理河流实践，可以看出“总理河道”一职的出现，从国家制度层面保证了流域问题超越地方行政区划分割的全面管理。期间“总理河道”的管辖范围包括黄河在内的运河河道、运河沿线，以及与运道有关的湖泊、泉源、闸坝、堤防、河道疏浚等有关的水务，甚至包括沿河一带的绿化等工作。为了有效履行治河、保运职责，担任“总理河道”一职的大臣被赋予节制地方官吏、调动附近军卫的权力。

2. 清代“河道总督”与流域综合治理

清代河患频繁，康熙执政的头15年，黄河下游几乎年年决溢，康熙皇帝把“削藩、河务、漕运”列为必须亲自过问的三件大事。

(1)“河道总督”与流域综合治理

由于朝廷的重视，清代治河机构在明代体制基础上又有所发展，河官地位和待遇进一步提高。河道总督本隶属工部，但可直接授命于朝廷。雍正七年（1729），治河机构有了大的变化：分设江南河道总督，由河东河道总督管理，河道总督下设文、武两个机构。文职管河道，设道员，以下由同知、通判担任，再下有州同、州判、县丞、主簿、巡检各官阶；武职负责修守堤防，由参将、游击统领各河防营，河防营的长官为守备，下有把总、千总等武官，每营有数百河防兵，常年驻守在险工段负责修防。清代的河防营制度，使黄河修防制度更加严密。咸丰五年（1855），黄河在铜瓦厢改道，咸丰十年（1860）年江南河道总督撤销，光绪二十八年（1902）又裁撤了河东河道总督，由各省巡抚兼理河务，下游直、鲁、豫3省设河防局。

清代治河制度大致承袭明朝，除了一般地方总督之外，还置漕运总督、河道总督专官，分别掌管漕运，或者黄河、京杭大运河及永定河堤防、疏浚等事。顺治元年（1644）设置河道总督一职，专门负责黄河、运河、淮河等流域的治理与防护，并形成定制；顺治二年（1645）设漕运总督，驻淮安，管理鲁、豫、苏、皖、浙、赣、湘、鄂八省漕运事。随着黄河、淮河、运河等问题的变化，治河工作的全面开展，河道职官的设置、职能发挥进一步细化，从雍正七年（1729）开始，改河道总督为总督江南河道提督军务（简称江南河道总督或南河总督），管辖江苏、安徽等地黄河、淮河、运河防治工作，仍驻清江浦；改河道副总督为总督河南、山东河道提督军务（河东河道总督或河东总督），管辖河南、山东等地黄河、运河防治工作，驻扎开封。这样，南河总督、东河总督分别管理南北两河，遇有两河共涉之事，两位河督协商上奏。遇有险工，则一面抢修，一面相互知会。河道总督所属文职有河库道、河道、管河同知、通判等；武职有河标副将等。雍正八年（1730），设直隶河道总督（简称北河总督），管辖海河水系各河及运河防治工作，驻天津。河道总督一分为三，分别为江南河道总督、东河河道总督与北河河道总督，最终建立起一整套比较完备的河道管理制度。

乾隆十四年（1749）裁治理河道总督（北河总督），令直隶总督兼管河务。在清代总督中，只有直隶总督监管漕运、河道，此后，河务只有两总督：南河总督与河东总督。

除河道总督专门负责治理河患以外，清代朝廷还经常派出河防专员，并也沿袭明代地方官员协同治河的规定，最终发展成为由河道总督、地方督抚以及中央河防专员共同参与治河事务的三重河道管理模式。这一管理模式有利有弊，从多数时候来看，甚至是弊大于利。另外，河道总督建置存在着分区、分段管理与统筹全局的矛盾，这使得其在发挥管理效能方面捉襟见肘。再者，清朝“治河保运”的根本方针违背了自然规律，也使得治河的困难加大，治河效果不尽如人意。清代河患没能获得根本治理，与上述几个方面都有很大关系。

清代，除刑法中规定有水利条款外，关于典章制度的专书，更有详尽的水利条文，同样具有法律意义。光绪年间撰修《大清会典》一百卷和《大清会典事例》一千二百二十卷，《大清会典事例》中河工占十九卷，海塘占四卷，水利占八卷，共计三十一卷之多，条文规定得相当细致。以河工为例，内容包括河务机构、官吏设置、职责范围；各河工机构的河兵和河夫的种类数量及其待遇；各地维修抢险工程的经费数量及开支；河工物料

（木、草、土、石、秸料、绳索、石灰等）的购置、数量、规格；各种工程（堤、坝、埽、闸、涵洞、木龙等）的施工规范和用料；不同季节堤防的修守；河道疏浚的规格和经费；施工用船只和土车的配备；埽工、坝工、砖工、石工和土工的做法、规格和用料；河工修建保险期限的规定和失事的赔修办法；河工种植苇柳的要求和奖励办法；以及河工和运河禁令等。

（2）均水制度与流域水资源管理

河西地区的农业生产全仰赖灌溉，所谓“水至为良田，水涸为弃壤”，明清时这一地区农业开发无不是建立在水利设施的修复与兴修之上，由此也就造成了灌溉用水的紧张。黑河均水制度始自雍正二年（1724），其目的是为了调节黑河流域上下游之间的农业用水，防止上游挤占下游农业用水量。

18 世纪的水利技术和社会经济力量，远不具备在黑河上游修建水库以调节流域径流量的能力。位于灌区末尾的镇夷千户所（今正义峡）春灌用水不足，因此提出均水之议。《新纂高台县志》记载：“雍正二年，经大学士年羹尧确查奏明，定以芒种前十日，由安肃道派毛目水利县丞巡河，封闭甘、肃、高台渠口，镇夷、毛双各堡得受水十日，永以为例。”[①] 经川陕总督年羹尧处理，确定芒种前十日至芒种，甘州左卫、右卫、中卫、前卫及高台守御千户所黑河各渠闭口，向镇夷千户所均水十天。期间具体均水规定多有修改，但这一俗称“水规”的均水制度，一直延续至新中国成立。

明清代河西走廊地区渠坝修筑为农业发展奠定了基础，但由之水利纷争也逐步成为当地主要的社会问题之一，并愈演愈烈。“这种争水主要表现为两种形式：同一流域上下游各县之间的争水，一县中各渠坝之间的争水。争水矛盾的产生，有自然因素和社会因素。地方政府制定了详细的分水制度，力求调节共同用水和平均用水，发挥了国家的社会职能。但水资源短缺限制了河西走廊经济与社会的全面发展。河西走廊的分水制度，对今天由‘工程水利’转向‘资源水利’、可持续发展的水利事业，仍有一定的启示意义。”[②]

二、中国古代流域工程管理

水利是农业的命脉，数千年来在中国人民利用江河湖海的过程中，修

---

① 张志纯等点校：《高台县志辑校》，兰州：甘肃人民出版社，1998 年，第 320 页。

② 王培华：《清代河西走廊的水利纷争与水资源分配制度——黑河、石羊河流域的个案考察》，《古今农业》2004 年第 2 期，第 60-67 页。

建了无数大大小小的水利工程，同时对流域工程的管理也得到了相应的发展。

（一）流域蓄水灌溉工程的管理

《淮南子·齐俗训》称："夫禀道以通物者，无以相非也，譬若同陂而溉田，其受水均也。"① 秉受了道而通晓万物事理的人，彼此间是不会产生矛盾和非议的，这就好像用同一个水塘的水来灌溉农田一样，所得到水源是相同的。用蓄水灌溉工程实用原则来比拟解释说明一般哲理，足证中国古代灌溉工程管理条例伴随着灌溉工程的出现很早就诞生了。灌溉工程管理最基本的原则就是一个"均"——灌溉要平均供水和建立保证平均供水的法则，这是维系被同一水源联系着的利益共同体正常运行的首要条件。

1. 秦汉时期流域灌溉管理

最早见于记载的灌溉法规始于西汉。汉武帝元鼎四年（公元前 113），兒宽任左内史，他十分重视农业，为之征发民工，负责在郑国渠上流南岸开六条小渠，使两旁高地得到灌溉，称为"六辅渠"。《汉书·兒宽传》记载，元鼎六年（公元前 111）左内史兒宽建议开凿六辅渠，灌溉郑国渠旁地势较高的农田，并且"定水令，以广溉田"。颜师古注："为用水之次具立法，令皆得其所也。"可见"水令"就是为灌溉用水的顺序制定的法令法规，简而言之就是灌溉用水制度。关于兒宽所定"水令"的具体内容，已无从复原，从"以广溉田"蠡测，内容应与合理分配使用水资源有关。

《汉书·循吏传召信臣》记载，西汉末年召信臣"行视郡中水泉，开通沟渎，起水门提阏，凡数十处，以广溉灌，岁岁增加，多至三万顷。民得其利，蓄积有余。信臣为民作均水约束，刻石立于田畔，以防纷争"②。召信臣在南阳郡大兴水利，不仅建成了六门陂、钳卢陂等著名蓄水灌溉工程，同时还为灌区老百姓作"均水约束"刻在石碑上、立于田畔，以防止用水纠纷。

东汉建初八年（83），水利专家王景任庐江太守，"先是百姓不知牛耕，致地力有余而食常不足。郡界有楚相孙叔敖所起芍陂稻田。景乃驱率吏民，修起芜废，教用犁耕，由是垦辟倍多，境内丰给。遂铭石刻誓，令民知常禁。"③ 为了提升当地农业生产力，王景除了推行牛耕、桑蚕之外，

① （汉）刘安：《淮南子》卷 11《齐俗训》。
② （汉）班固：《汉书》卷 89《循吏传》。
③ （南朝·宋）范晔：《后汉书》卷 76《王景传》。

还大力修复农田水利，特别是对芍陂进行了较大规模的修治。1959 年 5 月，安徽省文物考古工作者在寿县安丰塘发掘出一座汉代闸坝工程遗址，根据出土遗物，发掘者推测为汉代王景所建，由建筑结构和形式推测：在缺水时，陂内的水通过草土混合桩坝的草层经常有少量的水滴泄到叠梁坝内的水潭中，使之有节制地流到田里，而有较多的水蓄在陂内；当洪水到来时，又可凭借草土混合桩坝本身的弹性和木桩的阻力，让水越过坝顶，泄到水潭内，再由叠梁坝挡住，缓缓流出坝外，非常符合科学原理和古代用水理念。东汉永平十六年（73），王景还主持恢复古灌区芍陂，为了按需要均匀分配用水的法规，用以约束各受益农户，以免无端争水，“遂铭石刻誓，令民知常禁”，王景于是让人在石碑上刻下关于用水规则的诫辞，树立在灌区，昭示于众，遗憾的是这些灌溉法规的具体内容都已湮没无闻了。

2. 唐代沙洲敦煌县地方行用水细则

现存具体的灌溉管理制度最早见于甘肃敦煌的甘泉水灌区。甘泉水灌区是一个东西长 30 多里、南北宽约 50 里的大型灌区。在这样的灌区里如何组织好灌溉，充分利用水源，避免水利纠纷，必须制定一套详尽的制度，于是便有被称作《敦煌县用水细则》的灌溉用水制度。现存残卷二千余字。

《敦煌县用水细则》制定于永徽五年（654），记载了敦煌 53 条水渠及其行水灌田次第，《细则》的历史当可追溯得更远，有些制度的规定并无古代典籍作为凭据，而是依据“当乡古老相传之语，递代相承”。内容分作两大部分：前一部分记述渠道之间轮灌的先后次序，灌区内各干渠之间，干渠内各支渠之间都有轮灌的规定，大致是：东河渠、三丈渠（又称神农渠）、阳开渠、都乡渠、宜秋渠、北府渠。各干渠轮灌一遍后，“即减放东河，循环浇溉”，即从头开始浇第二轮水。干渠之内的支渠也有先后轮灌的细致规定。例如，对都乡渠内各支渠的轮灌顺序是：“阳开、神农了，即放东支渠、西支渠。宋渠、仰渠、解渠、胃渠……右件已前渠水，都乡河下尾依次收用。若水不受，即向减入阶和、宜谷等渠。阶和、宜谷渠、双树渠……右件渠次承宜谷等渠后，依次收用。如水多不受，即放阴安等渠收用”[①]。后半部分则是对全年灌溉次数和各次灌水时间的规定。灌区全年共灌水五次，五次灌水时间又分别和节气（也就是作物的不同生长

---

① 宁欣：《唐代敦煌地区农业水利问题初探》，见：北京大学中古史研究中心编：《敦煌吐鲁番文献研究论集》第三辑，1986 年，第 487 页。

期）相适应，并考虑到不同作物品种对灌水时间和次数的不同要求。它所体现的农田灌水技术水平，与现代农田灌水技术几乎毫无二致。偏远的敦煌地区当可代表此一时期全国的平均水平。

3. 金元时期山西翼城“水文历”和“木牌”的使用①

山西翼城乔泽庙内现存金元时期水利碑刻3通，分别是金大定十八年(1178)《大金绛州翼城县武池等六村取水记》、元宪宗七年（1257）《大朝断定使水日时记》和元至元九年（1272）《重修乔泽庙神祠并水利碑记》。

井黑忍依据光绪《翼城县志》卷28《艺文·翼令张怀器去思碑》等记载，认为用翔皋泉水进行水利灌溉应始于唐代：“县东有翔皋泉者，公之奖劝，咸令到引，五乡之境，同沾此润。遂得三春桃花，迸出长渠之口，九秋萍叶，平缘广路之唇。激溜萦纡，分源溉灌，是以奇树蓊郁，芳畦藿靡，紫穗飘香，青花吐色。即符崔瑗通沟致甘雨之谣，有类殷衰开亩洽丰年之颂。”此外，《大金绛州翼城县武池等六村取水记》和北宋时期的碑刻《□□翔皋山乔泽庙额记》（见《山右石刻丛编》卷17）记载，因翼城县令上报翔皋泉神的祈雨灵验，政和元年（1111）六月六日，徽宗赐予翔皋泉神乔泽庙额号。

井黑忍通过对《大朝断定使水日时记》里有关水利纠纷内容、官员处理过程、处理结果等记载的梳理，探讨了金元时期“水文历”和“木牌”的使用情况，以及“申帖制”内容。下六村以从乙未年（1235）开始做成的文历为证据，主张自己的水程，每年下六村的水甲头都带着文历赶赴使所由当地官人签押认同。关于水木牌，则是在丙申年（1236）二月，他们赴平阳路都提河所重新由官府签押。关于使水木牌的使用，大致是一个村落在使水之后，把木牌依次传递到别的村落。按照《节抄通利渠册》，这应当是一块纵二尺、横一尺五寸、厚二寸长方形的木牌，在木牌上记载有关使水的规定和注意事项。依据《大朝断定使水日时记》记载，当时还存在“申帖制”，即“用水申报官给帖文的制度”，依据乾隆《新修曲沃县志》卷19《水利·温泉》中记载：“元大德十年十月十五日，奏定防御条欵。奉蒙哥皇帝圣旨，平阳路百姓浇地，拨两个知事管者，轮番使水，周前一盘，照依霍渠水法，立定条例，泮池水仍照宋金来三分不改。”“霍渠水法”是洪洞南、北霍渠的用水方法，它应当指的是申帖制。面对大德十年（1306）的水利纠纷，元朝政府引用蒙哥大汗的圣旨而加以裁定，具体

① 〔日〕井黑忍：《山西翼城乔泽庙金元水利碑考——以〈大朝断定使水日时记〉为中心》，《山西大学学报》（哲学社会科学版），2011年第3期，第92-97页。

内容不详。

井黑忍认为在金元时期的山西水利中，为了维持水利秩序，政府机关扮演了重要的角色，而另一方面，从使水文历和木牌中也可以看到水册制产生之初的些许萌芽。

4. 明清时期黄河中游的水利管理

王娜博士通过对明清时期晋陕豫水利碑刻法制文献史料的考析①，将其分四类：一是水利公约碑，二是水利凭证碑，三是水利讼碑，四是官府水利示禁碑。从中可窥见明清时期黄河中游晋陕豫三省水利管理的主要力量有二：一是各级政府颁布的具有法律效用的条文，二是具有民间自治特征的村规乡约。

明清时期黄河中游大多村落都制定有水利公约，公约由渠长、水老、士绅等乡村参与水资源管理的精英制定，经过公议，再报请地方官府批准备案，然后刻碑立石广而告之，由之使民约既有群众基础，又有官方权威，以确保执行力。

明清小冰期干寒少雨的气候特征，决定了农业灌溉用水甚至是生活用水的紧张，村民从实际生活、生产需要和当地自然环境、水资源特征出发，因地制宜地制定了一系列相对灵活、易于变通，且在传统农业社会具有较强约束力的民间公约，其水利管理功效十分显著。这些公约具体内容十分广泛，涉及水利管理的方方面面，譬如：上下游之间、各渠之间水量分配，灌溉顺序，水渠深浅等，特别是在亢旱年份，如何通过水资源有效合理解决区域民众生存问题等。究其原则大致有二：一是节约水资源，二是公平、正义。

（二）流域运输管理

运河是古代漕运的主要通道，自唐代以来，运河更成为王朝的经济大动脉，除工程维修外，还有航运秩序的保障，都需要加强法制管理。

1. 唐代汴河灌溉与运输的矛盾

有唐一代，航运与灌溉争水的矛盾一直存在，汴河、淮南运河、江南运河都有类似情况。受交通技术制约，航运是古代社会大宗物资长途运输的主要通道，是国家赋税、物质、人员流动的动脉，所以确保水运畅通是国家重要事务。农田水利是农业丰收的保证，在传统农业时代国家十分重

① 王娜：《明清时期晋陕豫水利碑刻法制文献史料考析》，西南政法大学博士学位论文，2012年。

视。但是，当水源不足、二者出现矛盾，水运与灌溉不能兼顾时，朝廷往往会优先确保水运。因为水运是国家的运输命脉，关乎整个国家的物质、人员流动，而水利灌溉则只涉及一个地区的农业收成。正如《水部式》所规定的，二者出现冲突时，应首先满足通航要求。

汴河（亦即通济渠）是一条人工河流，它连接了黄河与淮河，是隋唐大运河的首期工程，航运作用举足轻重；汴河两岸又是黄河中游重要的农业生产区，所以水运与灌溉的矛盾极为突出。每年春夏两季，农业用水大增，居民便在汴河两岸广开斗门引水浇田，致使水量大减、汴河断航，官府屡禁不止。贞元二年（786）德宗皇帝不得不亲自干预，他指定汴州、宋州等州的观察使选派清廉刚直官吏负责检查，并要求郑州、徐州、泗州也照此执行。但汴河沿岸藩镇林立、军阀割据，他们为了保护各自的势力范围，对朝廷的法令置若罔闻，中央政府不得不向藩镇妥协正式允许开渠引水，汴河因水量不足不得不断航。据《唐会要·漕运》卷87记载，每年四月至七月，由于水量不足，漕船滞留汴河无法航行。为了解决这一问题，元和九年（814）在盱眙都梁山修建转运仓库，存储从江南运来的粮食和其他物资，等到灌溉季节过去汴河水量增加时，再由盱眙经汴河转运西上。

唐代后期灌溉与航运争水的矛盾十分尖锐，迫于割据藩镇的势力，中央不得不屈从地方割据势力，但当时朝野的主流思想还是认为应该保运。这类问题甚至成为测验官吏行政能力的手段和科考题目。例如，《文苑英华·请塞斗门判》、白居易《甲乙判》等记载了一道相似的试题是："转运使以汴河水浅，运船不通，请筑塞两岸斗门。节度使以当军营田悉在河次，若斗门筑塞，无以供军"[①]。负责朝廷财政运输的转运使因为汴河水量不足无法通航，要求两岸关闭引水灌溉的闸门，集中水量保证运河通航；而地方节度因为营田都在河岸两边，如果关闭闸门不引水灌溉，就会影响营田收成，从而以军需供应为由拒绝。《文苑英华》收入的答卷显示，当时官吏多主张地方应服从中央，因为水运关乎国家利益，应该先保水运。

2. 宋代对汴河流域管理进一步精确

在宋代，中国古代交通进入了鼎盛时期，内河运输有了前所未有的发展，究其因，和北宋西部战乱多，陆运受阻及造船技术迅速发展等直接相关。期间形成了以开封为中心，由汴河、惠民河、金水河、广济河等构成的水运交通网，连接了黄河、淮河和长江，在漕运方面发挥了重要作用。

---

① 《文苑英华》卷529《请塞斗门判》。

《宋史·河渠志》载："汴河自隋大业初疏通济渠，引黄河通淮，至唐改名广济。宋都大梁，以孟州河阴县南为汴首，受黄河之口属于淮泗，每岁自春至冬，常于河口均调水势，止深六尺以通重载为准，岁漕江淮湖浙米数百万，及东南之产，百物众宝，不可胜计。又下西山之薪炭，以输京师之粟，以振河北之急，内外仰给焉。故于诸水，莫此为重。"[①] 可见，发展到宋朝，汴河的作用较之隋唐进一步提升，成为维系王朝的生命线。

宋代对汴河的管理更加严密，为满足航运对水量的要求，"每岁自春及冬，常于河口均调水势，止深六尺，以通行重载为准"[②]。黄河每年的径流量是不断变迁的，加之宋代黄河灾害频繁，河道时有迁徙，要保障汴河的正常流量，减轻黄河对汴河河道的危害，必须在每年冬季和初春动用大量人力进行清淤，重新开挖引黄入汴的河口；雨季黄河水量增加，进入汴河水量过多时，则要开启运河上的泄水闸坝泄洪。《汴京遗迹志》说："宋都大梁，诸水莫此为重，其浅深有度，置官以司之，都水监总察之。每岁自春及冬，常于河口均调水势，止深六尺，以通重载为准。"[③] 为保证通航，汴河水量不能低于六尺，同样水位也不能太高，当河水位增至七尺五寸时，即派禁兵三千上堤防洪。

从宋朝对汴河运输的管理，可以看到流域运输管理较前代更为精确、全面，技术也更为先进。如雍熙年间（984—987）治水名臣乔维岳任淮南转运使，主持开沙河，曾创建二斗门于西河第三堰，被视为现代船闸之前身。

3. 明代对大运河流域管理的制度化

元代漕运以海运为主，京杭运河运量有限，相应的管理机构和制度较为简要，明永乐以后海运停罢，物质运转大部仰赖京杭大运河，政府对于这一南北水上交通的大动脉的维修、管理颇为重视，不仅着重对大运河重要运段进行了多次改造、整治，并逐步建立起相对完善的运河管理制度。

陈瑄（1365—1433）是明清漕运制度的确立者。永乐元年（1403），他开始总督海运，建百万仓于直沽[④]，并建城天津卫，后改掌漕运，身理航运约 30 年。陈瑄制定的运河管理措施，主要包括四方面内容：①规定了航道的疏浚制度，主要包括关键地段要"三年一浚"，高邮湖等处"只

① （元）脱脱：《宋史》卷 93《河渠三》。
② （元）脱脱等：《宋史》卷 93《河渠志》。
③ （明）李濂撰，周宝珠、程民生点校：《汴京遗迹志》卷 6《河渠二·汴河》，北京：中华书局，1999 年，第 82 页。
④ 今天津市东塘沽与大沽间。

许深湖，不许高堤”等；②建立了用水管理制度，每道闸门、进水的时间、水量，一律以官府特制的“筹子”为凭，启闭闸门，既要首保运输，又要兼顾灌溉等用水；③制定了严密的汛情传递制度，规定当洪峰在上游出现时，必须将汛情先于洪峰到达前传告下游，以便下游及早做好防范工作；④建立专职航道管理队伍，分坝夫、闸夫、泉夫、塘夫等，各司其职，《漕河图志》记载：“漕河夫役，在闸者，曰闸夫，以掌启闭；溜夫，以挽船上下。在坝者，曰坝夫，以车挽船过坝。在浅铺者，曰浅夫，以巡视堤岸、树木，招呼运船，使不胶于滩沙；或遇修堤浚河，聚而役之，又禁捕盗贼。泉夫，以浚泉。湖夫，以守湖。塘夫，以守塘。又有捞沙夫，调用无定。挑港夫，征用有时。若计工重大，则发附近军民助役，事毕释之。定夫役，通州至仪真瓜洲，凡四万七千四百人。”① 这支队伍，既有固定人员，又有临时调用人员，分工具体、职责明确，且又组织严密。《明史》对陈瑄的评价是：“凡所规画，精密宏远”，“举无遗策”②。

4. 清代流域运输管理的完善

清代运河管理制度在沿袭明代的基础上，进一步完善，对此《山东全河备考》中有较为全面的记载，具体内容除了沿袭前代旧有制度十七条外，又增补康熙初年新定制度六条。主要内容包括以下四方面：

（1）漕船管理

主要包括船只过闸门的秩序、漕船携带“土宜”的数量等。关于船只过闸的先后次序，规定除进贡鲜品船只随到随过外，其余船只必须等水积满后整批放行，违者视情节惩处。关于漕船携带“土宜”的数量，清代规定每船可附带一定数量的免税土产货物（“土宜”），如康熙年间每艘漕船允许夹带货物 60 石③，嘉庆以后“重运粮船每船准带土产一百石，舵工、水手二十六石。至回空时，每船准带梨、枣、瓜、豆等四项食品六十石”④，并不许沿途贸易。此外，对于空船或重载，各段运河都有航行时间的限制，超时受罚。

（2）对运河水资源的管理

如康熙三十年（1691）专门订立细致的用水制度：每年三月初一至五月十五期间，三日放水济运，一日塞口灌田，其余时间用竹络装石塞河，以“大流济运，余水灌田”。乾隆年间卫河分水口建有闸门，漕运期间民

---

① 王琼：《漕河图志》卷 1，见：《续修四库全书》史部政书类 835 册，第 133 页。

② （清）张廷玉：《明史》卷 153《陈瑄传》。

③ 《清圣祖实录》卷 9，北京：中华书局，1985 年，第 27 页。

④ 高培源：《海运论》，见：《皇朝经世文编》卷 46，台北：文海出版社，1977 年，第 7 页。

闸暂闭，官民闸分水定出比例为“官八民二”或“官七民三”。清代皇帝多次颁布谕旨，严禁农民决水灌溉，盗决运河或运河蓄水设施和堤防者处以徒刑，为首者充军（后改为在决堤处斩首）；闸官偷水卖与农民者同罪。

（3）对运河河道、河堤整治

运河堤岸修筑定限三年，如三年以内冲决，按使用时间和损失大小定罪并停薪赔修；一旦河堤决口，防守官吏需将决堤情况十日内申报，逾期降两级调用。运河维修料物不得挪作他用，过往官船不得要求运河工人拉纤。此外，负责运河管理的官吏要负责在管辖河堤上栽种柳树，每年成活一万株以上者按数奖励。

（4）运河管理机构

明成化七年（1471），河道与漕司分成两个系统，总理河道从此成为常设，逐步形成了由朝廷派出的“总理河道—都水司—分司”的机构系统，与地方官派出的“监司—管河通判、同知”的机构系统相互结合的管理机制，并一直沿袭至清代。具体来讲，总理河道以下按运河各段设有“分司”，“分司”一职多由工部都水司派遣；沿运各省也分派地方官吏参与管理河道之事，省一级设有按察司副使一人专管河道，称“监司”，沿途州县，则设管河通判、管河同知等专官管理。这些官员如有违法行为者由巡河御史等官审理，地方政府不得干预。

（三）流域防洪管理

洪水，先秦时期也称洚水，《说文》：“洪，洚水也。”段注：“《尧典》、《咎繇谟》皆言洪水。”可见洪水是人类早期重要灾害之一。现代科学体系对洪水的解释是“通常是指由暴雨、急骤融冰化雪、风暴潮等自然因素引起的江河湖海水量迅速增加或水位迅猛上涨的水流现象”[①]。

人类与水资源、与河流水系的关系密切，就使其不得不面对洪水的威胁，而防洪、分洪又是一个巨大的社会工程，必须将大量人口、物质组织和协调起来才能完成，所以防洪工程管理工作出现很早。

1. 早期雏形中的防洪管理

传说上古时候的共工以及鲧、禹治水，均曾修过简单的堤防，但具体工程已无从考证。西周时召公曾说：“防民之口，甚于防川，川壅而溃，伤人必多”[②]，以“防川”来比喻社会治理，可见，江河防洪堤防至迟在西

① 中国天气网，气象百科·洪水，http：/baike. weather. com. cn.

② （春秋）左丘明撰，鲍思陶点校：《国语》，齐鲁书社，2005年，第5页。

周时期应该已经出现。

春秋战国时期，列国纷争，文献记载中屡见各国通过堤防用水资源去危害其他国家的事例。如齐桓公在位时期，楚国侵略宋、郑两个小国，就曾在河中筑坝，淹灌至上游数百里的地区。当时身为霸主的齐国，曾出兵拆除拦河坝，于公元前 656 年在召陵①胁迫楚国订立和约，强调“毋曲堤”②。当时许多诸侯国把修堤筑坝作为战争手段，因此在诸侯会盟中，常常重申禁止这种以邻为壑、危害他国的行为，如公元前 651 年在葵丘③之会上订立的盟约中亦有“毋曲防”的条文。《管子·幼官》还记载齐桓公“八会诸侯，令曰：立四义而毋议者，尚之于玄官，听于三公。”尹知章注曰：“四义者，谓无障谷，无贮粟，无易树子，无以妾为妻。”④ 齐桓公所言“无障谷”，就是不要在河流上游修筑障碍、截断水流，只顾自己不顾全局，这可以理解为是中国古代水坝伦理的重要源头。

目前所能见到的、最早的防洪法原件是章武三年（223）九月十五日颁行的蜀国《蜀丞相亮护堤令碑》，内容如下：“丞相诸葛令，按九里堤捍护都城，用防水患，今修筑竣，告尔居民，勿许侵占损坏，有犯，治以严法，令即遵行。章武三年九月十五日。”⑤ 九里堤位于成都西北，由诸葛亮主持修建，这一代地势低洼，所以需要修筑防洪堤坝以保护成都安全。该护堤令碑明文规定，对于旨在防洪的九里堤，居民不许侵占损坏，否则治以严法。

2. 唐宋防洪管理逐步完善

唐代有关防洪法的条文散见于《唐律疏议》各个法典中，尚未形成系统规定。如卷 27《杂律》“失时不修堤防”条对此作了明确规定：“诸不修堤防及修而失时者，主司杖七十；毁害人家、漂失财物者，坐赃论减五等；以故杀伤人者，减斗杀伤罪三等。即水雨过常，非人力所防者，勿论。”⑥ 要求江河湖海沿边的官府应负责保持堤防完好，凡不修或不及时修筑堤防者，按情节严重程度惩处，主管官杖七十。此外，对于掘堤盗水灌溉而引发决溢者和故意破坏堤防者都有相应治罪条文。

在日本学者仁井田升复原的《唐令拾遗·营缮令第三十一·刺史县令检

① 今河南郾城县。

② （春秋）管仲：《管子·霸形》，诸子集成本，北京：中华书局，1957 年，第 140 页。

③ 今河南兰考县东南。

④ （清）戴望：《管子校正》，北京：中华书局，1954，第 46 页。

⑤ 杨重华：《‘丞相诸葛令’碑》，《文物》1983 年第 5 期，第 20 页。

⑥ 曹漫之：《唐律疏议译注》，长春：吉林人民出版社，1989 年，第 908-909 页。

校堤防》条中，可以看到唐代还具体规定了地方官员对河流、堤防如何进行维护的办法："诸近河及大水有堤防之处，刺史、县令以时检校。若须修理，每秋收讫，量功多少，差人夫修理。若暴水泛溢，损坏堤防，交为人患者，先即修营，不拘时限。[①]"地方官员必须"以时检校"，随时对河流堤坝进行检查，如需要维修，要先计算所需人力、物力，呈报上级批准。

宋代黄河决溢频繁，逐步形成了较为全面的防洪管理。除《宋刑统》中保留唐代有关护堤条例外，其他规定散见于一些零星记载。据《宋会要辑稿》记载，针对有人盗拆黄河埽工木岸的情况，元祐六年（1091）"六年十二月二十日，工部言：'盗拆黄河埽滩木岸以持杖窃论，其退背处减一等，即徒以上罪于法不该配者，亦配邻州。'从之。"同年"七年八月九日，诏科夫除逐路沟河夫外，诸河防春夫每年以十万人为额，仍自科元佑八年分春夫为始"[②]。这里提到了宋代专职黄河防洪的的"春夫役"，乾德"五年正月，帝以河堤屡决"，于是"分遣使者发畿甸丁夫缮治，自是岁以为常，皆以正月首事，季春而毕"[③]，这是宋代"春夫役"的开始；到至和元年（1054）已扩展到"京畿及京东、京西等路，每岁初春差夫，多为民田所兴，逐县差官部押，或支移三五百里外工役，罕有虚岁"。为整治黄河河道、防止雨季洪水泛滥成灾，北宋王朝每年都要从黄河沿岸调集大量的"春夫役"来从事堤防的修治与维护，并以法律的形式固定为一种制度，此外还有"急夫"等临时性的力役征发。

据《玉海》记载，宣和二年（1120）编有《宣和编类河防书》，共计二百九十二卷，从其长度可窥其详密程度，虽然已经散佚，但据此推测宋代流域防洪管理有关法规应该是相对完善的。

3. 金元时期防洪管理系统化

目前所能见到的、最早的系统性防洪法令是金代泰和二年（1202）颁布的《河防令》，由之可以推知中国流域防洪管理至迟在金元两代已经系统化。

《河防令》是金代关于黄河和海河水系各河的河防修守法规，颁布于泰和二年（1202），是《泰和律令》中29种法令之一，共11条，原文散佚，保存在元代沙克什所著《河防通议》中的十条显然经过删节，其主要内容包括：①划定防汛期限：明确划定了黄河和海河等水系的防汛起止期限，将"六月初至八月终"定为"涨水月"；②规定防洪官员职责："涨水

① 〔日〕仁井田升著：《唐令拾遗》，栗劲译，长春：长春出版社，1989年，第740页。

② （清）徐松：《宋会要辑稿》方域一六《诸河·汴河》。

③ 《乐全集》卷24《论国计事》；《宋史》卷189《兵志三·厢兵》。

月”期间沿河官员必须轮“守涨”，不得有误，非“涨水月”时期分管官员也要轮流上堤检察。此外，规定朝廷必须例行检查：朝廷每年都要派出官员“兼行户、工部进”，在汛期到来之前沿河检查，督促沿河的州、府、县落实防汛规划措施，维修加固堤防；③规定河汛上报制度：水利部门可以使用最快的交通工具传递防汛情况，堤防险工情况要每月向中央政府上报；④规定河汛应急措施：河防紧急时，沿河州府和都水监、都巡河官等应共同商定抢险事宜，情况紧急要增派夫役上堤；⑤奖惩措施：沿河州、府、县官员防汛无论有功还是有罪，都要上报，由国家据情处理。

金章宗颁布实施的《泰和律令·河防令》，作为我国现存最早的一部防洪法规，不但对当时金国占领下的黄河、海河等水系的防洪工作起过重要作用，而且对后世的河防也产生了积极的影响，元明清时期的防洪法规多由《河防令》引申而来。

4. 明清流域防洪管理进一步科学化

明清两代，人口增加，流域上中游山地、坡地开垦，使得黄河、长江泥沙含量陡增，防洪问题更为突出。与此同时，这也是中国封建社会由盛转衰，近代思想开始萌生的时期。具体到流域防洪管理，主要体现在防洪技术的发展和管理理念的转变上。

在明嘉靖十五年（1536），著名水利专家刘天和发明了“乘沙量水器”，刘天和（？—1545年），在其所著《问水集》中，论述了黄河迁徙不定的六条原因：“河水至浊，下流束隘停阻则淤，中道水散流缓则淤，河流委曲则淤，伏秋暴涨骤退则淤，一也；从西北极高之地，建瓴而下，流极湍悍，堤防不能御，二也；易淤故河底高高，今于开封境内测其中流，冬春深仅丈余，夏秋亦不过二丈余，水行地上，无长江之深渊，三也；傍无湖测之停潴，四也；孟津而下，地极平衍，无群山之束隘，五也；中州南北悉河故道，土杂泥沙，善崩易决，六也。”[①] 刘天和在治理黄河的修筑堤防和疏浚河道工程中，创造了“水平法”施工测量。他还创制了“乘沙量水器”以采取河中含沙水样。

清朝初年，陈潢提出流量计算方法。陈潢（1638—1689）在协助河道总督靳辅（1633—1692）治理黄、淮、运河过程中继承和发展了明潘季驯“筑堤束水，以水攻沙”的治河方略，并根据对黄河大量调查研究后所掌握的黄河水文、泥沙规律，进一步提出“逼淮注黄、蓄清刷浑”的主张，在治河中取得了成功。他还在中国首先提出了完整的流量计算方法——

① （明）刘天和：《问水集》卷1。

"测水法"，即先测出水流速度及河道横断面积，二者相乘即得流量，清靳辅著《治河方略》中称作"水方"。这一"测水法"，在清人余金所著《熙朝新语》、何梦瑶所著《算迪》中都有记载。

明清时期流域防洪管理的科学化并不是从1840年才开始，早在清康熙五十六年（1717）就派人前往青海、西藏等地，对河源地区的山川地形作了测量，后将测量结果绘入《皇舆全览图》。雍正二年（1724），北京开始有逐日天气和降雨、降雪起止时间、雨雪大小的定性描述，称《晴明风雨录》，直至光绪二十九年（1903）停记，共连续记录180年。雍正年间（1723—1735）云南粮储水道副使黄土杰撰《六河总分图说》，每章有图有文，详细介绍昆明六河的源流、水文特征、治理及效益、存在问题等，具体说明修建堤堰、渠道、涵洞和桥梁的位置，并提出了规划设想，其中不少见解对滇池治理有重要参考价值。1980年6月的《世界气象组织公报》记载，乾隆元年（1736）开始绘制雨量等值线图，单位以寸（1寸＝3.2cm）表示，这比法国（1778）早42年，比日本（1783）早47年。

1840年，西学东渐加速，西方防洪技术开始大规模传入中国。如道光二十一年（1841），俄国教会在北京进行连续降水量观测及其他气象观测，后由帝俄中央科学院继续进行至光绪九年（1883）止，这是中国最早开始引用西方技术作长期连续观测和记录降水量的测站。与此同时，大清王朝较为开明的官员也积极推动西方现代水文技术在中国流域防洪中的应用。据《续行水金鉴》载：同治六年（1867）六月，江督曾国藩奏请于清江①设立导淮测量局，同年十月得到批准执行。光绪十六年（1890）黄河下游河道图测成，并"装潢成册，恭呈御览"。名为《御览三省黄河全图》，这是黄河上最早用新法测出的河道图。光绪二十八年（1902）海河工程局成立测水机构。在海河干流陆续设置十余处潮水位站，宣统三年（1911）淮河开始水文、河道测量，组织力量施测淮河水系河道、地形、雨量、水位、流量。这些工作大大推进了流域防洪管理的科学化，使中国防洪管理由传统开始向近现代转型。

第二节 中国古代流域管理的历史镜鉴

除了部分极度干旱或寒冷的地区，地球上的大部分陆地表面都属于某

① 今江苏淮阴市。

一流域[①]。流域以水资源为核心的生态系统，对于包括人在内的生命循环起到了重要作用，在人类社会发展中一直扮演着重要角色，所以对流域的管理也一直是人类社会的重要命题。目前学界基本认同“流域是个自然单元”，“是水利的逻辑单元”，所以“倡导必须从流域尺度去管理水资源”[②]。在科学技术不发达的古代，中国人以其深厚、独特的东方文化，也逐步形成了关于流域管理的具有积极意义的文化遗产。

一、“水神”崇拜与先民对“水系统”的敬畏

中国是一个历史悠久的农耕国家，农业发展离不开灌溉，故而在中国传统文化体系中，水文化是一个重要构成部分。中国传统水文化因素主要包括两方面内容：一是如何利用水，二是如何保护水。

中华传统水文化是以“水有灵异”为基本认识前提的。人类对于水的崇拜，是以水的人格化和神灵化为前提条件的。所谓水的人格化，即认为水也具有与人相同或相似的思想、感情、意欲、行为等；而水的神灵化，就是赋予水以超自然的幻想力量，由此便产生了水灵、水神。中国古人笃信“天人合一”、“天人感应”之说，认为天象的变化是神的意志的体现，直接关系到人的吉凶祸福；认为通过建庙、祭祀、娶妻、封赏，以及演绎各种神话传说加以宣传等崇敬活动，可以感应神灵，取悦水神，以期水神能够保证风调雨顺，确保人们生产生活的正常进行。

（一）“水神”构建与先民对“水资源”的系统性认识

万物生存离不开水源，传统农耕时代，生产力水平低下，灌溉与人类社会生产的关系尤为密切。但是，当时的人类尚无法正确认识水资源生成、循环、变迁的过程及其规律，面对暴雨、河道迁徙、洪水泛滥、干旱等水灾害只能被动应对，结局几乎是同一的——人类遭受重大损失。为了摆脱面对水灾时的无助，“水神”应运而生。可见“水神”是先民构造的、超越先民意识的一种客观存在，大家希望通过对水神的崇拜、祭祀，得到神灵的启示，从而把握、顺应河流、湖泊运行的规律，通过遵从“水神”的意志，实现趋利避害。

---

① Barrow C J. River basin development planning and management: a critical review, *World Development*, 1998, Vol. 26, No. 1, pp. 171-186.

② Wester P. Boundaries of consent: stakeholder representation in river basin management in mexico and south Africa, *World Development*, 2003, Vol. 31, No. 5, pp. 797-812.

1. “水神”与水系

在中国古代水神主要可以分两类：一是治水英雄由人成神，二是按江河湖泊照水系划分的水神体系。

人类早期，先民对于自然环境的了解十分局限，常常罹患水灾，所以渴望有人间英雄挺身而出、组织人们消弭水灾。在中国神话体系中，最早的水神应该是共工，他是火神祝融的儿子，虽然采取障堵的方法治水没有成功，但是还是备受人民崇敬而被奉为水神。

在古代，特别是传统农业社会逐步形成了相对完善的水神体系，所谓完善主要体现在江河湖海、雨雪冰雹、潭渊溪泉甚至水井，先民都为其构造了主宰者——水神，一些大江大河因为流域辽阔，干流、一些重要支流往往存在多个水神。以黄河水系为例，中国古代神话中的黄河水神是冯夷，也作冰夷，《抱朴子·释鬼篇》说他在过河时淹死，被天帝任命为河伯管理河川，成为黄河水神。与此同时，黄河水系内的主要支流又有自己的水神，如第一大支流渭水，《太平广记》等记载其水神是无支祈，黄河第二大支流汾河，《左传》等记载其水神是马台。

先民对于江河神渎按照水系逐步构造一个个水神体系的过程，也是他们对于河流水系逐步清晰的过程，反映了先民对于河流水系的整体性认知，这显然是有利于先民对河流之利用的。

2. “水神”善恶与河流之利害

“河伯娶亲”的故事在中国流传久远，因黄河在下游地带经常泛滥为灾，所以黄河下游地区河伯更常见的形象便是一个性情暴虐、欺凌百姓的恶神，但是没有黄河也就没有中下游的黄河文明，所以传说大禹治理黄河的法宝——“河图”就是河伯呕心沥血所绘。河伯形象善恶兼具的两面性真是河流利害并存的折射。

随着人类的成长，对河流利害的多方位考察、对河流水系客观规律的逐步探索，开始出现西门豹一样的人物，利用智慧、勇气向自然神渎挑战，开始利用水性趋利避害。《史记·河渠书》可以说中国第一部水利通史，它记述了从传说时代的大禹治水到汉武帝黄河瓠子[①]堵口这一历史时期内，治河防洪、开渠通航和引水灌溉的历史事实。太史公感叹：“甚哉，水之为利害也”，这一过程正是先民对河流水系从一无所知的膜拜到逐步摸索河流四季运行规律，开始努力趋利避害的过程。所以太史公积极预言：“自是之后，用事者争言水利”，“水利”一词也就由战国末期《吕氏

① 今河南濮阳县西南。

春秋》中“捕鱼之利”，扩展到人们积极采取措施利用河流水系防洪、灌溉、航运等除害兴利的社会行为。

（二）“水神”崇拜与人类对“水系统”的敬畏

中国传统文化中就有“万物有灵”的思想，水的无穷力量、水系统的神秘规律更让先民感到敬畏。

1. “水神”祭祀与人类对“水系统”的敬畏

古人对水的崇拜，由此创造、生发出诸多的表现形式。古人尊崇水神，主要表现为建庙、祭祀、娶妻、封赏，以及演绎各种神话传说加以宣传等。据古代文献记载，远在尧舜时期，中国就形成了有意识的山川祭拜活动。《竹书纪年》说，尧“游于首山”[①]，“祭于洛”，“率群臣沉璧于洛”，“修坛场于河洛”等，说明当年尧曾亲自祭祀过洛水之神。西周时期，官方祭祀山川活动已成定制，对此《诗经》中有明确记载，如“怀柔百神，及河乔岳”[②] 反映了周天子对河岳之神的祭祀。秦代，全国各地普建河神庙，供奉当地河神，官民同祭，香火牺牲不绝。汉以降各代，祭祀河神的活动沿袭不衰。

现代随着生态问题的严重，人类创造出生态学、环境史、流域学等诸多旨在修复生态、保卫生态的学科，在古代人类行为追求的最高境界——天人合一，不仅包括人类的生活习惯、生产行为勿违生态体统，且努力追求人类的政治、经济、文化等一切活动都与自然规律相互吻合。

2. “水神”敬畏与人类对“河水生态”的保护

先民认为“水”是有神性的，人类要努力迎合、顺从它，汉初发展为“人水感应”：风调雨顺、河川水流稳定，灌溉农田得以丰稔，是水神对人类适宜言行予以的奖励；一旦狂风暴雨、河水泛滥，或者持续亢旱，就说明人类有不当言行，这是水神愤怒后的惩罚。《公羊传·僖公三十一年》载：“曷为祭泰山河海？山川有能润于百里者，天子秩而祭之，触石而出，肤寸而合，不崇朝而遍雨乎天下者，唯泰山尔。”“天子”顾名思义，上天之子，古人认为君权为天神所授，所以称帝王为天子，“天子”称谓本身就反映了人类在大自然面前的无助、对自然力量的膜拜，人世间至高无上的“天子”要对自然界的水神尊敬地祭祀。在封建国家的正式祀典中，还形成了以长江、黄河、淮河、济水——“四渎”、以东海、南海、西海、

---

① 今河南偃师首阳山。

② 袁愈荽译注：《诗经全译》，贵州：贵州人民出版社，2008年，第457页。

北海——“四海”为中心的水神崇拜体系。

先民崇拜水神，主要有两个特点：一是认为每一处水体都有水神存在，江、河、湖、海、渊、潭、塘、井，凡是有水之处皆有水神。由于水与人类关系密切之至，所以在中国许多水神是妇孺皆熟知的，如黄河之河伯、汾河之台骀、湘江之湘妃、黑龙江之秃尾巴龙等。辽阔无际的海洋按照方位由“四海龙王”各占一方，成书于明代的《西游记》，为我们描绘出了一幅较为完整的海神家族谱系图。二是不同地方所祭祀的水神各有不同，体现了水神崇拜的功利性、实用性。如居于大江大河旁边的人多祭祀江神、河神，居于湖泽附近的人多崇拜湖神、渊神，居于海滨的人多敬拜海神，居于内陆少水地方的人干脆就祭拜泉、井和池塘。直到今天，我国一些少数民族仍有对与自己生活密切相关的潭、渊、溪等水源进行祭祀的风俗。

既然要取悦水神，自然不能忤逆水神神威，违犯水神忌讳。清道光八年陕西《清涧县志》载：二月“二日，俗名‘龙抬头’，妇女停做女工，恐伤龙目。”晨忌挑水，这种禁忌主要是为了让龙抬起头来，以免招水旱之灾。清光绪三十一年陕西《绥德州志》载：“二月初二，阳盛之期，谓‘龙抬头’。家家晨忌挑水，恐触龙头也。”再比如，不能到河里或水潭中洗女人的衣服和小孩的屎尿布，洗涤这类衣物的污水也不能倒进河里、潭里，否则会亵渎水神；不能在泉水边野合、大小便，使清洁的水遭到污染；不能砍伐水源周围的树木等。这些禁忌，在科学技术落后的古代，较好地约束了人们针对水源、水体的行为，在一定程度上保护了水源及其周围的自然环境。

二、“以水为师”与流域管理的“人水合一”理念

天人合一、天人合德或天人相应，是中国古代的一种哲学思想，儒、道、释三家均有阐述。如庄子《齐物论》讲“天地与我并生，万物与我为一”；佛教《佛果圆悟禅师碧岩录》亦云：“天地与我同根，万物与我一体”；宋代大儒张载在《正蒙·乾称》写道：“儒者则因明致诚，因诚致明，故天人合一，致学而可以成圣，得天而未始遗人。易所谓不遗不流不过者也。”自然观是世界观的组成部分，是人类对自然界的总的看法，天人合一自然观主张天、人相合为一，把人看做是自然之天的一部分，主张人性应向自然本体复归。这一理念，包含深刻的哲理，是后工业时代人类解决生态危机的重要理论依据。

(一) 治水途径：以水为师

现代有一门学科是仿生学，是以生物为师，模仿生物的特殊本领，利用生物的结构和功能原理来研制机械或各种新技术的科学技术。在人类早期，人类的老师就是自然界，渺小的人类通过有意识地模仿自然界，模仿那些显著地超越人类的生物，师法自然，改变着人类的命运，创造着人类原始文明。早期人类的“树巢”、“穴居”等居住方式，最早的交通工具——舟，其制作过程——“刳木为舟”，就是一个典型的例子。先秦时期，中国道家学派提出“人法地，地法天，天法道，道法自然”，可以说是对以自然为师的进一步发展。

《淮南子·原道训》曰：“禹之决渎也，因水以为师。”“以水为师”就是人类与水打交道要遵从水的特性。

1. “以水为师”要“识水”

传统水文化始终把水看成是物质世界极为重要的组成部分，《管子·水地》甚至认为水是“万物之本原，诸生之宗室也”[①]，即把水看成了世界万物构成的惟一元素。水在古代之所以被当做万物的起源、创世的圣物，是因为水与植物的生长及水生动物的存活有直接的关系。古人由此而推想到水与世间万物的生命息息相关，天地万物皆由水生。诚然，我国古代对世界物质构成的最普通的认识是金、木、水、火、土的五行说。依据史料记载分析，在西周末年和春秋时期，“五行”观点开始流行，《尚书·洪范》等古籍认为五行是“水、火、木、金、土”等五种物质，这一“五行”排列顺序也被后人认为是“定序”。在这个顺序中，水被列为“五行”之首，也佐证了古人对水特性的懵懂认识和推崇。

古代水神崇拜所包含的“水生人、水生天地万物”的观念，反映出先民对于水资源是人类生产生活的基础性资源的认识。水资源和空气、阳光一样，是人类生存的第一资源，人类生存需要“识水”，然后利用它。关于水的成因，晋人郭璞在所著《葬经》中描述了对于水、风、气等要素之间关系认识：“气乘风则散，界水则止”，“气者，水之母，有气斯有水”，古人大略知道气是水形成的母体，风是气运动的动力，所以，对于风、雨、雷、电等自然现象一概奉为神祇。

《山海经》、《水经》、《水经注》等传世著作，就是古人孜孜以求探索“水”之奥秘、特征、规律的明证。此外，大禹治河的“疏导”、郑国渠、

① （春秋）管仲：《管子·水地第三十九》。

灵渠、都江堰等早期水利工程的杰出成就，都是先民“识水”的硕果。只有认识了江河湖泊等水体的特性，并尊崇它，或曰只有“以水为师”才可能治理水患、利用水利，在技术低下的古代，这一认识尤为重要。

2. “以水为师”要“治水”

在中华传统“水文化”中“水”与“政治”有着密不可分的关系，“水文化”服务的核心是“治水”。水文化中的政治性主要体现在三个方面：一是对江河湖海祭祀和祈雨等活动成为历代统治者的重要政事活动；二是编造水神话为神权政治服务；三是水情与政治兴衰相联系。

古人认为“水利”与“水害”是国家的“治”还是“乱”晴雨表。古籍中关于风调雨顺与政治昌明相互关系的记载很多。成书于战国时期的《尸子》认为：“神农氏治天下，欲雨则雨，五日为行雨，旬为谷雨，旬五日为时雨。正四时之制，万物咸利，故谓之神”[①]；西汉桓宽在《盐铁论》中也提出，周公太平之时：“风不鸣条，雨不破块，旬而一雨，雨必以夜。[②]”神农氏被奉为中华民族农业的始祖，而周公则是封建时代人们所敬奉的圣人，传说在他们治理时期，天下风调雨顺、四时有序，罕见自然灾害。因为他们的圣明可以顺应天地，所以人类与大自然和谐共处、一片祥和。反之，如《后汉书》中就大量记载了因王室衰败、政治动乱与水旱灾害频仍之间的关系。可见，“天子”敬畏水神核心还是要变水害为水利，简而言之就是“治水”。如何“治水”？只有“以水为师”。大概只有国君圣明时，才能清晰把控到人类与大自然之关系，才能“以水为师”，所以古人说“圣人出，黄河清”，“黄河清，天下宁”。

（二）治水目标：人水合一

古代中国人处理人与自然关系的基本思路是“天人合一”，强调天、地、人三者共存共荣，所谓“天生之，地养之，人成之”。美国科学家尤利坦认为，中国传统哲学和科学千年探索的目标，就是世界的和谐性和相关性。中国传统“天人合一”的深奥哲理被运用到治理江河灾害的过程中，就演变为“人水合一”——治理江河要以遵循江河运行之道，以人类活动与江河特性合二为一为最高旨归。

1. “人水合一”的无为思想

如何做到“人水合一”？“无为”是重要途径。

---

① （唐）欧阳询：《艺文类聚》上册，北京：中华书局，1965年，第26页。
② （汉）桓宽撰，王利器校注：《盐铁论校注》，天津：天津古籍出版社，1983年，第436页。

在中国古代，儒、释、道三家皆讲“无为”。《老子》第三十七章，也是道篇的结语：“道常无为而无不为，侯王若能守之，万物将自化”[①]；《原道训》是《淮南子》的首篇，探讨了“道”的基本特性、作用及其发展变化的一般规律等，提出了“循道”、“无为”、“持后”、“贵柔”、“守静”等思想：“无为为为，而合于道，无为言言，而通乎德”[②]；明代方孝孺在《懒斋记》中解释说：“道家之说贵无为而主静”[③]，道家主张清静虚无，顺应自然，称为“无为”。《中庸》是中国古代儒家最主要的经典之一：“博厚配地，高明配天，悠久无疆。如此者，不见而章，不动而变，无为而成”[④]，儒家把大人君子的德行与天地乾坤的德行进行一一对应，国人在圣人君子高尚品行的引导、感化下，都能自觉追随他们的社会目标，从而使社会得到治理，这就是儒家政治理想的“无为”境界。汉代董仲舒在《春秋繁露·离合根》篇解释曰：“故为人主者，以无为为道，以不私为宝。”[⑤]儒家主张德治，选能任贤、以德化人，亦称为“无为”。“无为”还是佛教用语，意指无因缘造作，无生住异灭四相之造作为“无为”。汉代牟融《理惑论》中解释说：“佛道崇无为，乐施与持戒，兢兢如临深渊者。”[⑥] 宋代苏轼《东坡志林·袁宏论佛说》也有解释：“其教也，以修善慈心为主，不杀生，专务清净。其精者为沙门。沙门，汉言息也，盖息意去欲，归于无为。”[⑦] 在佛法中，无为，指的是不作妄执，中道而行。

简而言之，道家之“无为”是指顺其自然，顺势而为，要按自然规律办事，不乱为不强为；儒家之“无为”泛指以德化民；佛教之“无为”就是“无为法”，无欲化简。“无为”思想随着儒释道三家在中国的传播、扩散，被社会各个阶层所接受，它要求国民克制自己的诸种欲望，要求国民重视自己的道德修养，要求国民在处理各种关系，特别在处理人类无法掌控的人与自然关系时，更要“无为”——克制自己有所作为的欲望，不强求作为于大自然，讲仁爱之心扩及自然万物，顺从自然之道，以达到人与自然和谐、合一。具体到河流治理、利用，人类同样需要用“无为”的心态，以达到“人水合一”的和谐状态。

---

① （春秋）李耳：《老子》第 37 章。

② （汉）刘安：《淮南子》卷 1《原道训》。

③ （明）方孝孺：《逊志斋集》卷 16《记·懒斋记》。

④ （战国）子思：《中庸》第 26 章。

⑤ （汉）董仲舒：《春秋繁露》卷 6《离合根第十八》。

⑥ （汉）牟融：《理惑论》，载（南朝）僧佑《弘明集》卷 1。

⑦ （宋）苏轼：《东坡志林》卷 2《袁宏论佛说》。

2. “人水合一”的流域大系统观

流域作为一个相对独立的、复杂的复合系统，内部分布着不同的自然地理单元，具有多样性的自然景观、森林植被和气候特征。与自然条件相适应，流域系统内的人类生产活动形式多样，所产生的生态效应和经济效益也是复杂多样，这就增加了流域以“水”为核心的管理难度。

流域管理、流域开发必须遵循“人水合一”的流域大系统观。

（1）流域之“水”是一个大系统

任何水系都是由多级干支流组成的。干流以下有支流，支流以下有更小的支流，甚至小溪。每一条支流都有它的流域范围，它们彼此之间也存在着分水岭界线。围绕着多层次干支流水系，就可以建立起多层次的流域系统。作为一个系统，流域的上、中、下游，干流与支流以及各自的流域都不是孤立的，它们相互制约、相互影响，牵一发而动全身。在人类的知识、科技能力无法清晰地知晓流域内部各个层级的“水”运行之“道”时，人类改造、利用流域内部资源的行为应该适度“无为”，努力遵从自然之道，因为只有“人水合一”才能将人类对大自然的不合理干预降到最低，才能保证人类在地球的可持续生存。

（2）人类对流域上中游不同区域的开发必须意识到它是一个大系统

上中游地区地势较高，多山地高原，一般水能资源、矿产资源和森林、草场比较丰富，适宜发展水电、矿产开采与冶炼、木材采伐与加工、畜牧业等产业；中下游地区或有丘陵起伏，但一般地势平坦，耕地所占比重较大，交通方便，城镇较密集，往往是流域的发达地区。因此如果人类在上游滥伐森林，开垦坡地，造成水土流失，就会影响到中下游的防洪安全；反之，如果在上游大量筑坝蓄水发电或进行灌溉，就会影响到下游的灌溉和工业用水。所以，任何河流的局部开发都必须考虑到流域的系统性、关联性、整体性。

（3）流域管理更要基于流域是一个大系统

正如前文所论述的，一个大中型流域往往要跨越多个行政区，甚至要流经多个国家，不同国家、地区的利益保护、各自为政，就为流域管理制造了困难。在这一难题面前，“无为”显得更为可贵——各个国家、地区都应该本着仁爱他人、仁爱自然的精神，约束、克制自己的行为，不要为自己局部的利益，损害整个流域的生态系统。

针对流域这一自然区在管理上与行政区划之间的矛盾，目前学界、政府等基本认同如下观点：①如果一个省级行政区完全包含在某一流域内，则由这个行政区政府组织实施即可；②如果一个流域包含几个省级行政区，则由流域机构起协调和监督作用，而由各省级政府分头实施；③如果一个省级行政区跨几个流域，则省级政府应根据不同流域的具体情况，在流域机构的指导和监督下实施其战略。关于这一观点，本书想借世界自然基金会全球总干事詹姆士·李普在 2007 年一个采访中的讲话①，再加以阐述：

在全球范围内，我认为，有两个案例值得一提。其中之一是位于欧洲东部的多瑙河，它是全世界跨国界最多的河流，流经 16 个国家。这 16 个国家联合成立了一个流域组织——多瑙河保护国际委员会，并在如何管理河流的问题上达成了一致意见。这是我所知道的在不同政府之间合作治理河流并取得良好现实效果的最好案例。我认为这非常鼓舞人心。

另外一个例子来自巴西的 Sao Joao 河，它是巴西第一个拥有综合流域管理委员会的河流。在这个机构中，各级政府得以愉快合作，并在治理河流方面取得了很大进步。据我所知，他们采用了一项新的税收政策非常有效，所有在流域内居住生活的居民会通过这项税收政策为自己的用水多花一些钱，而这笔钱随后就投入到污水处理项目中去。现在，那里的污染情况已经大有好转，甚至发展了旅游业。

在我看来，因为长江流经很多省份，所以它的综合管理、治理是以国家相关部门和各省之间的通力合作为前提的。在这一点上，长江和多瑙河有异曲同工之处。在立法框架、跨行政区域监控系统等方面，我认为，长江有很多可以借鉴的地方。

无论是借鉴什么样的模式，我要强调的是，河流系统本身就是一个完整的社会—经济—自然复合生态系统，国际实践都已经证明，流域综合管理必须要从全流域的角度出发，基于流域生态系统内在的规律和联系来管理流域内的水资源，这才是进行流域综合管理、推动长江流域经济发展的最佳途径。

3. “人水合一”对流域人的约束

中国古代讲“天人合一”，这里的“天”无论指具有神意的上天，还是不以人力为转移的事物，都是与人的主观意志相对立的客观存在，所以人与水合一，也需要发挥人的主观能动性，又是对人的主观能动性的

① 袁瑛：《河流是一个完整的社会—经济—自然复合生态系统——专访世界自然基金会全球总干事詹姆士·李普》，《商务周刊》2007-5-10。

制约。

（1）“人水合一”的主体是人

关于“天”与“人”的关系，作为中国古代重要的哲学命题，儒、道、释三家均有阐述，其基本思想是人类的生理、伦理、政治等社会现象是自然的直接反映，认为作为独立于人的精神意识之外的客观存在的“天”，与作为具有精神意识主体的“人”，有着统一的本原、属性、结构和规律。“水”是无所不包的“天”的一个组成部分，在“水”与“人”的关系上，同样主张“人水和一”。

人要与天相合，如何合？路径就是人发挥主观能动性，积极谋求与天合一。中国传统的学说认为：要达至天人合一，人类必须经过一定的修炼才可以达成。鉴于此，“人水合一”的路径也是人类主动谋求与河流水系运行规律相合，而这一过程中诸如大禹、西门豹、王景、潘季驯等治水英雄，便成为首先掌握河流水系运行规律的精英、专家。在他们的带领下，流域居民的治水行为不断与“水性相合”，“人水合一”就成为人类治水的终极目标、最高境界。而“人水合一”的表现就是人类治水行为符合水系客观规律，彻底消弭流域水灾害。

（2）“人水合一”要求人类遵循水之“道”

现代随着水资源问题、流域生态问题的严重，人类创造出生态学、环境史、流域学等诸多旨在修复生态、保卫生态的学科。在科学体系不发达的中国古代，先民主要恪守的就是一个行为准则：人水合一。不仅个体日常的生活习惯、生产行为，且从国家政治、经济、文化等制度层面都努力追求与自然水系规律的吻合。

为了与“水”相合，人类创造出了代表天意、居住在人间的各种“神祇”，譬如流域上游山区便会有各种山神，河源附近、河流不同区段会有不同水神、河神，三角洲、冲积平原辽阔的耕地上，还会有不同的土地神，人们创造了这些神祇，并把自己对自然的认识的最高境界赋予这些神祇，看成是他们的意志，反过来又借助神祇意志来促进人类约束自己的欲望，努力实现与天合一。在流域内部，山神、水神、河神、土地神等，虽然在不同区段内会有不同名称、仪式等，但它们所体现的神祇的意愿却是相同的，那就是流域居民与流域的和谐相处。

第八章 历史流域学与中国文化视野下的流域和谐

自然界在有人类活动的地方应该是：生物类群、地理环境和人类活动。其中生物类群必须保持一定程度的多样性，才能保证生态系统的活力。多元民族文化与生物多样性的关系十分密切。一般来说，多元民族文化源于生物多样性，并反作用于生物多样性①。流域生态系统的多样性是生物多样性的基础，而上中下游之间、干支流之间的生物多样性又是流域孕育多民族文化的基质。

工业革命以来技术的飞速发展也加速了不同地域文化、不同民族文化的统一融合。当今天生态问题成为人类可持续发展的第一大敌时，构建历史流域学，从流域人地关系、人地矛盾的演变过程总结历史经验，特别是对有着悠久农耕传统，一直遵循“无为”、“天人合一”、“人水合一”的中国文化进行总结反思，借古鉴今的现实意义不言而喻。

第一节 中国传统文化与人地未来

萌生于中国先秦诸子百家思想中的“天人合一”，可能是人类早期社会中一种普遍存在的生命状态，只是随着工业革命之后技术的日新月异，

① 方震东、谢鸿妍：《大河流域的生物多样性与民族文化关系浅析》，见：马克平：《中国生物多样性保护与研究进展》VI，《第六届全国生物多样性保护与持续利用研讨会论文集》，北京：气象出版社，2005 年，第 50 页。

人类愈来愈来走向“人本主义”，在自然界也愈来愈以一种“主人”的姿态高高举上。孰不知，迄今为止人类的技术远不能洞悉自然之规律，盲目自大的结局是灾难性的——人类不断地受到自然愈来愈严厉的惩罚。于是，人类不得不回过头来，再从先民的历史经验中为未来寻找一种适宜的人地关系。中国传统文化中的“天人合一”就在这一背景下重新回归。

一、钱穆先生《天人合一论》的启示

季羡林先生在《“天人合一”新解》一文中提到钱穆先生“在他漫长的一生中，在他那些大大小小长长短短的著述中，很多地方都谈到了‘天人合一’.”季老将钱先生的早期著作和他逝世前不久写成的最后一篇文章比较，“两个地方都讲到‘天人合一，’但是他对这个命题的评价却迥于不同。我认为，这一件事情有极其重要的含义。一个像钱宾四先生这样的国学大师，在漫长的生命中，对这个命题最后达到的认识，实在是值得我们非常重视的”①。

（一）钱穆“天人合一论”

钱穆先生在最后一篇论著《天人合一论——中国文化对人类未来有的贡献》中写道：

> 中国文化中，“天人合一”观，虽是我早年已屡次讲到，惟到最近始彻悟此一观念实是整个中国传统文化思想之归宿处。去年九月，我赴港参加新亚书院创校四十周年庆典，因行动不便，在港数日，常留旅社中，因有所感而思及此。数日中，专一玩味此一观念，而有彻悟，心中快慰，难以言述。我深信中国文化对世界人类未来求生存之贡献，主要亦即在此。
>
> 惜余已年老体衰，思维迟钝，无力对此大体悟再作阐发，惟待后来者之继起努力。今适中华书局建立八十周年庆，索稿于余，姑将此感写出，以为祝贺。
>
> 中国文化过去最伟大的贡献，在于对“天”“人”关系的研究。中国人喜欢把“天”与“人”配合着讲。我曾说“天人合一”论，是中国文化对人类最大的贡献。从来世界人类最初碰到的困难问趣，便是有关天的问题。我曾读过几本西方欧洲古人所讲有关“天”的学术性的书，真不知从何讲起。西方人喜欢把

① 季羡林：《禅和文化与文学》，北京：商务印书馆，1998年，第273页。

“天”与“人”离开分别来讲。换句话说，他们是离开了人来讲天。这一观念的发展，在今天，科学愈发达，愈易显出它对人类生存的不良影响。

中国人是把“天”与“人”和合起来看。中国人认为“天命”就表露在“人生”上。离开“人生”，也就无从来讲“天命”。离开“天命”，也就无从来讲“人生”。所以中国古人认为“人生”与“天命”最高贵最伟大处，便在能把他们两者和合为一。离开了人，又从何处来证明有天。所以中国古人，认为一切人文演进都顺从天道来。违背了天命，即无人文可言。“天命”“人生”和合为一，这一观念，中国古人早有认识。我以为“天人合一”观，是中国古代文化最古老最有贡献的一种主张。

西方人常把“天命”与“人生”划分为二，他们认为人生之外别有天命，显然是把“天命”与“人生”分作两个层次、两个场面来讲。如此乃是天命，如此乃是人生。“天命”与“人生”分别各有所归。此一观念影响所及，则天命不知其所命，人生亦不知其所生，两截分开，便各失却其本义。决不如古代中国人之“天人合一”论，能得宇宙人生会通合一之真相。

所以西方文化显然需要另有天命的宗教信仰，来做他们讨论人生的前提。而中国文化，既认为“天命”与“人生”同归一贯，并不再有分别，所以中国古代文化起源，亦不再需有像西方古代人的宗教信仰。在中国思想，“天”、“人”两者间，并无“隐”、“现”分别。除却“人生”，你又何处来讲“天命”。这种观念，除中国古人外，亦为全世界其他人类所少有。

我常想，现代人如果要想写一部讨论中国古代文化思想的书，莫如先写一本中国古代人的天文观，或写一部中国古代人的天文学，或人生学。总之，中国古代人，可称为抱有一种“天即是人，人即是天，一切人生尽是天命的天人合一观”。这一观念，亦可说即是古代中国人生的一种宗教信仰，这同时也即是古代中国人主要的人生观，亦即是其天文观。如果我们今天亦要效法西方人，强要把“天文”与“人生”分别来看，那就无从去了解中国古代人的思想了。

即如孔子的一生，便全由天命，细读《论语》便知。子曰：“五十而知天命”，“天生德于予。”又曰：“知我者，其天乎！…‘获罪于天，无所祷也。’”倘孔子一生全可由孔子自己一人作主宰，不关天命，则孔子的天命和他的人生便分为二。离开天命，专论孔子个人的私生活，则孔子一生的意义与价值就减少了。

就此而言，孔子的人生即是天命，天命也即是人生，双方意义价值无穷。换言之，亦可说，人生离去了天命，便全无意义价值可言。但孔子的私生活可以这样讲，别人不能。这一观念，在中国乃由孔子以后战国时代的诸子百家所阐扬。

读《庄子·齐物论》，便知天之所生谓之物。人生亦为万物之一。人生之所以异于万物者，即在其能独近于天命，能与天命最相合一，所以说"天人合一"。此义宏深，又岂是人生于天命相离远者所能知。果使人生离于天命远，则人生亦同于万物与万物无大相异，亦无足贵矣。故就人生论之，人生最大目标、最高宗旨，即在能发明天命。孔子为儒家所奉称最知天命者，其他自颜渊以下，其人品德性之高下，即各以其离于天命远近为分别。这是中国古代论人生之最高宗旨，后代人亦与此不远。这可以说是我中华民族论学分别之大体所在。'

近百年来，世界人类文化所宗，可说全在欧洲。最近五十年，欧洲文化近于衰落，此下不能再为世界人类文化向往之宗主。所以可说，最近乃是人类文化之衰落期。此下世界文化又将何所向往？这是今天我们人类最值得重视的现实问题。

以过去世界文化之兴衰大略言之，西方文化一衰则不易兴，而中国文化则屡仆屡起，故能绵延数千年不断。这可说，因于中国传统文化精神，自古以来即能注意到不违背天，不违背自然，且又能与天命自然融合一体。我以为此下世界文化之归结，恐必将以中国传统文化为宗主。此事涵义广大，非本篇短文所能及，暂不深论。

今仅举"天下"二字来说，中国人最喜言"天下"。"天下"二字，包容广大，其涵义即有，使全世界人类文化融合为一，各民族和平并存，人文自然相互调适之义。其他亦可据此推想。①

因为近代中国科学技术的落后，地理学、生态学都是舶来品，读钱穆先生关于中国传统文化中"天人合一"对人类未来文化走向可能的贡献，感触颇深。人类发展过程中的一切问题，根源皆在于人类所选择的"文化

① 钱穆：《中国文化对人类未来可有的贡献》，见：刘梦溪：《中国文化》，1991 年第 4 期，第 93-96 页。

模式”、“思维模式”。与中国传统农业社会生产方式、生存方式一致，人们在仰赖自然、靠天吃饭的过程中，逐步形成了敬天畏天、谋求与天合一的文化模式。而当近代西方工业革命之后，追求技术高速发展，在物质繁荣的同时也带来社会文化、资源、生态等一系列问题，甚至出现了技术悲观论。

（二）“天人合一”与人类未来

只要人类不能脱离自然生存，人类就要面临人与自然的关系；与此同时，作为群居动物，人还必须面对人与人的关系。

技术的进步提高了人类的生活质量，也诱发了人类对于物质财富的无止境的贪婪。可以说，人类对于物质的贪婪及人本主义思想是与人类的文明同步增长的。人类为了满足自己永远也无法满足的对物质财富的欲望，不断推进着技术发明，再凭依技术的力量向大自然索取，自然资源的超负载消耗、过度开发，必然导致生态破坏、环境恶化，进一步加剧资源短缺，人与自然矛盾加剧；与此同时，人与人之间的关系也随着对稀有资源的占有欲而变得紧张，阴谋、犯罪层出不穷。物质越来越富有，人却越来越不快乐了。

人们不仅在自己居住的区域、国度抢掠自然资源，还逐步伸向了国境之外，为了掠夺资源，引发了国家之间、地区之间的无序竞争，甚至是连年战争，这必然又进一步导致人际关系、国际关系的更加紧张。2009—2010 年间，一部名为《阿凡达》的电影在全球公映，虚构了人类为了掠夺一种矿物元素而武装侵入潘多拉星球，并不惜血洗与潘多拉星球的其他物种和谐相处、过着一种简朴天然生活的 Na'vi 族人，最后被驱逐的故事。这部电影传递着人与自然共处的哲学理念，对于人类处于无止境的贪婪愿望、不惜通过战争掠夺其他星球资源的行为进行了反思、批判。

人类对于自身与自然界的关系，是与人类的生产方式密切相关的。在传统游牧、农耕时代，人类与大自然密切结合在一起，仰赖自然资源的恩赐繁衍生息，在这一情形下，人类对自然不仅满怀感激，甚至满怀敬畏。先秦时期，传说文王演绎《周易》八卦，兼有自然、人伦双重属性，它寄托了人类探索自然奥秘的期望，而探索的路径则古朴而智慧——“天人合一”。期间道家提出“人法地，地法天，天法道，道法自然”，更直接提出人类的所作所为应该遵循和效法客观自然规律；至北宋，“天人合一”的概念由儒家代表大儒张载第一次明确、系统地提出：“因明致诚，因诚致明，故天人合一”[①]，儒释道兼容地表达了中国传统文化中“万物同源，和

① （宋）张载：《张载集》，北京：中华书局，1978 年，第 65 页。

谐共处”的人地观念。

天人合一思想作为中国传统文化的精髓，主要包含：①人与自然是统一的，天与人、天道与人道、天理与人自然天地万物是共存的；②人与自然本是同源共生的，人类不能为了自己的利益与自然万物对立，人们只有充分尊重自然万物的生存权利，才能与自然和谐共存；③人只是自然系统的一份子，自然养育着人类，人类应该约束自己的言行，应该效法天、敬畏天，如果违反自然规律，必然会受到自然的惩罚；④人地矛盾是自然界最核心最本质的矛盾，人类作为目前自然界惟一的高智能动物，必须树立正确的人地观、生态观，科学解决人类与自然环境的矛盾，决不能为了短期物质欲望，而使整个人类无法持续在地球上生息。

二、历史流域学对中国传统人地观的总结

流域是人类活动的基本地理单元，所以也是历史时期人地关系形成的最小地理单元。流域文化的整体性、系统性特征，譬如前文提及的黄河“土文化”、长江“水文化”等，都深刻地影响着流域内的人地关系特征。

（一）流域人地关系的历史反思

流域内的人水关系是人地关系的重要组成。

大禹传说是夏王朝开国之君，因治理黄河有功，受舜禅让而继承帝位。大禹治水就是华夏民族早期流域内人地关系的一个重要例证，对此《淮南子·原道训》记载：“禹之决渎也，因水以为师”，即治水要遵从水系本身的客观规律。北宋苏轼在论及“禹之所以通水之法”时亦提出：“治河之要，宜推其理而酌之以人情”，认为治理洪水灾害一定要弄明白洪水发生的“理”，在遵循洪水发生的机理的基础上，才可以发挥“人情”——人类的主观能动性。

都江堰是战国时期秦国最伟大的水利工程，至今它旁边的二王庙还镌刻着“乘势利导，因时制宜”、“深淘滩，低作堰”等匾额，集中体现了古人治理都江堰的理念，深合于古代“天人合一”、“道法自然”的哲学理念。

西汉著名的治水专家贾让提出“治水三策”，开篇第一句话就是：“古者立国居民，疆理土地，必遗川泽之分，度水势所不及……使秋水多，得有所休息，左右游波，宽缓而不迫。”[①] 认为治河首先必须要掌握、遵循

① （汉）班固：《汉书》卷29《沟洫志》。

"川泽"存在、变化的客观规律；其次要"度"洪水之"势"，人们的生产和生活应主动避让洪水，开垦滩地要留足泄洪所需的空间。北宋神宗在元丰四年（1081）也提出："河之为患久矣。后世以事治水，故常有碍。夫水之趋下乃其性也，以道治水，则无违其性可也。如能顺水所向，迁徙城邑以避之，复有何患？虽神禹复生，不过如此。"[①] 提出"以事治水"和"以道治水"两种治河理念，前者是以满足社会发展的需要为前提去治水，譬如治水服从土地开发利用；后者则强调遵循洪水之客观规律，譬如土地开发、城镇建设违背了洪水发生、扩散的规律，则应"迁徙城邑以避之"，以"无违其性"。

中国传统农业社会这些治河、防洪理念，是与农业时代低下的生产技术相一致的，表面看来似乎有些消极，仔细琢磨、领悟可以感受到它实际上包含着传统文化中中国人主动探索、适应河流、洪水运作规律的合理思维。

著名水利史专家周魁一先生曾经讲道："今天，我们在历史与哲学研究的基础上提出了'灾害双重属性'概念，即灾害具有自然和社会双重属性，防洪减灾的目标不是一味追求战胜洪水，而是控制洪水与适应洪水相结合，以最小的投入换取最大的减灾效益。这是对两千年来我国治河理念中整体、综合、辩证的科学思维的合理继承，是人与自然和谐理念在防洪减灾领域的体现。从逃避洪水，到修建工程拦截、控制洪水，再到今天给洪水以出路，主动退堤还河、兴建行蓄洪区、移民建镇，科学调度和管理洪水，这是对洪水规律不断认知的过程，也是防洪理念不断提升的过程。"[②] 周老的这段话朴实而深刻。传统农耕时代人类的活动主要集中在各个流域，在数千年的生产、生活实践中所积累起来的处理人水矛盾经验，在今天看来依然意义非凡，它所蕴含的朴素哲理正是今天物欲膨胀的人类所需要的深思的。

（二）传统文化视角下的人地关系

在西方文化体系下，人地关系思想的演变是一个递进的过程，由地理环境决定论到人类中心论再到人地伙伴论，尽管演变漫长而曲折，但人类谋求人地关系的统一，努力推动人类社会与地理环境相互协调和可持续发展的努力一刻也没有停止过。近年来，全球范围内对人地关系哲学层面的思考开始转向东方，特别是中国传统文化中以"天人合一"为核心理念对

---

① （元）脱脱等：《宋史》卷92《河渠志二》。

② 周魁一：《人水和谐：中华"水事"的千年追求》，光明日报2011-4-8。

人地关系的诠释。

中国传统农耕文化视角下人地关系的主要特征有以下三方面：

1. 人格化的自然观

自然观就是对自然界的总的看法，在中国传统农业社会人们将天地万物皆视为有生命的存在。

“礼”、“乐”是中国古代社会管理的至上目标和重要手段。“礼”强调和维护社会等级差异，“乐”则强调和谐、旨在消弭等级之间矛盾，礼、乐本身就是一对辩证统一的矛盾。《礼记》认为“乐者，天地之和也；礼者，天地之序也。和，故百物皆化；序，故群物皆别”①。从这段话可以看出，古代圣人缔造礼乐，本身就涵盖自然、社会两大系统，“乐”不仅是自然、社会两大系统内部的“和谐”，且是两大系统之间的和谐；“礼”不仅是自然、社会两大系统内部的等级差异，更是两大系统之间的尊卑有序，“天子”之称谓似乎“自然”至上，“天人合一”又强调了自然、社会的平等、互敬。

所以，在中国古代先民赋予天、地、万物以灵性、神性，并逐渐被引申为人格化，如天、地、日、月、山、河、风、雨、雷、电、树、木、花、草等各有神祇，可与人类交流互动。

2. 自然、社会共存于一个统一体中

春秋战国时期，“气”作为哲学概念逐步形成，它是一种肉眼难以相及的至精至微的物质。气和物是统一的。“气”的学说属于中国古代哲学范畴，其核心思想是用一元论来认识世界，即天地万物即是一气所生。如东汉王充《论衡·自然》篇提出：“天地合气，万物自生”②；北宋张载《正蒙·太和》篇亦认为“太虚不能无气，气不能不聚而为万物”③。天有阴阳之气，此阴阳之气生养万物，《正蒙·乾称》曰：“以万物本一，故一能合异”，所以天、人、物统一于“气”，“气”使自然、社会成为一个和谐的整体。

天、地、人、物既然有着同一来源，共同存在于一个空间，四者如何和谐共处就成为先圣致力解决的哲学命题。于是先圣又提出了“和合”的概念。如《管子·五辅》篇提出：“上度之天祥，下度之地宜，中度之人顺，此所谓三度。故曰：天时不祥，则有水旱；地道不宜，则有饥馑；人道不顺，则有祸乱。”④ 天、地、人各有其“道”，只有天祥、地宜、人顺

① （汉）郑玄注，（唐）孔颖达疏：《礼记正义》卷39《乐记第十九》。

② （汉）王充：《论衡》卷18《自然篇》，上海：上海人民出版社，1974年，第277页。

③ （宋）张载：《张载集》，北京：中华书局，1978年，第7页。

④ （春秋）管仲：《管子》卷3《五辅第十》。

时，世界才会风调雨顺、一片欣欣向荣；否则，就会发生水旱灾害、饥馑之年、人为祸乱。古人已经认识到天、地、人之间是相互影响、相互作用、密切联系的，在差异中具有统一性，即遵循各自的规律，又遵循统一体共同的规律，是一个统一的有机整体。

3. 敬畏自然与天人合一

《黄帝·内经·素问》篇认为："天地之大纪，人神之通应也"①；《灵枢·经水》篇写道："人与天地相参"②，都在讲人类与天地的对应、感应，以达到天人合一为至上目标。

"敬畏"有两层含义：一是"敬"，即尊重；二是"畏"，即畏惧，组成一个词可以解读为由于惧怕而产生的敬佩、服从等心理。古代自然的力量是强大的，在很多时候人类只有被动服从才能生存，所以古人敬畏自然也是迫不得已，但就是由这种迫不得已的敬重而滋生出的"天人合一"等自然观、生态观，也给目前人类解决人地矛盾提供了启示。

在中国传统文化体系中，天、地、人、物是一体的，人只是自然的一部分。在天人感应、天人互动的传统哲学观念下，天、地、物都被人格化了，"故圣人作乐以应天，制礼以配地"③。可见"礼"、"乐"是管理人类社会的手段，也是处理人类与自然关系的途径。"乐者天地之和也，礼者天地之序也。和故百物皆化序故群物皆别"④，古人并非只是盲目服从、被动顺应，而是在"明于天地"的基础上，以积极的心态去建构天、地、人之间的和谐关系。

第二节　流域生态视野下的人地和谐

古代讲"天人关系"、"天地人关系"，近代科学体系下变为"人地关系"，万变不离其宗，核心问题都是人类社会和自然环境的关系，这不仅是当今社会发展必须直面和探讨的问题，更是人类认识世界的永恒命题。

一、基于不同视角的"人地和谐"

从公元前几百年亚里士多德就提出的环境决定论，到工业革命以后风

---

① （唐）王冰撰注：《黄帝内经·素问》卷22《至真要大论篇第七十四》。

② （唐）张隐庵集注：《黄帝内经灵枢集注》卷2《经水第十二》。

③ （清）孙希旦：《礼记集解》，北京：中华书局，1989年，第992页。

④ （清）孙希旦：《礼记集解》，北京：中华书局，1989年，第990页。

行一时的人类意志决定论，再到 20 世纪初由法国地理学家白兰士提出的可能论，人类对于人地关系的探索始终没有停止。现代以来越来越趋向一个观点——人与自然的和谐共处。尽管如此，评判“人地和谐”的出发点、参照物不同，还是会有不同的解读。

(一) 以自然为中心的“人地和谐”

自然，亦作自然界，指宇宙生物界和非生物界的总和，是在意识以外、不依赖意识而存在的客观实在。它既包括人类已知的也包括人类未知的物质世界，小至粒子，大至宇宙。它处于永恒运动、变化和发展之中，具有系统性、复杂性和无穷多样性，不断地为人的意识所认识并被人所改造。

中国古代所言的“天”大概和后世自然、自然界含义近似。

“人猿揖别”伊始，在人类早期的原始族群，不仅仅是中国，在全世界范围内，这一时期都存在“大天而思”、“从天而颂”、“顺天而成”、“敬天保民”等思想，充满了对自然的敬畏。所以，直到中国传统农耕时代提出“天人合一”的人地和谐论，人类的主观能动性的发挥都是在努力探索、遵从自然之道。

(二) 以人为核心的“人地和谐”

人文地理学给予人地关系的定义：“人”是指在一定生产方式下，在一定地域空间上从事各种生产活动或社会活动的人；“地”是指与人类活动有密切关系的、无机与有机自然界诸要素有规律结合的、存在着地域差异、在人的作用下已经改变了的地理环境。“人地关系”是指人类与自然环境之间互感互动的关系，一方面反映了自然条件对人类生活的影响与作用，另一方面表达了人类对自然现象的认识与把握，以及人类活动对自然环境的顺应与抗衡。简而言之，地理学意义上的“地理环境表现为一个以人为中心事物的系统”①。

可见，从近现代地理科学视角的“人地和谐”是以人为中心的人与地理环境的和谐。

(三) 以生态系统为核心的“人地和谐”

1866 年德国生物学家恩斯特·海克尔提出生态学（Ecology）的概念：

① 叶宝明主编：《人文地理学》，北京：人民教育出版社，2006 年，第 33 页。

生态学是研究生物体与其周围环境（包括生物环境和非生物环境）相互关系的科学，经过近一个半世纪的发展，目前已经发展为“研究生物与其环境之间的相互关系的科学”。

生态学认为任何生物的生存都不是孤立的：同种个体之间有互助有竞争；植物、动物、微生物之间也存在复杂的相生相克关系。随着人类活动范围的扩大与多样化，人类与环境的关系问题越来越突出。因此近代生态学研究的范围，除生物个体、种群和生物群落外，已扩大到包括人类社会在内的多种类型生态系统的复合系统。

所以，从生态学视野看，人已经成为生态系统的一个组成部分。

二、以生态为中心“人地和谐”的意义

生态一词源于古希腊字，原意指“住所”或“栖息地”。简单地说，生态就是指一切生物的生存状态，以及它们之间和它与环境之间环环相扣的关系。人类对生态的研究本来也是从生物个体开始的，目前“生态”一词涉及的范畴也越来越广，人们常常用“生态”来定义许多美好的事物，如健康的、美的、和谐的事物均可冠以“生态”修饰。19 世纪 30 年代学界首次提出生态系统的概念，认为：生态系统是一个系统的整体。这个系统不仅包括有机复合体，而且包括形成环境的整个物理因子复合体……这种系统是地球表面上自然界的基本单位，它们有各种大小和种类。自然万物存在的和谐状态都是生态的，而生态系统则是自然界存在的基本单元。

（一）人在生态系统内的地位

著名美籍生态学家奥德姆在《生态学原理》（1983 年改名为《基础生态学》）一书中指出：“当然，为了满足自己的直接需要，人类比任何其他生物更多地企图改变物理环境；但是，在改变环境的过程中人类对自己生存所必需的生物成员的破坏性，甚至是毁灭性影响也越来越增加。因为人类是异养性的和噬食性的，接近复杂的食物链末端，无论人类的技术怎样高超，对于自然环境的依赖性仍然保留着，从空气、水和食物，即我们合适地称之为‘生活资源’着眼，大城市仍然不过是生物圈的寄生者而已，城市越大，对周围地方的需要越大，对自然环境（‘寄主’）的危害威胁也就越大，至今，人类是过分忙于‘征服自然’，而很少考虑到去调节由于人类在生态系统中的双重作用——操纵者和栖居者——而产生的矛盾。”①

① 〔美〕奥德姆著：《生态学基础》，孙儒泳等译，北京：人民教育出版社，1981 年，第 63 页。

奥德姆对人类在生态系统中的地位和作用的概述是比较全面的、辩证的，既看到自然人的一面，同时又看到社会人的一面。从广义的生物概念看，人类也属于生物，是生物的一个物种，因为环境变迁，从动物进化而来。“天生物，人最灵”，在生态系统中人类一直扮演着消费者（即栖居者）的角色。与此同时，人类的生活环境不只是自然环境，还包括社会环境，进行着社会经济生产活动，人类的社会经济生产活动又不断地改变着环境。因此人与环境的关系，本质上区别于其他生物。人类作为高智能动物，可以发明工具，并利用工具改造甚至操控环境。但是在相当长的一段时间里，特别是工业革命之后，技术的力量让人类利令智昏，过分地强调人的力量、人的主宰地位（即操纵者），盲目夸大了主观能动性的作用。

直到今天，人类看到的依然是在技术的力量下征服自然的伟业，很少能看到同时因为违背自然规律而受到的惩罚。对于自然界，人们津津乐道自己主宰者、操纵者的地位，很少还记得自己同时也是消费者、栖居者，而这正是目前人类面临困境的根源。

（二）流域生态系统与人类未来

2011 年 4 月 11—15 日第一次世界大河会议在奥地利维也纳召开。会议报告真正从流域的范围进行河流研究。大会邀请报告之一，研究者利用数据库，将全球可能收集到的数据进行了分析，认为无论发达国家还是发展中国家的河流都在遭受重大的危机。大会邀请报告之二，通过对全球河流泥沙变化的报告研究，提出百余年来河口整体的发育呈现冲刷模式。大会邀请报告之三是关于河流流域大坝的情况以及对于河流的影响。大会邀请报告之四谈到关于河流流域的管理和可持续发展的问题，报告人认为经过这么多年对于河流流域的管理和可持续发展的研究和讨论，并没有获得真正的解决办法，解决的是症状而不是问题。

河流为人类提供着多种服务功能，如供水、食物、水电、航运、灌溉、生态系统服务和娱乐等。然而，由于“过度使用”、流域内人口压力增加、气候变化引起旱涝灾害的增多，使河流系统受到严重威胁，导致河流形态变化、污染加剧、水生栖息地退化及物种灭绝等，无法发挥其正常功能——这也是第一次世界大河会议召开的动因。从会议的报告中，我们可以知道：一是流域生态对于人类生存至关重要，二是修复流域生态系统、确保其可持续，是一件十分困难的事情。为改善现状，减轻世界大型河流所受的威胁，维也纳声明强调，需要开展跨学科、共同合作的国际行动，从而建立针对世界大型河流现状的整体性、全球性评估基础，推动大型河流及其周围景观与流域的可持续性综合管理。

第三节 历史流域学发展愿景

学科作为学术分类，是指一定科学领域或一门科学的分支，如自然科学中的化学、生物学、物理学；社会科学中的法学、社会学等。从这一含义上看，学科是与知识相联系的一个学术概念，是自然科学、社会科学两大知识系统（也有自然、社会、人文之三分说）内知识子系统的集合概念，是分化的科学领域，是自然科学、社会科学概念的下位概念。

学科分支是一个不断调整、壮大的过程，一些新的学科随着人类对自然、社会认识的扩展、深入不断出现。本书提出的历史流域学就是一个新的学科分支，它是在近年来流域问题不断显现的情况下，为满足现实需求而提出的。

一、历史流域学需要逐步完善

1982 年，黄盛璋先生在《论历史地理学与地理学》一文中，谈及历史地理学和历史学、地理学的关系，认为从学科属性分析，历史地理学和地理学的研究对象应该是一致的。历史流域学的研究对象也应该和目前流域学研究对象一致，但是又非完全一致，主要有两种情况：一是目前流域内部的个别自然、人文现象，在历史时期并不存在，自然无法成为研究对象；二是尽管流域现象存在，但是囿于史料记载、物质遗存缺乏，难以展开研究。历史流域学作为一个以流域为研究对象，旨在解决流域问题的边缘交叉学科，需要一个逐步完善的过程。

（一）学科研究步骤和结论获取

从理论和经验上归纳，历史流域学研究的展开步骤可能是这样的：

第一，选择一个范围大小、空间位置、区域特点皆便于操作和认识的流域，确定题目，收集整理资料，建立专题数据库，以便于进行分析判断。

第二，就展开研究的方式而言，20 世纪八九十年代提出“以论题的形式”，今天则强调“以问题为导向”，在本质上是一样的，即集中时间精力于有意义的研究主题下，展开专门的探讨工作。

第三，保持对论题或问题浓厚的好奇心和兴趣，单刀直入，步步深入，善于思索，勇于探索，切忌浅尝辄止，中途而退。

第四，具体探讨中对论题或问题相关的方面和内容，抓住不放，发散思考，自觉和大胆使用不同学科的方法进行尝试研究，一旦建立起复杂性研究的工作流程，就在相当程度上进入到综合性研究的态势之中。

第五，研究工作的结果或为某种模型（框图表达），或为某种独到的认识（文字表述），所依据的资料来自于流域的自然和人文要素，所得出的结论则事关流域的总体面貌。

第六，基于不同流域材料所做的类似上述多个流域专项研究的结果，放在一起进行对比衡量，又将得出关于历史流域学最为一般、同时又是特别重要的认识和归纳。

在上述路径的设计和开展过程中，研究人员保持好对历史流域学研究的持久兴趣，并且有研究计划相辅佐，就显得尤其重要。长期坚持下去，历史流域学研究必将产生出色的、惠及相关研究领域的学术成果。

（二）新的研究领域需要逐步完善

“正像所有的现象都在时间中存在而有其历史一样，它们也在空间中存在而有其地理，因此历史和地理就成为了了解世界的核心”①。本书认同历史地理学属于地理学分支，与此同时作为研究历史时期地理现象的学科，它和历史学也有着千丝万缕的关系。历史流域学是区域历史地理学分支，它以流域为研究对象，鉴于以水为核心的流域生态系统的整体性、历史性特征，对历史时期人地关系考察置于流域生态系统变迁视角下的历史流域学，又需要借助生态学、流域科学等学科理论方法。

20 世纪 60 年代学术界提出了“区域历史地理”的概念，因为中国幅员辽阔，这一概念的提出具有显著的实践意义，如谭其骧先生认为研究中国历史地理，“只有先从区域历史地理入手，一个地区一个地区地做好具体而细致的研究，才有可能再综合概括成为一部有系统有理论的中国历史地理学”②。如何在区域范围内或尺度上实现综合研究的目标，一直是一个长期存在而又难以推进的问题。正如侯仁之先生所说：“在区域历史地理的写作中，根据纵向研究或地理研究的方法论，如何通过一系列的不同时代的地理剖面，有效地进行区域描述，在我国还是一个有待验证的问题”③。

20 世纪末区域历史地理学逐渐成为一种趋势。1998 年在沈阳召开的

---

① 孙进已、冯永谦主编：《东北历史地理》，哈尔滨：黑龙江人民出版社，1989 年，序。
② 孙进已、冯永谦主编：《东北历史地理》，哈尔滨：黑龙江人民出版社，1989 年，序。
③ 侯仁之为司徒尚纪《海南岛历史上土地开发研究》撰写的序，广州：海南人民出版社，1987 年。

历史地理学学术会议，主题就是历史区域地理。嗣后，韩光辉[①]、朱士光[②]、邓辉[③]、侯甬坚[④]、鲁西奇[⑤]等，对区域历史地理学的理论、方法皆进行了论述。2009 年 11 月，王尚义发表《关于创建历史流域学的构想》一文，“是对上述历史流域系统学做出的最积极最热烈的响应，同时明确表达了历史流域学为地理学的交叉学科的学术见解。多年以来，我们一直在寻找区域历史地理研究的突破口，现在看来，这个突破口最有可能在流域的尺度里实现，这么说的基本理由有如下述。我个人认为历史流域学的提出，是在历史地理学已有研究成果基础上的总结和深化，其方向当然是对历史地理学的细化，学界现在很缺乏综合性研究方法和路径，而历史流域学则提供了便于操作、具体可行的工作路径”[⑥]。

流域的本质是一个个边界清楚的地理区域，它内部有平原和山地，具体的分布特点因流域环境而异，内部有上中下游不同河段，不同河段所在的地域同外部其他流域相连接，流域内外呈现着各种地域关系或空间组合，最适合开展综合性研究。这是目前讨论和研究历史流域学的必要性。

二、历史流域学与人类可持续发展

科学的发展是服务于人类社会的，是以解决人类的生存、繁衍、可持续发展为旨归的。20 世纪后半叶以来，学术界对于流域科学的构建便是为了解决后工业时代以降及人类未来以水资源为核心的问题。

（一）凯恩斯的《预言与劝说》

人类从哪里来？到哪里去？这决不仅仅是哲学问题，而是贯穿人文科学、社会科学、自然科学各个领域。1931 年 J. M 凯恩斯出版《预言与劝说》，在该书第五部分《未来展望》第二篇《我们后代在经济上的可能前

---

① 韩光辉：《区域历史地理进展与研究方法探索》，见：孙进己主编：《东北亚历史地理研究》，中州古籍出版社，1998 年，第 7-12 页。

② 朱士光：《加强区域历史地理学研究提高历史地理学整体学术水平与应用功能》，见：孙进己主编：《东北亚历史地理研究》，郑州：中州古籍出版社，1998 年，第 3-6 页。

③ 邓辉：《试论区域历史地理研究的理论和方法——兼论北方农牧交错带地区的历史地理综合研究》，《北京大学学报》2001 年 1 期，第 117-123 页。

④ 侯甬坚：《区域历史地理的空间发展过程》，西安：陕西人民教育出版社，1995 年；《古代中国的区域思想与区划实践》，《陕西师范大学学报》1992 年第 3 期，第 76-84 页。

⑤ 鲁西奇：《论历史地理研究中的区域问题》，《武汉大学学报》1996 年第 6 期，第 81-86 页；《再论历史地理研究中的区域问题》，《武汉大学学报》2000 年第 3 期，第 222-228 页。

⑥ 侯甬坚：《从区域进入流域 _ 综合探讨实际问题的路径 _ 历史流域学断想》，《中国地理学会 2012 年学术年会论文集》，第 38-39 页。

景》中写道：

> 我得出的结论是，假定不发生大规模的战争，没有大规模的人口增长，那么，“经济问题”将可能在100年内获得解决，或者至少是可望获得解决。这意味着，如果我们展望未来，经济问题并不是“人类的永恒问题”。
>
> 您也许会问，为什么这样就让人惊诧？这的确值得令人惊奇。如果我们不是眺望未来，而是回首过去，就会发现，迄今为止，经济问题、生存竞争，一直是人类首要的、最紧迫的问题——不仅是人类，而且在整个生物界，从生命的最原始形式开始莫不如此。
>
> 因此，显而易见，我们是凭借我们的天性——包括我们所有的冲动和最深层的本能——为了解决经济问题而进化发展起来的。如果经济问题得以解决，那么人们就将失去他们传统的生存目的。
>
> 那么这对人类到底是福还是祸呢？如果你完全相信生命的真正价值，则这一远景至少为我们展示了从中获益的可能性。……
>
> 因此，我认为当达到这一丰裕而多暇的境地之后，我们将重新抬起宗教和传统美德中最为确凿可靠的那些原则——以为贪婪是一种恶癖，高利盘剥是一种罪行，爱好金钱是令人憎恶的。而那些真正走上德行美好、心智健全的正道的人，他们对未来的顾虑是最少的。我们将再次重视目的甚于手段，更看重事物的有益性而不是有用性。……

距离J. M. 凯恩斯《预言与劝说》一书的出版已经过去70多年了，他所预言的100年之内对于“经济问题”（短缺和贫困的问题）的解决目前在一些技术发达国家似乎已经看到端倪，当满足生存的基本物质需求得到解决后，按照马斯洛需求理论，人类便会思考精神层面的满足，于是人的精神、人与人、人与社会、人与自然等如何更加和谐相处、互利发展的问题便成为人类思考的对象，特别是人与自然和谐共处的问题。

（二）历史流域学对文明方式的反思

技术是指人类所掌握的知识技能和操作技巧。有关专家认为，根据当代科学技术与生产力之间的作用机制，可以将科学技术同生产力各要素的关系，用下列公式表示：

生产力＝科学技术×（劳动力＋劳动工具＋劳动对象＋生产管理）

上述公式表明，科学技术不仅是现实的直接生产力，而且在生产力诸要素中具有特殊地位。科学技术的乘法效应，有力地表达了它在生产力中的首要地位和作用。

技术主义诞生于西方，以美国为典型代表，对科学技术产生极度的信任和依赖。技术主义在全球盛行，无论是生产还是生活，人类都越来越依赖技术。与此相应，不仅是实践，人们在思想观念上也过分依赖、夸大技术力量，“出现唯技术、技术至上、技术决定论等倾向，甚至出现技术崇拜，认为人类的生产、生活乃至一切问题，只有依靠技术才能解决”①。

姚占新在《走出技术主义的困境》一文中写道：“技术主义发展到今日，其自身的内在矛盾，使自己成为了否定自己的因素：它致力于追求事物的确定性，人的生存却变得更加不确定；它力求使人类掌控自己的命运，却对技术和物质产生了更大程度的依赖；它追求人对外部世界的支配地位，但外部世界反而在更大范围和更深的程度上支配了人的生活；它以理性来规划社会生活，但社会生活却反而呈现某种强势的非理性”，他还认为：“技术主义与人文精神并非天然的对立，只是，技术主义的副产品——无限膨胀的人类物欲，造成了人文精神的破坏。”②

唯技术化倾向在中国的滋生、发展与1952年以来贯彻苏式教育体系有关，强调通过教育把人培养成实用的技术工具。20世纪七八十年代以来一轮又一轮的经济建设高潮，技术主义范式在中国进一步流行，包括在治水领域——希望通过技术的研发来解决水问题。

从历史长时段视角审视以流域为核心的水问题，即可看到技术的力量、效能，更多的则是人类在漫长治水过程中人文思想的光芒——如中国传统水文化中以水为师、人水合一的人文理念、人文精神。

① 陈阿江：《次生焦虑：太湖流域水污染的社会解读》，北京：中国社会科学出版社，第219页。

② 姚占新：《走出技术主义的困境》，新加坡《联合早报》2010-12-28。